中国新股民炒股实战丛书

股市有风险　入市需谨慎

创业板投资入门与技巧

（第二版）

丹阳　主编

经济管理出版社
ECONOMY & MANAGEMENT PUBLISHING HOUSE

图书在版编目（CIP）数据

创业板投资入门与技巧/丹阳主编．—2版．—北京：经济管理出版社，2016.1
ISBN 978-7-5096-4213-9

Ⅰ．①创…　Ⅱ．①丹…　Ⅲ．①创业板市场—股票投资—中国　Ⅳ．①F832.51

中国版本图书馆CIP数据核字（2016）第007177号

组稿编辑：勇　生
责任编辑：勇　生
责任印制：杨国强
责任校对：超　凡

出版发行：经济管理出版社
（北京市海淀区北蜂窝8号中雅大厦A座11层　100038）
网　　址：www. E-mp. com. cn
电　　话：（010）51915602
印　　刷：三河市延风印装有限公司
经　　销：新华书店
开　　本：720mm×1000mm/16
印　　张：17.25
字　　数：282千字
版　　次：2016年3月第2版　2016年3月第1次印刷
书　　号：ISBN 978-7-5096-4213-9
定　　价：38.00元

联系地址：北京阜外月坛北小街2号
电话：（010）68022974　　邮编：100836

前　言

创业板市场为创业企业的再融资、风险投资的退出提供了渠道，完善了资本市场的结构和功能，对于广大投资者，尤其是不具备资金和信息优势的中小投资者来说，这的确又是一个全新的投资机会，但其中也蕴藏了巨大的风险。看一看已有的创业板市场，高收益与高风险并存的特征是十分明显的。NASDAQ 市场可以在 1999 年一年内上涨 80%，戴尔公司的股价可以在十年中翻上六七百倍，可五年中也有近千家公司可以被摘牌，令投资者血本无归。同样，在一片掌声中开市的中国香港创业板，初期指数是 1000 点，而 2000 年底只剩下了不到 400 点，大盘跌去了 60%以上，多数股票都已跌破了发行价甚至面值，但就是在这样的市场上，北大青鸟环宇还可以逆市创下股价翻番的辉煌。

创业板是成功者的天堂，也可能是失败者的地狱。创业板中所蕴涵的机会和风险都将数倍于目前的主板。面对这波谲云诡的市场，我们能够给予的唯一忠告是：理性，理性，再理性！

对于急切地想投身于创业板、实现追求财富理想的投资者来说，要做的第一件事就是要对创业板的目标和宗旨、市场制度、监管体系和交易特征等有一个充分的了解，做到心中有数，不打无准备之仗。然后在此基础上制定自己的投资原则，坚持理性投资，选择真正有增长潜力和投资价值的公司，分享其成长带来的收益。投资者的决策应更多地依靠基本面的分析，除了证券投资分析的基本要求外，创业板投资应更侧重于企业分析，包括管理层的素质、团队精神、核心技术的先进性与适用性、产品的市场前景和营销策略的效果等。

美国 NASDAQ 市场成功的因素有很多，其中之一便是微软、英特尔、思科等龙头企业的高成长性。适应现代市场竞争的企业文化和内部管理结构、高素质的经营团队、先进的核心技术和开拓性的市场战略以及全球化的视野造就了这些高科技巨人。中国创业板市场的成功取决于我们能否造就像它们这样的企业。而造就这样的企业的因素之一便是投资者的选择。我们在投资创业板市场、实现财富增值的同时，也在造就中国新经济的巨人。

投资者要在创业板中获取超额的利润，就必须未雨绸缪，早日做好投资的准备，充分了解创业板的特点及运行规律，掌握适合的投资理念、分析方法和交易技巧。

本书试图帮助创业板的淘金者们拨开迷雾，降低赔钱的可能性，增加赚钱的机会，使他们更多地了解国内外创业板的发展历史和现状、创业板的投资机会和优势、创业板投资者的投资心理和投资行为特点、创业板投资的方法和技巧，以及掌握分析投资行业和企业的方法等等。

不仅仅是那些创业板市场的淘金者们，还包括那些有兴趣研究这些淘金活动的人们都可以从这本书中找到其他书中没有的东西。毕竟创业板淘金不是纯而又纯的学术活动，而是实实在在的市场行为，而这才是所有金融市场研究的重心和中心。

本书应广大投资者的需要而生，在写作上，尽可能贴近市场运作和投资操作的实际，注重实务性和操作性，力求对投资者起到实际的参考和指导作用。由于时间及我们自身水平的限制，本书不可能面面俱到，也一定还存在着许多不足之处。投资者也不应该指望读了本书就可以规避创业板投资的所有风险而赚到大钱。对于中国新生的创业板市场，一定要注意多加学习，才能享受到投资成功所带来的快乐。

目录

第一章 透视创业板市场

第一节 近距离了解创业板

创业板市场，是指交易所主板市场以外的另一个证券市场，其设立的主要目的是为新兴公司提供集资途径，助其发展和扩展业务。创业板与传统主板市场在上市资源、上市条件、交易方式、监管手段等方面有显著差别。因此，在有些国家又叫二板市场、第二交易系统，等等。创业板是一个前瞻性很强的市场，注重于公司的发展前景与增长潜力。因而在创业板市场上市的公司大多数从事高科技业务，具有较高的成长性，但往往成立时间较短，规模较小。创业板市场上市标准要低于成熟的主板市场，是一个高风险的市场，因此需更加注重公司的信息披露。

创业板市场主要服务于新兴产业尤其是高新技术产业，在促进高新技术产业的发展和进步方面起到了至关重要的作用。美国的纳斯达克（NASDAQ）是创业板市场的典型，素有"高科技企业摇篮"之称，培育了美国的一大批高科技巨人，如微软、英特尔、苹果、思科等，对美国以计算机信息为代表的高科技产业的发展以及美国近年来经济的持续增长起到了十分重要的作用。在纳斯达克巨大的示范作用下，世界各大资本市场也开始设立自己的创业板市场。1995 年 6 月，伦敦交易所设立了创业板市场 AIM（Alternative Investment Market）；1996 年 2 月，法国设立了新市场 Le Nouveau March；1999 年 11 月，中国香港创业板（GEM）正式成立。

创业板市场与主板市场相比，有以下显著的特征：

(1) 创业板以增长型公司为主要对象，上市条件较主板市场宽松许多。

(2) 创业板需要投资者对上市公司营业能力进行自行判断，坚持买者自负原则。

(3) 创业板对保荐人的专业资格和相关工作经验提出了更高的要求。

(4) 创业板以“披露为本”作为主要监管模式，对信息披露提出了全面、及时、准确的严格要求。

从各国创业板发展的情况看，创业板市场与主板市场的主要区别是：

(1) 不设立最低盈利的规定，以免高成长的公司因盈利低而不能挂牌。

(2) 设定主要股东的最低持股量及出售股份的限制，如两年内不得出售名下的股份等，以使公司管理层在发展业务方面保持对股东的承诺。

(3) 提高对公众最低持股量的要求，以保证公司有充裕的资金周转。

(4) 主营业务是单一的，要求创业板企业只能经营一种主营业务。

此外，创业板使用公告板作为交易途径，不论公司在何地注册成立，只要符合要求即可获准上市。有些投资者担心创业板市场的设立会对主板市场形成资金分流，其实这种担心是多余的。从理论上讲，证券市场上的投资品种如果不能持续在广度和深度上取得突破，则证券市场的进一步发展将会陷入停滞。因此，只看到市场扩容，看不到它给市场注入了全新的概念和题材，是一种短视行为。从实际上讲，创业板市场和主板市场的投资对象和风险承受能力是不相同的，在通常情况下，二者不会相互影响。

按与主板市场的关系划分，全球的创业板市场大致可分为两类模式：

一类是“独立型”。完全独立于主板之外，具有自己鲜明的角色定位。世界上最成功的创业板市场——美国纳斯达克市场即属此类。纳斯达克市场诞生于 1971 年，上市规则比主板纽约证券交易所要简化得多，渐渐成为全美高科技上市公司最多的证券市场。截至 2009 年 8 月底，纳斯达克共有上市公司 3141 家，总市值达到 2.85 万亿美元，其中，美国本土公司 2865 家，境外公司 276 家，是全球最大的股票电子交易市场，其中高科技上市公司所占比重为 40%左右，涌现出一批像思科、微软、英特尔那样的大名鼎鼎的高科技巨人。

另一类是“附属型”。附属于主板市场，旨在为主板培养上市公司。二板的上市公司发展成熟后可升级到主板市场。换言之，就是充当主板市场的“第二梯队”。新加坡的 SESDAQ 即属此类。在 SESDAQ 上市的企业，如果上市后业务扩展，各方面达到主板的要求，可以申请转到主板上市。SESDAQ 成立之初，只对在新加坡注册成立的公司开放，自 1997 年 3 月起，开始向外国公司开放，以吸引一些外国高科技公司。1988 年 3 月 SESDAQ 市场与美国 NASDAQ 联网，使新加坡投资者可以买卖 NASDAQ 的上市股票。

创业板课堂：

国外的创业板市场培育了一大批高科技行业的巨人，如微软、英特尔、苹果、思科等等。中国创业板的推出，为中国未来的科技巨人提供了腾飞的平台。

第二节 创业板，千呼万唤始出来

创业板，顾名思义就是为创业型企业上市融资服务的股票市场。由于创业型企业一般是高新技术企业和中小企业，所以，世界上几乎所有的创业板市场都明确表示鼓励高新技术企业或者成长型中小企业申请在创业板发行上市。

创业板首先是一种证券市场，它具有一般证券市场的共有特性，包括上市企业、券商和投资者三类市场活动主体，是企业融资和投资者投资的场所。相对于现在的证券市场（主板市场）而言，创业板在上市公司数量、单个上市公司的规模以及对上市公司条件的要求上都要低于主板市场。

创业板市场首先在美国发展起来，其过程大致可分为两阶段：第一阶段从 20 世纪 70 年代到 90 年代中期，第二阶段从 90 年代中期到现在。1971 年，美国全美证券交易商协会建立了一个柜台交易的证券自动报价系统——纳斯达克（NASDAQ），开始对超过 2500 种柜台交易的证券进行报价。1975 年，NASDAQ 建立了新的上市标准，从而把在 NASDAQ 挂牌的证券与在柜台交易的其他证券区分开来。1982 年，纳斯达克最好的上市公司形成了纳斯达克全国市场，并开始发布实时交易行情。但是，直到 90 年代初，纳斯达克的运作并不十分理想，1991 年，其成交额才达到纽约股票交易所的 1/3。纳斯达克市场真正得到迅速发展，是在 20 世纪 90 年代中期以后的第二阶段。

世界上其他创业板市场的发展，也基本上可以分为上述两个阶段。在 20 世纪 70 年代末到 80 年代初，石油危机引起经济环境恶化，股市长期低迷对企业缺乏吸引力，各国证券市场都面临着很大危机，主要表现在公司上市意愿低、上市公司数目持续减少、投资者投资不活跃。在这种情况下，各国为了吸引更多新生企业上市，都相继建立了创业板市场。从总体上看，这一阶段创业板市场大多经历了创建初期的辉煌，但基本上都在 20 世纪 90 年代中期以失败而告终。

创业板市场发展的第二阶段是从 20 世纪 90 年代中期开始的，其背景及原因是：

（1）知识经济的兴起使大量新生高新技术企业成长了起来。

（2）美国纳斯达克市场发展迅速，在加剧竞争的同时，为各国股市的发展指出了一个方向。

（3）风险资本产业迅速发展，迫切需要针对新兴企业的股票市场。

（4）各国政府重视高新技术产业的发展，纷纷设立创业板市场。

在此背景下，各国证券市场又开始了新一轮的设立创业板热潮，其中主要有：中国香港创业板市场（GEM，1999）、中国台湾柜台交易所（OTC，1994）、伦敦证券交易所（AIM，1995）、法国新市场（LNA，1996）、德国新市场（NM，1996）等。

从目前的情况看，这一阶段的创业板市场发育和运作远强于第一阶段，大多数发展较顺利，其中美国纳斯达克甚至超过了主板市场。但是，从整体上看，创业板的市场份额还是低于主板，也有的创业板（如欧洲的 EASDAQ）曾一度陷入经营困境。

中国创业板市场的发展经历了漫长的十几年时间，这一过程虽然比较曲折艰难，但最终迎来了光明。

1998 年 1 月，前国务院总理李鹏主持召开国家科技领导小组第四次会议，会议决定由国家科委组织有关部门研究建立高新技术企业的风险投资机制总体方案，进行试点。

1998 年 3 月，民建中央提交《关于借鉴国外经验，尽快发展中国风险投资事业的提案》，提出创业板构思。

1998 年 8 月，前中国证监会主席周正庆视察深圳证券交易所，提出要充分发挥证券市场功能，支持科技成果转化为生产力，促进高科技企业发展，在证券市场形成高科技板块。

1998 年 12 月，国家计划发展委员会向国务院提出“尽早研究设立创业板块股票市场问题”，国务院要求证监会提出研究意见。

1999 年 1 月，深交所向中国证监会正式呈送《深圳证券交易所关于进行成长板市场的方案研究的立项报告》，并附送实施方案。

1999 年 3 月，中国证监会第一次明确提出“可以考虑在沪深证券交易所内设立科技企业板块”。

2000 年 4 月，中国证监会向国务院报送《关于支持高新技术企业发展设立二板市场有关问题的请示》。

2000 年 5 月，国务院原则上同意了证监会关于设立二板市场的意见，并定名为创业板。

2000 年 10 月，深交所停发新股，筹建创业板。

2001 年 11 月，从 2000 年下半年开始，以纳斯达克为代表，以高科技企业为主要投资对象的全球各股票市场开始单边下跌行情，科技网络股泡沫破灭，国际市场哀鸿遍野。证券监管层认为股市尚未成熟，需先整顿主板，创业板计划搁置。

2002 年 8 月，《中小企业促进法》出台。同时，成思危提出创业板“三步走”建议，中小板作为创业板的过渡。

2003 年 3 月，十届全国人大一次会议，广东省副省长宋海提交《关于尽快推出创业板市场的议案》。

2003 年 10 月，十六届三中全会通过《中共中央关于完善社会主义市场经济体制若干问题的决定》，明确提出：“建立多层次资本市场体系，完善资本市场结构，丰富资本市场品种，推进风险投资和创业板市场的建设。”

2004 年 1 月 31 日，国务院在其发布的《关于推进资本市场改革开放和稳定发展的若干意见》中指出：建立满足不同类型企业融资需求的多层次资本市场体系，分步推进创业板市场建设，完善风险投资机制，拓展中小企业融资渠道。

2004 年 5 月 17 日，经国务院批准，中国证监会正式批复深交所设立中小企业板市场。这个在主板市场框架内相对独立运行，并逐步推进制度创新的新市场的诞生，标志着分步推进创业板市场建设迈出了实质性步伐。6 月，有 8

只新股在中小板上市。

2006年下半年，证监会主席尚福林表示适时推创业板。

2007年1月17日，证监会表示争取上半年推出创业板。

2007年3月，深交所称创业板技术准备到位，尚福林则要求积极稳妥推进。

2007年8月22日，《创业板发行上市管理办法（草案）》获得国务院批准。

2007年12月4日，证监会主席尚福林表示以推进创业板为重点的多层次市场条件已经比较成熟，并首次详细披露了创业板的市场定位与制度设计。

2008年2月27日，证监会发布了《创业板发行规则草案》内部征求意见稿。

2008年3月3日，深交所理事长陈东征表示，"五一"节前推出创业板发行管理办法的可能性较大，"五一"节后有望推出首批创业板上市公司。

2008年3月5日，国务院总理温家宝在政府工作报告中指出，优化资本市场结构，促进股票市场稳定健康发展，着力提高上市公司质量，维护公开公平公正的市场秩序，建立创业板市场，加快发展债券市场，稳步发展期货市场。

2008年3月17日，证监会主席尚福林在全国证券期货监管工作会议上表示，2008年将加快推出创业板，积极发展公司债券市场，力争在多层次市场体系建设上取得突破。完善制度体系与配套规则，争取在2008年上半年推出创业板。

2008年3月22日，证监会正式发布《首次公开发行股票并在创业板上市管理办法》，就创业板规则和创业板发行管理办法向社会公开征求意见。

2008年3月25日，证监会副主席姚刚在中国政府网表示，"现在推出创业板的时机已经比较成熟"。

2008年5月9日，证监会主席尚福林表示，将稳步推进创业板建设。

2008年5月10日，深交所总经理宋丽萍在出席"2008陆家嘴论坛"时表示尽管创业板什么时候能推出尚并不清楚，但深交所已做好了一切能做的准备。

2008年5月15日，证监会副主席姚刚表示《首次公开发行股票并在创业板上市管理办法》正在准备之中，创业板待时机成熟就会推出。

2008年5月22日，深圳证券交易所上市推广部副总监邹雄表示，深交所正在研究提高创业板的交易门槛，限制小投资者进入。

2008年12月13日，国务院发布《关于当前金融促进经济发展的若干意见》，提出适时推出创业板。

2008年12月2日，证监会主席尚福林表示，为支持中小企业发展，特别是缓解中小企业融资难的问题，将适时推出创业板。

2008年12月13日，证监会研究主任祁斌提出加快推出创业板、深化发行体制改革。

2009年1月14日，证监会主席尚福林表示，2009年工作重点之一就是推出创业板。

2009年3月31日，证监会正式公布《首次公开发行股票并在创业板上市管理办法》，该办法自5月1日起实施。

2009年5月8日，深交所发布《深圳证券交易所创业板股票上市规则（征求意见稿）》，向社会公开征求意见。

2009年5月14日，证监会发布就修改《证券发行上市保荐业务管理办法》和《中国证券监督管理委员会发行审核委员会办法》公开征求意见。

2009年6月5日，深交所正式发布《深圳证券交易所创业板股票上市规则》，该规则从7月1日起实施。

2009年7月2日，深交所正式发布《创业板市场投资者适当性管理实施办法》，该办法自2009年7月15日起施行。

2009年7月20日，证监会决定自7月26日起受理创业板发行上市申请。

2009年8月14日，创业板第一届发审委正式成立，中国证监会主席尚福林表示，这标志着创业板发行工作即将正式启动。

2009年8月19日，深交所宣布，拟于2009年9月19日和10月10日举行两次全国范围的创业板全网测试。

2009年9月17日，中国证监会召开首次创业板发审会，首批7家企业上会，并且全部有条件通过。

2009年9月20日，首批10家企业获得IPO批文。其后创业板加快了前进的步伐，具体发行安排如表1–1所示：

表1–1 首批创业板上市公司发行日期安排

交易日	日 期	发行安排
T–4日	2009年9月21日	刊登《初步询价及推介公告》、《首次公开发行股票并在创业板上市提示公告》和《网上路演公告》 进行网上路演

续表

交易日	日　期	发行安排
T-3 日	2009 年 9 月 22 日	9：30~11：30 在北京对询价对象进行现场路演 初步询价日（通过网下发行电子平台，截止时间为 15：00）
T-2 日	2009 年 9 月 23 日	确定发行价格
T-1 日	2009 年 9 月 24 日	刊登《发行公告》、《首次公开发行股票并在创业板上市投资风险特别公告》
T 日	2009 年 9 月 25 日	网下发行申购日、网下申购缴款日（9：30~15：00） 网上发行申购日（9：30~11：30，13：00~15：00），网上投资者缴款申购
T+1 日	2009 年 9 月 28 日	网下、网上申购资金验资
T+2 日	2009 年 9 月 29 日	刊登《网下配售结果公告》、《网上中签率公告》 摇号抽签 网下申购多余款项退款，摇号抽签
T+3 日	2009 年 9 月 30 日	刊登《网上中签结果公告》 网上申购资金解冻

创业板课堂：

1998 年是中国创业板市场的萌芽，而 2009 年则是中国创业板市场的腾飞。中国创业板市场的发展经历了漫长的十几年时间。这一过程虽然比较曲折艰难，但最终迎来了光明。

第三节　创业板，“孵化”中国的科技巨人

对于中国资本市场而言，创业板的设立将进一步丰富投资层次，并为高技术企业的快速发展提供融资渠道。长期以来，中国中小高技术企业资金矛盾突出，不能适应高技术企业快速发展和提高自主创新能力的需要，制约了中国高技术产业做强做大，阻碍了国家高技术产业战略的实施。

而创业板的设立，既解决了当前的问题，又给中国风险投资资金提供了一个快速收回投资的渠道，进而促进了风投机构的投资意愿。对于二级市场而言，创业板的推出也给一些追求高风险、高收益的投机资金提供了一个天堂。

具体来说，设立创业板的目的有以下五点：

(1) 为高科技企业提供融资渠道。创业板市场是为极具发展潜力的高科技企业提供超常规金融支持、为风险投资的退出打开通道而设计的。它是高科

技企业的摇篮，是创新企业的“孵化器”。

通常，在发展中小企业和高科技产业融资方面，依托主板股票市场存在许多不足。主板股票上市标准高，要求上市公司规模大、盈利稳定，不利于中小高科技企业。而在创业板市场，风险投资支持的公司仅需几年就能上板，甚至不需要有盈利记录，这是对高科技企业的企业经营者的极大激励。

创业板市场为高科技创新企业的可持续发展提供了资金支持，它从风险投资家手中接过“接力棒”，促进企业发展壮大，扮演创新企业“孵化器”的角色。在纳斯达克市场上，高科技公司由小做大的例子比比皆是。以微软为例，微软创立于1975年，发行上市前的1985年，其总收入为1.62亿美元；1986年3月上市，股票发行上市为其增资扩张创造了良好的外部条件。现今，微软不仅跻身世界500强，而且其市值一度突破5000亿美元，成为了世界上最有价值的公司。

（2）通过市场机制，有效评价创业资产价值，促进知识与资本的结合，推动知识经济的发展。

（3）为风险投资基金提供“出口”，分散风险投资的风险，促进高科技投资的良性循环，提高高科技投资资源的流动性和使用效率。风险投资的退出机制是风险投资存在和发展不可或缺的条件。通过创业板市场，风险投资企业向社会公开发行股票，风险投资家可以得到增值数倍的资本回报，创业人员也能得到较高的报酬。在美国，约有30%的风险投资采用这种方式退出。

（4）增加创新企业股份的流动性，便于企业实施股权激励计划等，鼓励员工参与企业价值创造。

（5）促进企业规范运作，建立现代企业制度。

创业板课堂：

创业板的推出好比是诺曼底登陆，它给中国风险投资资金提供了一个快速收回投资的渠道，进而促进了风投机构的投资意愿。对于二级市场而言，创业板市场的推出也给一些追求高风险、高收益的投机资金提供了一个天堂。

第四节 创业板推出的市场背景

20世纪70~90年代以来，较多国家和地区在主板市场运作了几十年或上百年并获得了很大发展的同时，纷纷设立了有别于主板的创业板，创业板的兴起，有着深刻的市场背景。

（1）资本市场分工，为创业板的兴起留下了发展空间。早期设立的市场经过几十年或几百年的发展，逐步演变为主板市场。其主要特征为：市场总体规模较大，一部分上市公司逐步演变为大型蓝筹股公司，市场服务的重点和据此形成的发行上市标准转向大中型成熟企业。与此相适应，中小企业、新型企业和处于成长期的企业等，慢慢淡出了主板市场关注的视野。这就为服务于上述企业的创业板留下了新的生存和发展空间。

（2）经济结构调整，要求相应的市场层次与服务体系。产业革命后，世界经济结构发生了三次大的变化：首先是以工业为主，其次是从以重化工业为主发展到以轻工业为主，最后是从以工业为主发展到以服务业为主。在以轻工业为主和以服务业为主的经济结构调整过程中，出现了大量的中小企业。这些中小企业在带动区域经济发展、满足劳动就业等方面发挥了越来越重要的作用。为此，一些国家和地区采取了促进中小企业发展的战略，创业板作为与中小企业发展相适应的市场层次和服务体系应运而生。

（3）经济增长方式转变，为创业板发展注入了新的活力。20世纪60年代以来，以劳动密集型、粗放经营型、资源消耗型、环境污染型为特征的传统经济增长方式暴露出越来越多的问题，一些国家和地区开始了艰难的经济转型。在这种经济转型过程中，一大批以高科技开发、应用、推广、扩展为导向和以新的商业、管理、经营、成长、盈利模式为特征的新型中小企业迅速崛起，极大地延伸了中小企业的空间，丰富了中小企业的内涵，扩大了中小企业的总体规模，提升了中小企业的质量，为以中小企业为服务对象的创业板注入了源源不断的活力。

（4）风险投资偏好，推动了创业板的发展。主板市场较多以传统经济为经营方向的大型上市公司，尽管经营和业绩较为稳定，但成长性较差，投资者市场预期较为一致。一些具有风险偏好和较高收益预期的投资者对这类股票失去了投资兴趣。而一些新兴企业，尽管它总体上是一个高收益与高风险并存的企业群体，并且其中较多企业风险高于收益，但是，其中少数企业可能成长性极好，投资这类企业的可能收益极高，不仅足以弥补投资其他股票的风险，而且可能获得很高的净收益。一些具有风险偏好的投资者选择了风险投资，为创业板培育了大量的上市资源，推动了创业板的发展；另一些具有风险偏好的投资者则直接投资创业板上市股票，产生了推动创业板发展的大量市场需求。

（5）成功效应示范，加快了创业板的兴起。美国是一个创新型国家，创新为纳斯达克的设立与成功运作奠定了良好的市场基础；同时，纳斯达克的设立和成功运作又促进了美国的创新。这种良性互动产生了很大的示范效应，一些经济转型艰难的国家和地区纷纷效仿美国，设立了创业板，从而直接导致了20世纪90年代世界创业板市场的繁荣发展。

（6）市场竞争策略，促进了创业板的设立。在全球经济一体化和资本市场国际化的今天，各个国家和地区的资本市场之间竞争日益加剧，一些交易所在优化自身治理、改进市场服务、推动或应对并购重组的同时，将争夺新的上市资源作为竞争的主要策略。一些国家和地区为应对这种市场竞争，将眼光瞄准了具有巨大发展前景和空间的新兴中小企业，设立了创业板。

中国在这种大的市场背景下，从中央政府到证监会都非常明确并且强调要大力推进多层次资本市场建设，创业板这样的市场层次建设，自然是符合宏观政策大方向的。另外，从深交所的立场上来看，极力推动创业板的建设和发展，也是符合其利益的。

加速推出创业板，是结合一定的中国国内现实情况决定的。

其一，在流动性相对充裕的经济背景下，不断扩大市场规模来吸纳更多的社会资金，从而缓解流动性过剩状况的现实需要。实际上，也正是因为社会资金相对充裕，管理层才可能考虑在国有资产证券化的高峰时期，适时推动创业板的推出，而并没有担忧创业板的资金分流效应。

其二，中国有大批自主创新的企业，这些企业发展受限制很大，部分原因是资金来源匮乏，而截至2008年底，高达21万亿元的大量民间储蓄却缺乏投资途径，只有利用资本市场才能打破这个怪圈，为自主创新的国家战略服务。

总而言之，发展创业板既是发展和扩大资本市场、改善股市供求关系、消化流动性过多的重要举措；也是利用资本市场，不断推动产业结构调整和完善发展的重要措施，是管理层一箭双雕之举。

2009 年的春天，对于一直奋战于创业投资第一线的创投业人士来说，无疑是一个温暖的春天。在经历了十多年以来的寂寞风雨历程之后，中国股市终于迎来了创业板开闸放水的消息。随着 5 月 1 日证监会制定的《首次公开发行股票并在创业板上市管理办法》的正式出台，中国创业板的大门正式开启。

中国创业板的开设，是在全球金融危机动荡未息、中国经济发展面临前所未有的巨大困难的背景下启动的。从国家统计局公布的 2009 年上半年国民经济增长数据来看，2009 年上半年中国 GDP 增长率为 7.9%，有望实现国家预定的保八目标，然而国际经济并没有彻底走出经济危机的阴影，中国经济仍存在较大的下行压力。在这种时候，管理层毅然决然地推出创业板，正是看到了创业板的开设对中国经济可能产生的积极影响和拉动作用。

的确，中国经济要想在 2009 年顺利完成 8%的 GDP 增长目标，首要问题是解决微观企业、中小企业的生存发展问题。从中小企业的发展现状来看，“融资难”一直是制约中小企业做大做强的瓶颈。2009 年一季度，中国银行业的贷款发放量完成了全年的 90%，但是这些贷款绝大部分流入了大型国有企业的囊中。真正最缺资金的中小企业并没有从银行贷款增量中多分得一杯羹，这便使得中小企业在全球经济衰退的大背景下举步维艰，特别是一些以外贸出口为主业的中小企业已经到了濒临破产的边缘，急需坚强有力的资金后盾。

中国创业板的设立，在中小企业和市场资金之间搭筑起了一座资本平台，一边牵着实力雄厚的国内外金融投资资本，一边牵着成长速度惊人的中小高科技企业，让二者可以实现金融资本与成长型企业的有机结合。而通过这种有机结合，又可以吸引更多的金融资本将投资目光投向成长型企业，从而实现金融投资资本与成长型企业的多赢局面。

创业板的设立，使得 2009 年实实在在地成为了中国的创业年。如同 31 年之前中国改革开放率先从农村开始实施一样，创业板的开设为中国高科技企业做大做强提供了坚强支撑。随着国内外各种形式的投资资本蜂拥而入，在创业板上市的企业得到了更多的投资支持，为中国成长型企业的发展铺就了康庄大道。

创业板课堂：

中国创业板在特殊的历史背景下应运而生，承担着扶植创新企业和制度重建的使命，既是发展和扩大资本市场，改善股市供求关系，消化过多流动性的重要举措；也是利用资本市场，不断推动产业结构调整和完善发展的重要措施，是管理层的一箭双雕之举。

第五节　创业板与主板的区别

目前中国创业板最大的特点就是低门槛进入、严要求运作，有助于有潜力的中小企业获得融资机会。

在中国发展创业板市场是为了给中小企业提供更方便的融资渠道，为风险资本营造一个正常的退出机制。同时，这也是中国调整产业结构、推进经济改革的重要手段。

在为促进中国高科技发展而推出的创业板市场，办出与主板市场明显不同的特色，对创业板和主板进行区分甚有必要。其差异主要体现在以下八个方面：

（1）服务对象不同。按照证券市场发展的国际惯例，主板市场的服务对象是那些在相对稳定的产业中经营业绩较好的大中型企业，创业板市场的服务对象是那些在相对稳定的产业中有一定经营风险但同时极具发展潜力的中小型企业。比如，在《首次公开发行股票并在创业板上市管理办法（征求意见稿）》（下称《征求意见稿》）中，中国创业板市场规定的上市对象已有所扩大，不仅包括以电子信息、生物医药、新材料、环保等为主导的高科技产业，而且还包括运用高新技术对传统产业改造后具有很高科技含量的企业，其中的中小型企业只要其产品销路好、经济效益高、发展潜力大、成长性强，就可获得上市机会。

（2）上市要求不同。创业板市场规模可相对较小，但其他财务要求、业务和管理要求严格。在创业板市场成立初期，考虑到新兴市场的特点，为防止过度投机，保证市场运作质量，除了适当放松对公司股本总额和发起人拥有股本总额的限制外，其他财务业绩指标并不能低于主板市场。另外，在《试行办法》中曾要求企业有一年的盈利记录，而在《征求意见稿》中，则不仅取消了对企业发行股票的最低盈利要求，并且对公司的预期利润率不再作出硬性要求。此外，《公司法》第 80 条规定，“发起人以工业产权、非专利技术作价出资的金额不得超过注册资本的 20%”，而在《征求意见稿》内的规定是：内地高新技术的股份有限公司，其发起人以工业产权和非专利技术作价出资的金额占公司注册资本的比例不得高于 70%。

（3）功能定位不同。创业板市场的特有功能是为风险投资提供退出机制，也是企业经过风险资本的培育后进入公共资本市场的第一步。而主板市场主要是为经营较为成熟的大中型公司提供融资、改善公司治理的场所。

（4）发行机制不同。创业板市场在发行机制上一般采用审核制，但不再按照不同条款预先分配额度的办法，而采取以综合业绩为主要标准在全国范围内筛选的审核办法。

（5）市场流动性不同。创业板市场必须是全流通市场。创业板市场是风险资金从原有公司退出以便进入新一轮高科技项目投资的重要保障，创业板市场中将不再有公众股、国家股和法人股的划分，是一个全流通市场。而《公司法》规定发行人股票上市 3 年内不得转让，高层管理人员在任职期间所持股票不得转让。为此《公司法》的相关条款将作修改，仍有禁售期限制，但可适当放宽禁售期。

（6）上市板块的可转换性不同。高新技术企业在创业板上市满两年后可申请转主板上市。在创业板上市的高科技公司能否在满足一定条件后，转入主板市场进行交易，这是一个政策性较强的问题。一般来说，我们设置创业板市场，主要目的是确保风险投资具有低廉、高速的撤资渠道，从根本上说，是为了促进高科技企业的发展。而主板市场上市的公司不能再转到创业板市场上市。

（7）送配制度不同。创业板市场企业的股票将放宽配股比例的限制，创业板市场的上市公司的配股不受证监发字［1994］131 号文件第 2 条第 7 款关于“公司一次配股发行股份总数，不得超过该公司前一次发行并募足股份后其普通股股份总数的 30%”规定的限制。此外也放宽了配股条件，包括将资产收益率的比例的降低及对一定会计期间的要求的放松，在《征求意见稿》中明文取消了“前一次发行的股份已募足，间隔一年以上”的配股条件限制。

（8）市场监督机制不同。创业板市场主要是通过自动停牌制度来迫使企业改善经营。如中国研究创业板市场的课题组建议：创业板市场的挂牌期限定为5年，5年后经监管机构审查，凡不符合上主板市场条件者，均给予摘牌处理。这可以有效地抑制某些企业利用高科技到创业板进行买壳上市，改变它的主营业务，再利用转主板的机会达到其在主板上市的目的。我们可通过其主营业务中的高科技含量来对其进行控制，如果其改变主营业务的科技含量，就会遭到停牌的处罚。当然，如果公司经营不善，业绩与其他指标有很大的滑坡，已达不到在创业板上市的要求，也应该停牌。在主板市场上，则主要通过股东的“用手投票”、“用脚投票”，以及二级市场交易中战略投资者的并购威胁等，迫使上市企业改善经营。

表1-2　创业板与主板的主要区别

条件	A股主板	创业板IPO办法
主体资格	依法设立且合法存续的股份有限公司	依法设立且持续经营三年以上的股份有限公司
盈利要求	（1）最近3个会计年度净利润均为正数且累计超过人民币3000万元，净利润以扣除非经常性损益前后较低者为计算依据 （2）最近3个会计年度经营活动产生的现金流量净额累计超过人民币5000万元；或者最近3个会计年度营业收入累计超过人民币3亿元 （3）最近一期不存在未弥补亏损	最近两年连续盈利，最近两年净利润累计不少于1000万元，且持续增长；或者最近一年盈利，且净利润不少于500万元，最近一年营业收入不少于5000万元，最近两年营业收入增长率均不低于30% 净利润以扣除非经常性损益前后孰低者为计算依据 （注：上述要求为选择性标准，符合其中一条即可）
资产要求	最近一期末无形资产（扣除土地使用权、水面养殖权和采矿权等后）占净资产的比例不高于20%	最近一期末净资产不少于2000万元
股本要求	发行前股本总额不少于人民币3000万元	企业发行后的股本总额不少于3000万元
主营业务要求	最近3年内主营业务没有发生重大变化	发行人应当主营业务突出。同时，要求募集资金只能用于发展主营业务
董事及管理层	最近3年内没有发生重大变化	最近2年内未发生重大变化
实际控制人	最近3年内实际控制人未发生变更	最近2年内实际控制人未发生变更
同业竞争	发行人的业务与控股股东、实际控制人及其控制的其他企业间不得有同业竞争	发行人与控股股东、实际控制人及其控制的其他企业间不存在同业竞争
发审委	设主板发行审核委员会，25人	设创业板发行审核委员会，加大行业专家委员的比例，委员与主板发审委委员不互相兼任
初审征求意见	征求省级人民政府、国家发改委意见	无

创业板课堂：

中国的创业板市场与主板市场形成的是互补关系而非替代关系。认识两者的区别，主要意义在于投资股票时要区别对待两类市场股票，了解创业板股票风险远大于主板股票。创业板公司可是在无须具备盈利往绩及无须预测未来盈利的情况下上市的，因此，创业板股票波动大，流通性低，变现难，较适合专业投资者及熟悉投资技巧的投资者参与。

第六节　有中国特色的创业板市场

随着改革的深化和市场化水平的提高，中国资本市场从单一的交易市场逐渐地发展成为多样化、多层次的交易市场，逐步满足了投资者和融资者的不同需求。2008 年 3 月 22 日，中国证监会公告了《首次公开发行股票并在创业板上市管理办法（征求意见稿）》，标志着创业板融入我们资本市场的时代即将来临。在国内资本市场平稳转轨、优化资本市场结构的同时，我们建立了适应中国经济振兴形势，扩内需、保就业、促转型的“信心之板”，建设了符合中国国情有着中国特色的创业板。它不是纳斯达克的翻版，也不是单纯为中小企业设立的低门槛市场，而是紧密结合中国经济发展阶段，满足以本土企业为主的企业的融资需求的创新型市场。对中国的经济结构性成功转型具有重要意义。

首先，创业板不同于中小板，在定义上也不仅仅局限于中小高新企业板的定义，创业板是创新企业融资的主渠道，是支持企业创新的一个平台。不同国家和地区的创业板体制类别各有不同，其上市资源也各具特色。比如美国的 NASDAQ 主要采用数量化指标对上市资源企业进行甄选，其上市公司中最多和最典型的为高科技风险企业，高科技企业也成为了 NASDAQ 的主要市场方向，这一特征的形成除归因于美国拥有发达科技水平的国情外，还离不开美国高度发达的资本市场，两者为 NASDAQ 的成功推出奠定了基础；韩国的 KOSDAQ 是一个高度活跃的市场，其交易活跃度在世界新市场中仅次于 NASDAQ，因此其市场方向也主要是高新技术产业中的中小型风险企业；英国的 AIM 作为老牌交易所伦敦证券交易所的附属机构，在上市对象的选择中充分发挥了专业顾问（保荐人）的作用，具有审批速度快、无财务指标等的特点，因此其市场对象为全球中小成长型企业，同时 AIM 市场偏好上市资源具有风险投资背景的企业，显示了在伦敦成熟资本市场中的机构投资者对风险的爱好；新加坡的 SESDAQ 虽然对企业的利润指标没有硬性规定，但是往往倾向于素质和发展潜能高的中小企业，其市场对象主要集中于制造业和食品业，而高科技类的企业则相对少，因为具有亚洲文化的底蕴，比较容易吸纳亚太地区的优质中小企业；中国香港创业板的上市费用较高（占到总融资额的 15%），但对于企业没有太多的数量化指标，无盈利要求，主要采用定性方法来衡量上市公司，加上中国香港是国外资金进入内地的前哨站和内地企业进入国际市场的跳板，有很多内地中小企业海外上市首选中国香港创业板。

因此，从全球情况来看，创业板的特色就在于它敢于无门槛，这是创业板的目标模式。这与“中小板”是有很大区别的，它应是相对于传统企业板块而设立的一个新兴企业板块，应与中小板区分开。这样才利于创业板市场的健康发展，所以必须要建立独立于中小板之外的创业板市场。

其次，中国有特殊的国情和特殊的经济结构，必须做出创业板的中国特色，这种特色应体现在制度方面，更需要突出表现在市场方向与上市资源的层面上。中国人做自己的企业，自己的品牌，中国创业板的市场方向必然会有自身的特征，而且这一特征必须符合宏观和微观两个层面的国情。

从宏观角度来看，决定中国创业板市场方向特色的因素有两个：

（1）中国当前最大的国情就是经济正在进行结构转型。中国创业板的主导浪潮必须是要服务于经济结构性转变，而“二高六新”是中国创业板的主要市场资源之一，特别是那些中国急需发展、市场广阔的产业，其中包括“高成长”中的生物产业、“高科技”中的军工转民用的产业、“新材料”中的高分子材料产业、“新经济”中的网络传播与媒介产业、“新服务”中的消费与娱乐升级产业、“新能源”中的太阳能资源开发企业、西部地区的可再生能源开发类企业、“新农业”中的“绿色”产业、“新商业模式”中的外包企业，等等。

（2）中国资本市场新兴加转轨的特征决定了创业板的定位是“资本市场的完善，主板市场的补充”。“二高六新”企业目前很难在主板市场获得资本，而这些企业中存在很多具有高成长空间的优质公司，它们的价值需要得到充分发掘，创业板市场的成立正是为了实现这一目的。

从微观角度来看，从中国资本市场各主体，中国市场的金融机构、监管机构以及投资者的角度来看，中国创业板的市场方向不能仅仅局限于“二高六新”企业，这是由以下因素决定的。

（1）投资者不够成熟，机构投资者还有待发展。到目前为止，中国主板市场的流动性很高，中小盘股和高科技股的交投非常活跃，投资者兴趣较大，这预示着创业板市场出现流动性不足的可能性相对较小，同时也预示着风险较大，在保护投资者利益的基础之上，应该使上市企业的相关信息更加透明化，为投资者创造一个清晰、明确的投资环境，而这些不仅仅是要体现在加强对投资者的风险教育上，更重要的是在相应的创业板制度上有新的调整。

（2）从机构自身来说，由于中国金融机构的自律意识不够强，实力也相对有限，市场透明度较低，所以它很难承担做市的义务，中国的监管机构在创业板管理经验方面缺乏成熟经验，目前也正处在探索阶段。这些因素决定了中国的创业板不能一味地偏好于高风险的高成长性企业，还必须在风险较高的“二高六新”企业之外找到更多的安全边际更高、质量更优的市场资源，这也是中国市场最具特色的资源。如：传统媒体升级后的中小企业；地方性传统报刊媒体升级后的企业；具有区位优势的中小企业；具有民族优势的企业；专有技术类的中小企业；等等。

总而言之，中国创业板除了要努力地捕捉新经济中的亮点，优先扶植某些领域的高新技术创业企业，逐步夺回国际资本市场对本土高新技术企业支撑的话语权，进而占领虚拟资本支撑的、具有中国优势的高新技术产业化的制高点之外，还需要在创业板的制度上、规则上、体制上打造出中国特色，为中国的资本市场调绘出独特的色彩。

创业板课堂：

中国的特有国情决定了中国创业板市场的特色，中国创业板不是纳斯达克的翻版，也不是单纯为中小企业设立的低门槛市场，而是紧密结合中国经济发展阶段，满足以本土企业为主的企业融资需求的创新型市场。

第二章　海外创业板市场的发展和启示

第一节　海外创业板市场的历史

一、美国纳斯达克市场（NASDAQ）

就目前开办了创业板市场的国家来看，运作最为成功的莫过于美国的纳斯达克市场。纳斯达克实际上就是“全美证券交易商协会（NASDAQ）自动报价系统”的简称，是一个以电子网络为基础的无形市场。自 1971 年 2 月 8 日纳斯达克系统正式启动以来，因其更为宽松的上市条件和快捷的电子报价系统，受到新兴中小企业尤其是高科技企业的欢迎，聚集了一批全球最出色的高科技公司，为美国在 20 世纪 90 年代实现的持续经济增长提供了强大的支持。

图 2–1 为自 1971 年创立以来，美国纳斯达克综合指数基本走势情况；图 2–2为美国纳斯达克年度成交量，我们可以从这两张图中看出纳斯达克市场的

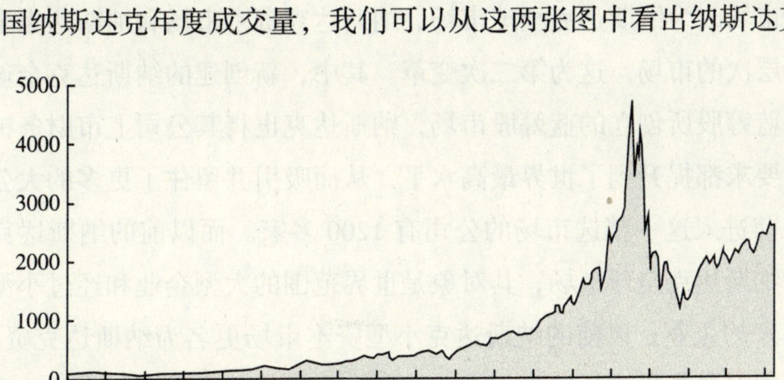

图 2–1　美国纳斯达克综合指数基本走势

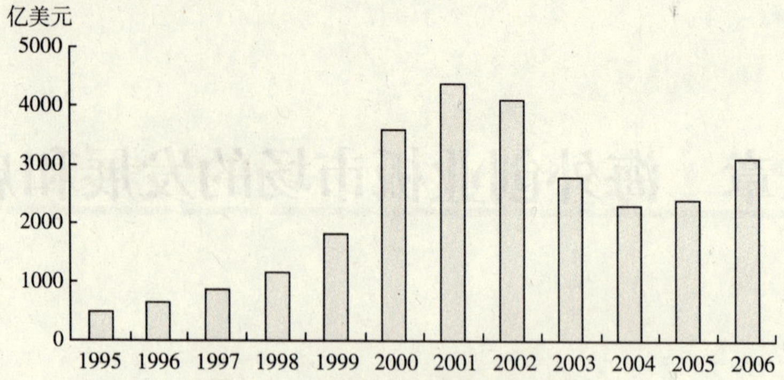

图 2–2 美国纳斯达克年度成交量

一个基本发展情况。

从组织结构上，纳斯达克市场经历了两次重大变革。第一次变革发生在1982~1986年，NASDAQ将纳斯达克系统中的高市值股票同其他小型股票分开，分别组建了纳斯达克全国市场和纳斯达克小型资本市场，两个市场仍在一个报价系统中进行报价，都属于全国性市场，只是NASDAQ针对这两个市场制定了不同的上市标准（小型资本市场的上市标准明显低于纳斯达克全国市场）。这样就形成了两个层次的市场结构。从这个意义上来说，纳斯达克不再是一个标准的创业板市场。其一，任何企业只要满足两个层次市场中的任意一个，就可以登陆纳斯达克，并非仅限于高科技企业。其二，纳斯达克市场上有一批公司已经具有了一定的规模，不再是中小企业，它们或者上市之初就是知名的大型企业，或者是从当初的小企业发展壮大而来的。

鉴于这种情况，纳斯达克在2006年7月创设了新的上市标准，将原有的两个层次市场改为纳斯达克全球市场、纳斯达克资本市场和纳斯达克全球精选市场三个层次的市场，这为第二次变革。其中，新创建的纳斯达克全球精选市场是特为蓝筹股所创立的蓝筹股市场，纳斯达克也将其公司上市财务标准和股票流通性要求都提升到了世界最高水平，从而吸引并留住了更多的大公司前来交易，目前进入这一精选市场的公司有1200多家。而以前的纳斯达克全国市场更名为纳斯达克全球市场，其对象是世界范围的大型企业和经过小型资本市场发展起来的企业；以前的纳斯达克小型资本市场更名为纳斯达克资本市场，资本市场的对象是高成长的中小企业，其中高科技企业占有相当的比重，上市标准低于全球市场。自此，纳斯达克交易市场的等级增加到三级。

从上市公司的组成上来看，纳斯达克市场上的上市公司仍以美国的高科技企业为主，但同时也为其他高成长性企业或外国企业提供良好的融资环境。

截至 2009 年 8 月底，纳斯达克共有上市公司 3141 家，其中，美国本土公司 2865 家，境外公司 276 家。90%以上的美国软件行业上市公司、80%以上的半导体行业上市公司、计算机及外围设备行业上市公司和通信行业上市公司都在 NASDAQ 上市。

图 2–3 是纳斯达克上市公司的行业比重，这再次说明，纳斯达克市场已不再是传统意义上的创业板市场，它不仅超越了国界的限制，也不再局限于中小型企业和高科技企业的范围。

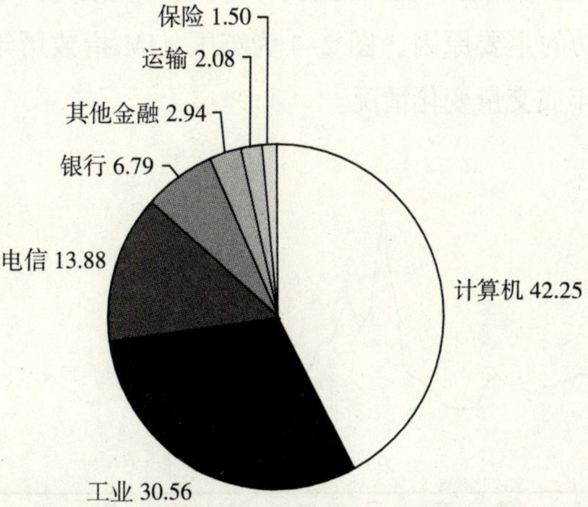

图 2–3　纳斯达克上市公司的行业比重（%）

二、英国另类投资市场（AIM）

英国另类投资市场（AIM）成立于 1995 年 6 月，是伦敦国际交易市场为中小发展型公司设立的。截至 2009 年 8 月，AIM 的上市公司有 1177 家，其交易也异常活跃，是全球较成功的创业板市场之一。

AIM 自 1995 成立以来呈现稳步增长的态势。AIM 交易异常活跃，尤其是 2003 年以来，其成交量不断放大，2006 年成交量达到 1216 亿英镑，是 1996 年 20 亿英镑成交量的 60 倍。其市值在 2007 年 9 月 3 日达到了 720 亿英镑。

英国的 AIM 主要有以下特点：

（1）AIM 的上市条件较宽松。AIM 对上市公司规模、公司收入标准、公司收益标准、公司股份转让标准及公众持股的最低要求都没有规定和限制。

（2）AIM 是一个定位于全球的创业板市场。境外上市公司数逐年递增，目前占到上市公司总数的 10%左右。

（3）AIM 上市公司的行业结构呈现出典型的多元化特征，并不再强调企业的高科技特性。这种多元化的行业结构不但扩大了上市企业的范围，而且有效降低了系统性的市场风险。

（4）融资对象主要是中小企业，长期以来，AIM 上市公司主要集中于市值在 5000 万英镑以下的企业。

另外，英国 AIM 的特点还包括："终身保荐人"的监管制度，旨在提高市场流动性的产品和创新制度，公司首发前后的政府政策支持等。英国 AIM 的上述特点也是其成功的主要原因。图 2-4 为英国 AIM 指数历年走势，图 2-5 为英国 AIM 指数历年成交量变化情况。

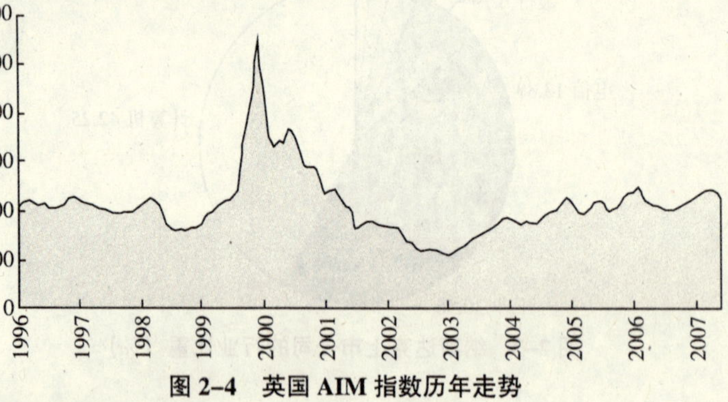

图 2-4　英国 AIM 指数历年走势

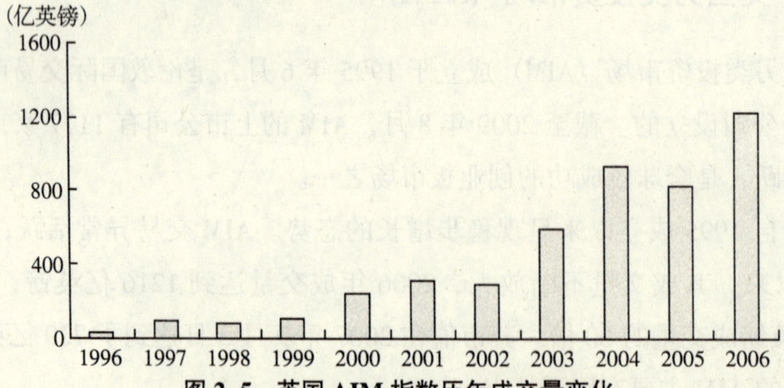

图 2-5　英国 AIM 指数历年成交量变化

三、日本佳斯达克市场（JASDAQ）

日本创业板市场的发展不尽如人意，日本佳斯达克（JASDAQ）综合指数从初创时的60多点下泻到2009年9月18日的49.93点，不涨反跌；而其成交量从2006年开始逐渐萎缩，2007年8月的月度成交量只有7.66亿美元。

日本先后存在多家创业板市场，进入20世纪90年代，日本创业板市场格局在全球竞争和国内金融变革的背景下发生了剧烈的变化。表现在：

（1）1998年佳斯达克市场为适应新环境而进行制度改革。

（2）1998年12月大阪证券交易所创设创业板新市场。

（3）1999年6月"纳斯达克日本"市场启动。

（4）1999年12月东京证券交易所创设新市场"Mothers"。此后，日本创业板市场出现了互相竞争的局面。

佳斯达克市场成立于1992年，是日本模仿美国纳斯达克市场在OTC市场基础上建立的，建立之初主要是面对日本国内的风险企业和一些高科技企业，2004年12月，日本佳斯达克升为证券交易所。

1999年6月，纳斯达克日本在大阪证券交易所开张。而东京证券交易所于1999年12月宣布设立了自己的创业板（Mothers），即"高增长新兴股票市场"，与纳斯达克日本市场展开了激烈的竞争。而纳斯达克日本随着全球性IT（信息技术）泡沫的崩溃，出现了经营入不敷出及"水土不服"的情况，于2002年关闭，撤出日本市场。

由于佳斯达克、Mothers及大阪的创业板市场对市场资源定位趋同，互相竞争，使得市场交易量不断萎缩，这也是日本创业板市场发展不成功的直接原因。图2-6为日本佳斯达克综合指数自创立以来的基本走势，图2-7为2006年以来，日本佳斯达克市场不断萎缩的成交量。

四、港交所创业板市场（GEM）

自1999年11月中国香港创业板市场（GEM）正式成立以来，中国香港创业板的总体表现同当初的设想相差甚远。在经历了最初的火暴之后，中国香港创业板市场迅速降温，并走入了低迷（见图2-8、图2-9）。

从图2-10中我们可以看出，自2002年以来，在中国香港创业板市场上进行 IPO 的公司数目逐年递减，2006 年全年的 IPO 企业只有 6 家，在所有亚太地区的创业板市场中仅高于菲律宾。IPO 融资额以及总融资额也呈现下降的趋势，尽管 2006 年中国香港创业板市场的总融资额出现强烈反弹，但 IPO 融资

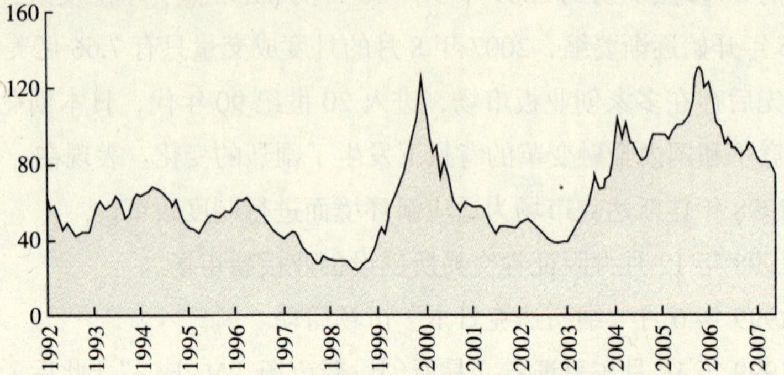

图 2–6　日本佳斯达克综合指数自创立以来的基本走势

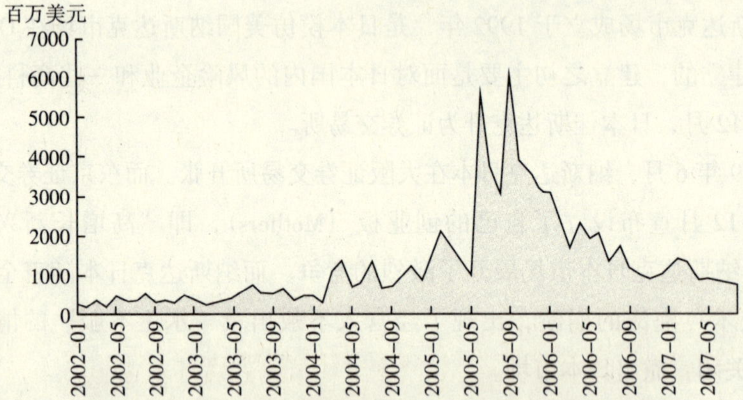

图 2–7　2006 年以来日本佳斯达克市场不断萎缩的成交量

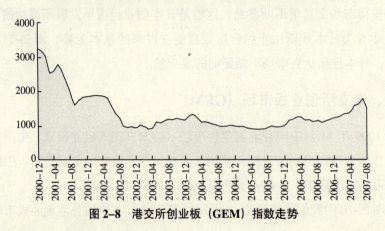

图 2–8　港交所创业板（GEM）指数走势

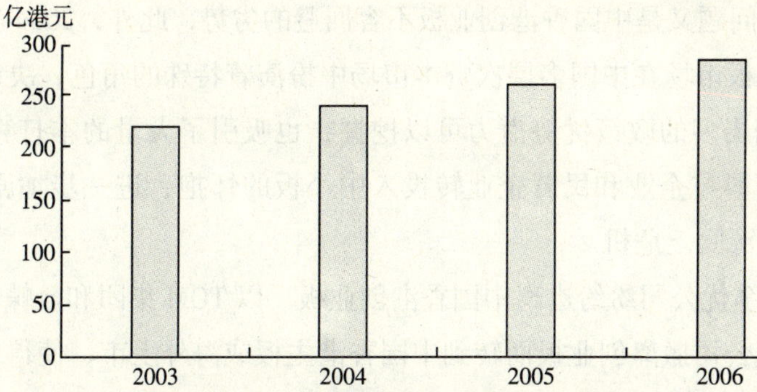

图 2-9　港交所创业板（GEM）交易量

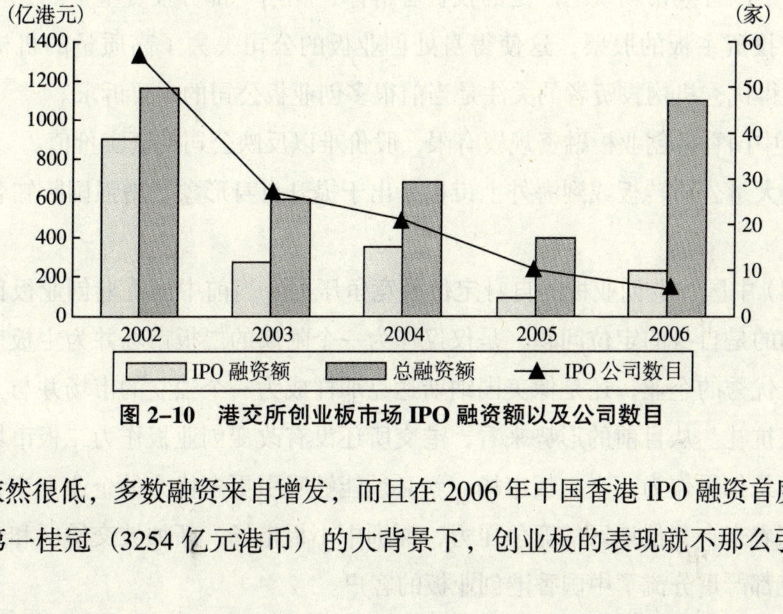

图 2-10　港交所创业板市场 IPO 融资额以及公司数目

额度依然很低，多数融资来自增发，而且在 2006 年中国香港 IPO 融资首度摘得全球第一桂冠（3254 亿元港币）的大背景下，创业板的表现就不那么引人注目了。

中国香港创业板市场的低迷，其原因有以下几点：

(1) 缺乏本地高科技高成长性企业的有力支持。美国纳斯达克市场的成功很大程度上得益于美国高科技企业的强大推动力，正是微软、戴尔、英特尔、雅虎等这些 IT 业的巨头奠定了纳斯达克的基石。相比之下，中国香港创业板市场缺乏充足的上市公司资源，一旦网络泡沫破灭，创业板的发展就变得难以为继。

(2) 上市公司资源欠缺、融资成本高昂、跨境监管困难。中国香港创业板市场在上市公司资源上的欠缺迫使其将目标定位在内地的高科技企业和民营企业，这就和深圳的中小企业板市场存在一定的趋同性。但是，融资成本和跨境监管等方面的问题又是中国香港创业板不容回避的劣势，此外，2004 年成立的深圳中小企业板市场在中国多层次资本市场中扮演着特殊的角色，决定了它实际上还具有相当多的政策优势潜力可以挖掘，也吸引了大量的本打算在 GEM 上市的内地高科技企业和民营企业转投入中小板的怀抱，进一步加剧了 GEM 的上市公司资源匮乏危机。

（3）众多绩优公司纷纷逃离中国香港创业板。以 TOM 集团和金蝶软件为代表的一批内地公司撤离创业板而转到中国香港主板或海外上市，使得中国香港创业板的运行日趋艰难，而这些公司的退出从某种程度上说也是情理之中的。

①中国香港市场缺乏广泛的投资者群体，相当一部分投资基金的公司章程只允许投资主板的股票，这使得身处创业板的公司失去了高质量的机构投资者，赢得优秀机构投资者的关注是当前很多创业板公司的主要诉求。

②中国香港创业板融资规模有限，股价难以反映公司的真实价值。

③大量公司转板或到海外上市也是出于提升自身形象、增强国际知名度的考虑。

（4）中国香港创业板的自身定位及竞争压力。当前中国香港创业板首先需要明确的是自身的定位问题，是仅仅作为一个附属的二板市场并为主板市场不断输送优秀的企业，还是像美国纳斯达克那样成为一个独立的市场并与主板市场分庭抗礼。从目前的形势来看，港交所还没有改变创业板作为二板市场的定位。但是如果作为一个二板市场，就必须能够吸引更多优秀的企业上市，但这又面临着来自其他地区的竞争压力，深圳中小板市场、新加坡交易所和美国纳斯达克都严重分流了中国香港创业板的客户。

五、韩国科斯达克市场（KOSDAQ）

亚太地区有 10 个国家和地区创设了创业板市场，其中最成功的既非国际金融中心中国香港，也非亚洲经济的龙头日本，而是迅速成长的韩国（见图 2-11）。

韩国科斯达克市场成立于 1996 年 7 月，是韩国政府在已有的场外交易市场基础上发展起来的。其成立的初衷是为知识密集型、创造高附加值的高科技新兴公司以及小企业融资，同时也为寻求高风险、高预期回报的投资者提供新的投资工具。

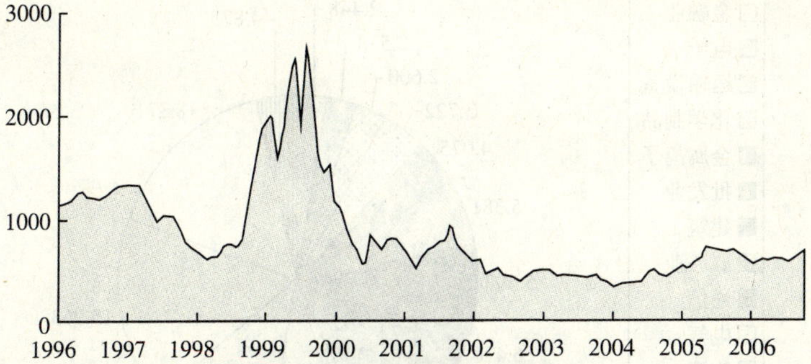

图 2-11 韩国科斯达克指数

长期以来，韩国经济以大集团和寡头经济为主，中小企业的发展相对艰难，鉴于这种情况，从 20 世纪 80 年代后期，韩国就开始实施一系列扶植中小企业发展的战略规划。科斯达克市场的迅猛发展也得益于韩国政府的大力支持，韩国政府不仅放松了上市标准，而且还给予了这些上市公司一定的税收优惠。韩国科斯达克市场近几年的交易也异常活跃，2006 年全年的成交量达到 1377 亿韩元，是 1999 年的近 3000 倍（见图 2-12）。

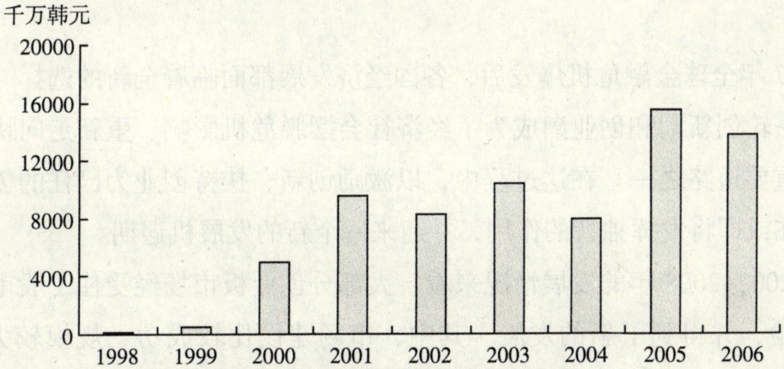

图 2-12 韩国科斯达克市场成交量

图 2-13 是韩国科斯达克市场上的行业分布情况，从中我们可以看出，一个成功的创业板市场不应当将上市公司的范围仅仅局限于高科技企业，任何有成长潜力的公司都可以在创业板市场上得到发展。

> **创业板课堂：**
>
> 中国创业板市场属于新兴的投资市场，是资本市场的制度创新，广大投资者在市场操作方面并无经验可言。因此，投资者在投身创业板之前，有必要了解和借鉴海外创业板市场的规律和经验。

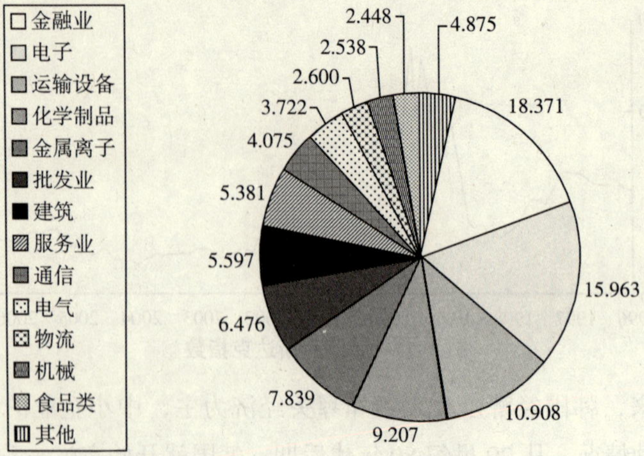

图 2-13 韩国科斯达克市场行业分布情况（%）

第二节 海外创业板市场的现状

2007 年全球金融危机爆发后，各国经济发展都面临着全新的选择。与此同时，新一轮创新潮和创业潮成为了经济社会摆脱危机影响、重新走向快速发展通道的重要道路之一。在这过程中，以激励创新、扶持创业为己任的创业板市场，正在或即将发挥独特的作用，并迎来一个新的发展机遇期。

从 2002~2008 年的发展情况来看，大部分创业板市场经受住了股市大幅波动的考验，并得到了新的发展。其中，市场建设比较成功、规模较大的有 5 家，所占比例为 11%左右；能够维持运营、稳步发展的有 40 家，所占比例超过 80%。创业板市场的成功或稳步发展，表明创业板市场已经走出了网络股泡沫破灭的阴影，重新焕发出了生机。而进入 2009 年以后，全球创业板市场的发展呈现出以下四个特点：

（1）原有市场稳步发展。2008 年前 11 月，美国纳斯达克、英国 AIM、日本佳斯达克、韩国科斯达克、加拿大 TSX-V 市场等 5 家老牌创业板市场市值增长了 14%，成交量增长了 119%，上市公司总数在大量网络公司退市的情况下依然增长了 1.3%。在全球股市动荡的 2008 年，AIM 市场仍有 27 宗 IPO，居境外所有交易所的第二位。纳斯达克近年来的 IPO 数量一直占美国市场总数的

50%以上。到2008年11月底，韩国科斯达克仍有900多家上市公司，总市值占本国GDP的10%以上，交易额超过了主板市场。在某些创业板市场，包括英国的另类投资市场（AIM）、中国香港的创业板（GEM）、韩国的科斯达克（KOSDAQ）以及新加坡自动报价市场（SESDAQ），2008年均维持了一定的新上市数目，同时不少投资者对高增长的上市公司兴趣不减。

（2）创业板的市场形象不断提升。2002年以后，尤其是近几年，海外创业板市场开始改变其低端市场的形象，在全球证券市场中占据了越来越重要的地位。纳斯达克于2006年被美国证监会批准成为全国性证券交易所，日本佳斯达克于2004年成为交易所市场。2005年，韩国将韩交所、韩国期货交易所及科斯达克合并，成立了新的韩国证券期货交易所，科斯达克由此成为了韩国证券市场的重要主体之一。一些成熟交易所市场也主动“拥抱”创业板，从而吸引高成长性的创业企业上市，增强交易所的持续发展能力，如泛欧交易所于2005年设立了Alternext板块，纽交所于2006年通过合并群岛交易所拥有了Arca高增长板块，南非约翰内斯堡股票交易所成立的创业板市场Altx。

（3）股票市场融合。不同市场间的融合，令全球金融市场的情况持续改观，对全球创业板市场不无影响。不少地方呈现向心的融合趋势，包括2008年中止的欧洲法兰克福证券交易所Deutsche B.rse收购英国股票交易所，美国纽约证券交易所和电子交易平台Archipelago合并，纳斯达克提出收购电子交易经纪Instinet。当交易市场的合并趋势进一步成熟的时候，将会印证高效率低成本交易机制的好处，这在一定程度上可以抵消合并一些各种拥有鲜明地方特点的交易市场所带来的种种挑战。

（4）跨国资金流动。综观全球有涨有跌的金融市场，最理想的情况便是给予公司在任何一个交易市场上市的自由，而不需要理会国籍的问题。一些创业板市场已开始着力招揽一些国际性的公司上市，但此举倾向于吸引位于某些地区或处于特定行业的企业如自然资源类企业，某些地区性或特定行业以外的公司，在国际上上市仍然遇到种种障碍。事实上，创业板市场吸引了一些中小企业中的本地企业，虽然这些中小企业在业务上可能已经国际化，但事实上这些企业要吸引国际投资者仍然不易。

权威专家分析，纵观近年海外各创业板市场的情况，海外创业板发展对各国经济发展和科技创新做出的重要贡献主要体现在三个方面：

（1）创业板市场已成为各国高科技公司的主要融资场所。据统计，美国软件行业上市公司中的93.6%，半导体行业上市公司中的84.8%，计算机及外围设备行业上市公司中的84.5%，通信服务业上市公司中的82.6%，通信设备行业上市公司中的81.7%都在纳斯达克上市。在韩国科斯达克，IT行业上市公司占上市公司总数的50%以上。在市值前十五大的公司中，有10家属于IT行业，分布于互联网、无线通信、电信、网络游戏、多媒体服务等多个领域。

（2）许多创业企业通过创业板市场的培育和孵化，已发展成为了世界知名公司。纳斯达克市值最大的前10只股票都是世人耳熟能详的知名企业，如英特尔、Google、甲骨文、苹果、戴尔等。韩国最著名的网络游戏和搜索公司NHN成立于1999年，2002年在科斯达克上市，目前市值已超过100亿美元，业务遍及韩、日、美、中，已成为了世界十大网络企业之一。

（3）创业板市场促进了产业升级和经济发展。美国新经济的蓬勃发展，与纳斯达克的推动、扶持作用密切相关。韩国在亚洲金融危机之后，大力扶持高科技与创意产业发展，在科斯达克对中小企业尤其是创业企业融资的支持下，韩国创业企业的发展非常迅猛。在科斯达克市场的推动下，韩国的科技创新和产业升级实现了质的飞跃，电子、汽车、网络科技等产业处于世界领先地位，高科技产业正逐步取代传统产业成为韩国经济增长的新动力。AIM市场的稳定发展也极大地促进了英国经济的发展，AIM主要的融资对象集中于5000万英镑以下的企业，AIM市场的发展对于处于发展早期的中小企业来说具有巨大的扶持作用。

创业板课堂：

经过多年的整合与发展，目前全球主要创业板市场已经完全改变了低端市场的形象，在全球证券市场中占据了越来越重要的地位。纳斯达克已于2006年被美国证监会批准成为了全国性的证券交易所，实现了历史性跨越；日本佳斯达克于2004年成立交易所市场；2005年，韩国将韩交所、韩国期货交易所及科斯达克合并成立了新的韩国证券期货交易所，科斯达克由此成为了韩国证券市场的重要主体之一。一些成熟交易所的市场也主动“拥抱”创业板，从而吸引高成长性的创业企业上市，增强交易所的持续发展能力。

第三节　海外创业板孵化创新企业

在全球40余家创业板市场中，美国NASDAQ、英国AIM、韩国KOSDAQ等都是运作较为成功的典范。这些市场通过为上市公司提供持续筹资和便利的并购方式，支持了企业的成长，培育了一批核心企业。微软、安进、思科、韩国的NHN以及英国的Majestic，就是通过登陆各自的创业板市场而迅速发展壮大起来的。

这些核心企业的共同特征是：具有良好的成长性和经营业绩，拥有较强的行业影响力和辐射效应，能够带动产业成长，保持了较高的市值，属于资本市场重要指数中的成份股，并给予了股东相对较高的回报。

一、微软（Microsoft）：全球信息产业的革命者

微软公司于1986年在美国纳斯达克（NASDAQ）发行上市，发行上市前的1985年，微软的总收入、营业利润和净利润分别为1.4亿美元、0.41亿美元和0.24亿美元，到2007年末，其总收入、营业利润和净利润分别增加到511.22亿美元、185.24亿美元和140.65亿美元，分别增长了364倍、450倍和582倍。

股票发行上市为微软实现增资扩股创造了良好的外部条件。从1994年到2003年，微软每年都有新股发行上市，10年间共增发普通股19.72亿股，增发的普通股有相当一部分用来进行相关产品多元化并购和投资。在此期间，微软共进行了60次并购和140次投资，使其总资产和净资产分别增长了14.8倍和13.7倍。资本市场提供的多种金融工具为收购方提供了灵活的支付方式，同时节约了大量现金，而微软的并购活动中有很大一部分就是通过增发新股的方式进行的。

技术创新是高科技企业的灵魂，为保持其在技术领域的竞争优势，微软公司将募集资金的相当部分用于研发。1994~2006年，微软的研发支出占收入之比逐年上升，2006年研发支出达36.38亿美元，占销售收入的比例为13.9%，无论是在绝对数额上还是在占比上，都居于全球软件和电脑服务行业之首。

微软公司也为投资者提供了相当可观的回报。其首发时的 1 股普通股，经过 9 次股票分拆，到 2007 财政年度末，已经变为了 288 股。如果投资者在 1986 年买入 1 股普通股，到 2007 年末，每股已经增值为 8928 美元，按照复利计算的年化收益率为 51%。由于受到国际金融风暴的影响，2008 年微软股价下跌了 35.7%，但仍旧远低于美国 IT 企业 65.2%的平均下跌幅度。

二、安进（Amgen）：生物制药行业的开拓者

“生物制药”是华尔街投资者最为追捧的两大概念之一。在纳斯达克，能与微软、思科等著名 IT 公司股价并驾齐驱的公司屈指可数，安进公司就是其中之一。

安进公司于 1980 年由一群科学家和风险投资基金共同发起设立，成立之初仅有 7 名员工。1983 年，安进公司首次在纳斯达克上市，随后又于 1986 年和 1987 年增发股票。上市后，安进公司将超过每年收入的 20%都用于研发，形成了生物医药行业从研发到制造的完整链条。其产品线也不断拓宽，范围包括治疗癌症、糖尿病和风湿等各种人类疑难病症的药物。数据显示，安进公司的年销售收入、研发支出分别从 1993 年的 14 亿美元、2.5 亿美元，增至 2007 年的 148 亿美元、32 亿美元，员工人数也由刚上市的 124 人增至 2006 年末的 2 万余人。

1994 年至 2008 年末，安进公司通过资本市场实施了 7 次大的并购活动，整合了行业内的研发和生产力量，巩固了自身作为行业老大的地位。例如，仅 2006 年，安进就花费 55 亿美元收购了一家研发企业和一家制药企业。

上市 20 余年来，安进通过多次拆分股票，在自身获得发展的同时，给予了投资者丰厚回报。如果投资者在 1990 年初购入了 1 股安进普通股，至 2007 年末，就已经变成了 48 股，投资者的年化收益率为 24.28%。目前，它是 S&P100、S&P500 和 NASDAQ100 指数的成份股。2008 年的金融危机并未给安进的股价带来不利影响。2009 年 2 月，其股价较上年同期上涨了 10.38%。经过 20 余年的发展，安进公司已经由一家只有 7 名员工的小型高科技公司发展壮大为拥有 5 个海外分支机构的大型生物制药类高科技公司。

安进公司之所以能够在众多的生物制药类企业中脱颖而出，完全取决于其创新产品的推出和不断改进。安进的崛起得益于其主导产品 EPO 和 G-CSF。

作为基因工程药品成功典范的EPO和G-CSF属细胞因子类多肽药品，能刺激造血细胞增殖分化。在免疫系统中起着非常重要的调控作用，在治疗造血功能障碍疾病方面已取得显著疗效，具有非常广阔的应用前景。

1989年，安进公司开发的EPO上市。随着临床适应症的不断扩大，EPO的销售额迅速增长，连续多年雄居生物技术药物销售额榜首。1992年EPO销售额为6亿美元，1997年达到27亿美元左右，2000年达到35亿美元。

1991年，安进公司率先开发出了G-CSF并上市，被称为当年上市的四种"巨型炸弹"药物之一。G-CSF上市后即取得了良好的市场效益，1992年，其销售额就达到2.95亿美元，1997年全球销售额突破10亿美元。

对产品的持续改进和创新也使安进公司不断成长。1999年安进公司投入研发的经费达8.23亿美元，占其当年销售额的27.4%。

为保持公司持续的成长性，2001年12月安进公司宣布，以160亿美元并购美国另一家生物技术领域顶尖企业"英姆纳克斯公司"(Immunex)。这宗当时全球技术最领先、产品最具竞争力的两家生物技术公司的合并案，大大刺激了美国股市。消息宣布当天"安进公司"股价劲扬6.18%，"英姆纳克斯"股价大涨13.43%，在其带领下，美国生化股一扫一周前的阴晦，美交所生化股指数（BTK）当日收盘时大涨4.03%，纳斯达克生化股（NBI）也锐升了3.65%，充分表现出了美国投资者对该并购案及整个生物医药产业的关注。

2008年3月29日，安进公司宣布，以价值13亿美元的股票收购杜拉瑞克公司（Tularik）80%的股份。杜拉瑞克公司因开发治疗食道癌、炎症、糖尿病以及肥胖症等疾病的药品而颇受重视。与普通药品开发商不同的是，这家公司开发的新药是利用基因技术达到治疗目的的，因此收购这家公司有利于扩大安进公司开发新药的市场与能力。这场收购给安进公司带来的好处是高达83. 6亿美元的营业收入，2008年安进公司盈利22.6亿美元，每股盈利1.69美元。

资本市场的助推对高科技公司的发展而言不可或缺。安进公司得益于风险投资基金的投资才能顺利成立，其后公司分别于1983年、1986年和1987年得到了纳斯达克市场融资的支持。公司在没有任何产品面世的情况下，金融资本的四次融资支持促使创新产品EPO和G-CSF上市。如果没有资本市场的助推，我们无法想象一家只有7名员工的小型高科技公司能发展壮大为营业收入达83.6亿美元，每股收益达1.69美元的绩优高科技公司。

三、思科（Cisco）：网络硬件行业的巨人

思科系统公司是在 2000 年年初网络股的热潮中才被中国国内普通投资者所知悉的，但实际上，在此前的 15 年中，思科早就已成为了美国资本市场上的一颗耀眼的明星，是信息产业领域中继微软的又一个高速增长的神话。

思科公司是一家经营网络硬件设备的企业，1984 年由 5 位工程师在一间车库里创立，那时思科还只是一家名不见经传的小公司，生产早期的网络路由器。这种路由器功能简单，仅仅可以使两个独立的计算机系统间实现相互联络和收发电子邮件。思科的客户也大多是大学或研究所等科研机构。直到波音飞机公司注意到了思科的产品，并在网络路由器的基础上建立了全球第一个企业内部网，路由器市场才真正开始形成，并逐渐以惊人的速度扩大。思科作为市场领导者，一直占有 80%以上的市场份额。

1993 年，局域网交换器市场开始出现，并呈现高速增长的态势。从 1993~1994 年，其行业的季度增长率平均在 30%~35%之间，个别季度甚至超过了 50%。思科公司一开始并没有进入这一市场，但是没过多久，1993 年 9 月 23 日它就宣布兼并了 Cresendo 通信公司，这是一家生产局域网交换器的未上市企业。随后，在 1994 年思科又以 2.02 亿美元兼并了 Kalpana 公司，在 1996 年以 3.4 亿美元兼并了 Grand Juaction 公司。到 1997 年，思科的局域网交换器销售收入达到 20 亿美元，占整个市场的 50%左右。而位居第二名的 3Corn 公司仅占有 19%的市场份额。

这三次成功的收购活动使思科公司快速扩张并进入到相关行业中。值得一提的是，三次收购的出价方式都是思科的股票，并没有耗费其太多的现金。

思科公司 1990 年 4 月在 NASDAQ 市场上市，当时的市值仅 3 亿美元，到 1997 年 6 月思科的市值已经超过了 300 亿美元，在 7 年中其股票升值已经超过了 100 倍。到 1999 年末，思科的市值已经达到 4000 亿美元。2000 年 3 月，思科的市值首次超过了微软，达到 4500 亿美元，位居全球第一。2008 年，思科公司销售收入 395 亿美元，在 2009 年美国《财富》500 强中排行第 57 位。

思科公司以制造和销售单一的路由器设备起家，经过 15 年的高速发展，已经成为了全球最大的互联网设备和商业解决方案供应商。2009 年，全球互联网骨干网络中，80%以上的交换器和路由器都是思科产品，2008 年思科公司的

销售额达到395亿美元。那么，思科公司是凭着什么，从旧金山一家名不见经传的小公司，发展成为拥有与微软不相上下的市值规模的大公司的呢？

作为一家高科技公司，思科并没有像其他传统企业一样耗费巨资建立自己的研发队伍，而是把整个硅谷当作自己的实验室，采取的策略就是收购面向未来的新技术和开发人员，以填补自己未来产品框架的空白。思科公司在收购一家公司时，不仅要看它现有的产品和人员，更要看它在下一代产品中的创造力，要看两三年内这些人员的流动情况以及能否为公司创造收入。一般来说，思科希望能够在三年内平衡收购成本，因此那些在未来6~12个月里有非常好的科技产品的小型创业公司，是思科理想的收购目标。

除了有明确的收购原则外，试探性持股也是思科常用的有效方法。通常，思科先持有目标公司10%的股份，几个月后再作收购决定。

四、NHN：韩国网络产业的领跑者

在韩国KOSDAQ市场上市的NHN公司成立于1999年，目前是韩国最大的网络公司，占据韩国70%的市场份额，主要从事在线搜索及在线游戏行业。它运营着韩国第一个也是最大的网络游戏门户MUD4U，具有先进的支付方式和商业模式，被认为是导致Google在韩国市场的竞争中屡屡受挫的最主要原因。NHN的主要业务包括搜索广告、网络游戏和电子商务，2006年这三项业务的收入占比分别为52%、22%和17%。

2002年，NHN在韩国KOSDAQ上市。上市后，该公司与外资成立了专门开发游戏软件的合资公司，并购了内容管理解决方案公司DATACHORUS、网络搜索公司1NOON和游戏开发工作室NEOPLE，同时在美国、日本等国家和地区相继成立分公司，获得了快速发展。2006年，NHN销售收入、净利润和股东权益分别较上市当年增长了75倍、5.6倍和2.5倍，达到5734亿韩元、1519亿韩元和3744亿韩元。

NHN目前是韩国KOSDAQ的明星股和成份指数样本股，股票市值总额长期名列第一位，2008年11月的市值曾达到KOSDAQ总市值的1/10。而后，由于国际金融风暴的不期而至，NHN的股价下跌了55%。尽管如此，从2002年首发上市至2009年4月，投资者持有NHN股票的年化收益率仍达到了20%。

五、Majestic：英国新商业模式的探索者

成立于1981年的Majestic酒业公司，专注于高品质红酒和啤酒的销售。目前，它运营着英国最大的酒类连锁企业，在全英国拥有150家卖场。该公司的鲜明特点是其员工都是经过严格训练的专业人士，可以向顾客提供专业化的建议。

Majestic于1996年在英国AIM上市，上市后其知名度迅速提高。2000年，公司采用了全新的网上销售模式。通过在线订货和免费品尝、免费送货、在线答疑等营销手段，Majestic的网上销售收入逐年扩大，2007年达1500万英镑，超过公司总收入的1/10。在金融危机不断蔓延和深化的2008年，顾客减少了高档商品的消费，但该公司的销售收入和税前利润仍保持了一定增长，分别达到1.97亿英镑和1700万英镑，是1996年上市时的5倍和13.5倍。

2008年，Majestic的股价下跌了31%，为富时AIM所有股指数下跌幅度的一半。2009年2月，Majestic市值为102亿英镑。同时，它一直是富时AIM100、富时AIM UK 50的成份股。

Majestic公司给投资者提供了稳定和长期持续的现金分红制度。仅2001~2008年的7年间，它就进行了14次现金分红，每年发放的现金红利约为当年平均股价的5%。与此同时，公司还通过发放股票期权激励骨干员工。例如，2006年，就增发了12次新股，股票总数为总股本的1%，全部用于实施股票期权。

创业板课堂：

海外的创业板市场通过为上市公司提供持续筹资和便利的并购方式，支持了本国创新企业的成长，培育了一批核心企业。这些核心企业的共同特征是：具有良好的成长性和经营业绩，拥有较强的行业影响力和辐射效应、能够带动产业成长，保持了较高的市值，属于资本市场重要指数中的成份股，并给予股东相对较高的回报。

第四节　海外创业板市场发展的启示

通过前面的分析，我们可以看出美国的纳斯达克市场、英国的 AIM 市场和韩国的科斯达克市场等创业板市场是发展比较成功的，而包括日本的佳斯达克市场和中国香港的创业板市场在内的多数创业板市场的发展状况都不尽如人意。从这几个国家和地区的创业板市场发展中，我们可以得到以下启示：

1. 客观看待中国设立和运作创业板的条件

（1）境内上市资源丰富。中国证券市场成立较晚，上市公司不到 2000 家，其中中小板上市公司不到 300 家，还有大量优秀的中小企业没有机会上市；而经济转型时期，中小企业还在以较快的速度不断地生成和发展。按照《首次公开发行股票并在创业板上市管理办法》的规定，仅在科技部的统计范围内就有 1183 家企业符合创业板发行标准，这完全可以作为成熟的上市资源储备。同时，科技部、深交所以及各地方政府都在尽力挖掘、培育和鼓励适合条件的企业到创业板上市。

（2）规模化营运压力有限。海外实践表明，规模小是海外多数创业板市场被关闭的重要原因。因此，中国创业板市场在运行之初，也面临着尽快扩大规模的压力。然而，作为打造多层次资本市场体系的重要一环，深交所可以运用其主板力量、借鉴中小板的运作经验来支持中国创业板市场的发展，这就大大减轻了创业板运行初期因规模有限而产生的营运成本压力。

统计显示：被关闭或者发展缓慢的创业板市场大多处在经济规模不大、较为封闭的国家或地区，而那些位于第一、第二梯队的创业板市场多位于经济规模较大、创业活动频繁、市场较为开放的国家或地区，而从中国的现实条件来看，创业板市场运作的条件更接近于后者。

2. 调整上市标准与强化市场监管同行

（1）调整上市标准是海外创业板市场发展的必然趋势。如前所述，海外创业板市场上市标准的调整趋势是财务指标逐渐淡化，而包括公司治理、公众持股等在内的非财务指标却在不断强化，其目的是吸引更多有潜力的中小企业上市。资料显示，纳斯达克的微软、谷歌、苹果，科斯达克的 NHN、韩软等企业，在上市前的盈利能力并不高，有些公司甚至多年亏损，但是这些公司上市后逐渐成长为大型企业，给投资者带来回报的同时，也给创业板市场带来了巨大的无形价值。

中国的创业板上市标准并不低，因此，在中国创业板市场发展到一定规模后，调整上市标准也将成为大势所趋。

（2）必须强化市场监管。调整上市标准的同时增加了绩差公司进入市场的可能性，从而增加了市场风险。从韩国科斯达克、中国香港创业板和中国台湾柜台市场的实践看，尽管整体上市公司表现良好，但公司违规比例较高，每年都有为数不少的公司因违规而退市。在中国，主板上市公司和市场参与者的各种违规事件屡有发生，创业板市场更要重视由上市公司和市场参与者违规而带来的监管压力。因此，调整上市标准必须与市场监管同行。

3. 有效防范上市公司风险和市场运作风险

（1）防范上市公司风险。从我国主板市场来看，上市公司普遍存在治理结构不规范、内部控制薄弱、资金及项目运作能力有限、管理经验不足等问题，由此导致了公司信息披露不及时、业绩大幅波动、募集资金项目效益不理想等现象。从海外创业板市场来看，同样存在无法实现上市承诺、业绩不达标、违规行为等各种问题。因此，对于中国创业板而言，可以从发行上市审核、保荐制度、监管制度等各方面着手，防范上市公司风险，打造一个诚信、透明的创业板。

（2）防范市场运作风险。从海外创业板市场的运作情况和市场表现看，它们受外围市场，尤其是纳斯达克的影响较大，同涨同跌现象明显；而且波动性均明显高于主板市场，尤其是东亚地区的创业板市场波动性表现更为突出，投机氛围浓厚。从深市中小板运行的经验看，过度波动、价格系统性高估和投资者非理性等市场运作风险也是中国创业板要重点关注的，因此在交易制度、投资者教育等方面要进行科学合理的设计和安排。

4. 进行制度创新，构建灵活竞争策略

（1）进行制度创新。中国创业板市场面临的市场竞争压力不容忽视，就市值规模而言，位于第一梯队的海外 5 个创业板市场占据了全球超过 90%的份额，而其余不到 10%的市值由 30 多个市场瓜分。同时，“金砖四国”中中国是最后开设创业板市场的国家，印度、巴西的创业板市场已经初具规模，尤其是印度创业板开设两年多后已经有 2000 多家上市公司。在二元化市场格局日渐强化的时代，作为后来者，中国创业板将面临巨大的竞争压力。

（2）构建灵活竞争策略。在发行上市制度方面，通过发行上市制度设计和创新市场运作机制构建灵活竞争策略。目前，海外不少创业板市场其对产业结构发展趋势的认知力很强，纷纷到中国设立办事处，中国许多优秀的上市资源流失海外。面对优秀企业的不断流失，我们要主动出击，一个更加开放和包容的市场才是真正有中国特色的创业板市场。值得关注的是，中国在海外创业板上市的不少公司已经发展壮大，随着中国创业板市场的推出，这批企业将会产生回归国内或者分拆上市的需求，因此，在发行上市的相关制度设计中可以考虑为这部分企业预留一定的政策空间。

在创新市场运作机制方面，由于创业板市场服务的主要对象是创新型、成长型中小企业，同时投资者群体的预期收益与风险偏好也与主板市场有较大差别，因此通过创新市场运作机制来服务上市公司、引导投资者就变得尤其重要。中国创业板市场在保荐人制度、交易制度和限售制度等方面都有所创新，这有助于从一开始就建立诚信的股权文化，形成良好的激励约束机制，维护创业板市场的平稳运行。但是，从长期来看，还需要不断地在更多的方面进行创新市场运作机制的探索，以保持中国创业板市场的活力和吸引力。

创业板课堂：

海外创业板市场发展面临的问题有的具有特殊性，是由具体历史时期、特殊国情等原因所造成的；而有的具有普遍性，其设立与运作的成功经验和失败的教训都值得中国创业板市场借鉴。

第三章　手把手教你玩转创业板

第一节　五道测试题看看你是否适合投资创业板

磨砺10年，创业板终于出炉，但一出炉发展速度就快得惊人。截至2009年9月25日，首批10家创业板公司已经开始申购，26家公司已经过会。随着发行节奏的加快，市场也开始沸腾。沸腾之时，投资者尤须冷静，毕竟高收益伴随着高风险。

在对待是否参与创业板投资的问题上，心潮澎湃的投资者们必须理性地问自己这样一个问题："我是否真的适合投资创业板？"这不是危言耸听，从某种角度来说，如果你没有考虑到自己的年龄、身体状况、风险承受能力、财产情况以及职业特点等因素，创业板就不是你能"玩"的。

让我们将心态放得轻松一些，在全球金融危机还没彻底过去的今天，想要投资创业板的你，请先跟随我们的思路，来做做下面这些测试题。

Question1：你今年多大了？

温情提示：投资创业板，岁数太大太小都不行。

理由：简单说，老人和大学生都不适合投资创业板。

老人和大学生最好都不要炒创业板。理由很简单，从投资风险承受能力来讲，老人由于退休后收入来源大幅减少，如果将钱投入到高风险的投资项目上去的话，一旦出现大的损失，将会直接影响到老人晚年的生活质量，而有的老年朋友甚至拿自己的养老金来炒股，这增加了晚年不幸的概率。对于老人而言，炒创业板的另外一个重大障碍可能就是头脑没有年轻人好使，由于创业板的高风险，一有风吹草动，便有可能引起股价的巨幅波动。因此，面对创业板，有太多的数据和消息面要去关注和分析，而相比年轻人，老年股民力不从心的感觉会时时相伴。

至于大学生，由于在校期间绝大多数都没有收入来源，手里的钱一般都是父母给的生活费，一旦损失惨重，将沦为不孝之子，甚至影响学业。而创业板投资的高风险特性就决定了大学生不适合投资。此外，对于大学生而言，要面临学业压力和就业压力，而炒创业板的高风险，注定了其短线炒作的命运。因此，需要投资者花费相当多的时间和精力去关注盘面的瞬息起落，稍有不慎就会损失惨重。这样一来，势必影响学业，得不偿失。

答案：60岁以上、25岁以下的股票爱好者，请绕道创业板，这里不是你的投资天堂。

Question2：你身体健康吗？

温情提示：创业板中的公司随时会退市，投资者心脑血管必须足够"坚强"。

理由：身体是革命的本钱，同时也是创业板投资不可或缺的重要因素。

由于创业板投资相对主板股票投资而言，具有更高的风险性，因此要求炒创业板的投资者比炒主板的投资者有更好的心理和身体承受能力。

近年来，尤其是随着股市的升温，"全民炒股"已经成为一种普遍的社会现象，不少身抱重恙，甚至有心脏及心脑血管疾病的朋友也加入到了"股民"的行列中来，因此，媒体也没少曝出因炒股炒出悲剧来的案例。

一般说来，有心脏病、心血管病的股民朋友们最好不要涉足创业板的投资。这些疾病都带有很高的突发性，一旦心理上的冲击诱发了身体上的疾病的话，那后果将不堪设想。

即使退一步来讲，就算是有这些病的人心理承受能力很强，但在创业板本身高风险的投资过程中，很容易使人陷入高度紧张的情绪中去，而这种波动太大的情绪变化，本身也是对身体极为不利的。

答案：有心脏病及心脑血管疾病，或有类似遗传史的人群，请"珍爱生命，远离创业板"。

Question3：你知道投资创业板的风险有多高吗？

温情提示：股龄两年以上是硬性要求，更要具备丰富的炒股经历。

理由：两年以上的投资经历，并不代表你有过充分接触风险的经历。

按照证监会相关文件规定，创业板参与者，必须拥有两年以上股龄，但是现在允许在签订风险揭示书的前提下，不满两年股龄的投资者也可以参与创业板博弈，这就导致很多没有什么风险投资经历的股票投资者加入到了创业板投资大军的潮流里。

历史上沪深两市的成功投资者，无疑都在风险控制方面做得尤为出色，这种风险控制能力甚至有时超过了他赚钱的能力。在瞬息万变的资本市场中，防御风险有的时候比赚钱更重要。一些时候，你能听到某某人昨天赚了10万元，今天又都赔回去了，甚至还倒贴了5万元。而优秀的投资者宁愿只赚5万元，但这是绝对收益。因此，在他们看来，消息面、基本面、宏观数据都是每天必听的风险防控课程。

答案：风险揭示书并不是单纯的摆设，创业板投资的高风险性需要投资者做好充分的准备，如果没有丰富的炒股经历，劝你还是早些打消创业板投资的念头，毕竟主板中还是有一些基本面不错的蓝筹绩优股适合你长线持有。

Question4：你有足够的钱吗？

温情提示：有绝对可供自由支配的巨款，而且即使这笔钱明天没了，也不会严重影响自己的生活质量。

理由：没钱千万别进入资本市场，有钱也要看你有多少。

你家里如果有50万元存款，但同时你还要供孩子上大学、给父母养老、要供房供车，还要给自己上商业保险，那么，我们在承认你有较多积蓄的同时，否认你具备进入创业板炒股的资格。

如果50万元仅仅是你家财产的1/3，你进入创业板时可能会稍微从容些。毕竟，即使这些钱明天都消失了，至少你还有100万元，你的生活还会继续下去。如果50万元是你家财产的1/2，那么你进入创业板时肯定会有些紧张了。如果你能顺利通过前面三道题，那么你应该是一个有一定的投资经历、身体健康的青壮年。生活对你而言已经不那么窘迫，但你在命运面前，也依然是个“创业板”，你无法确定自己用了一辈子换到的财富，一夜之间蒸发了一半，自己会有怎样的想法。

而如果50万元是你家财产的100%，你现在的状态如果不是神志不太清醒的话，就是你怀抱着赌博的心态。而有句老话说得好，十赌九输。

答案：普通投资者的财产性收入可以靠投资主板来实现，长线短线都可以，而绝不是单纯靠创业板来实现。

Question5：你是做什么营生的？

温情提示：投资创业板，需要你懂得企业的运作方式，能读懂财务报告，最好还对投资市场中的潜规则有一定了解。

理由：知己知彼，方能百战百胜。

如果说让一个普通股民，放弃自己养家糊口的营生，每天盯着大盘，盯着自己持有的股票，或者到上市公司脱产考察半个月，是一件非常不现实的事。而且，即使去考察了，在没有任何专业知识的情况下，你能看懂其中的门道吗？

现在的投资者对市场充满热情。从打新的角度说，无论这个公司生产的是航空母舰还是塑料袋，只要招股，就一定得买。对于投资者来说，新股是否能在首日实现价格翻番，主要是看庄家是不是拉高行情，与公司即将下线的新产品销售预期没有任何关系。

但是，如果投资者还抱着这样的想法来投资创业板，肯定就要吃亏了。创业板，顾名思义是正处于创业阶段的公司进行融资的板块。假设一家上市公司业务发展前途未卜、利润增长趋势不稳定、高管不够成熟、行业前景不明朗，那么如果你是庄家，你会愿意下大力气大本钱去拉升这家公司的股价吗？

事实上，任何时候基本面都是股价波动的主宰。没有一个庄家会在一只股票上浪费超过一年以上的时间，等到你发现投入血本的股票却没有庄家愿意拉升时，可能会比没投资时更悲观。

答案：投资创业板，需要你拥有对创业板的相关职业知识，千万别将创业板简单地等同于新股上市，否则你会离赚钱越来越远。

如果你可以顺利通过这一题的考核，你已经基本可以笑傲创业板了，用你的激情与技巧，去创业板中收获致富的梦想吧。

创业板课堂：

创业板虽然收益大，但也伴有高风险，从某种角度来说，如果你没有充分考虑到自己的年龄、身体状况、风险承受能力、财产情况以及职业特点等诸方面因素，创业板并不是你的投资天堂。

第二节 创业板投资的准入门槛

创业板是风险和暴利共存的市场，也是智慧和独特眼光的考场，把握好创业板市场可以收获巨大的机遇和财富。创业板不对散户设置资金门槛而侧重经验，针对创业板推出的"投资者适当性管理制度"体现了对中小投资者的保护和尊重，有 2 年以上交易经验的投资者可快速获得创业板投资资格，其他投资者在经过更为严格的风险揭示过程后同样可以获得上板交易资格，这些措施的实施，将投资者准入门槛放在"投资经验"，而非市场盛传的"资金量"上。大多数投资者对此的感觉是"公平原则完美体现"，"基本人人都可参与"。

1. 投资者权限各异

怎样保证创业板投资者的风险控制，这一直是人们竞相讨论的焦点话题，证监会发布的《创业板市场投资者适当性管理暂行规定》对此问题给出了题解。准入门槛非常简单，只有一条"2 年交易经验"，并没有设资金门槛。

深交所数据显示，2007~2008 年，中国证券投资者保护基金公司接连进行了两次大规模的证券投资者问卷调查。盈利在 50%以上的老股民数量是新股民数量的三倍，而新股民的亏损人数则为老股民的两倍多。因此创业板针对个人投资者交易经验的不同，分别设置了不同的"准入"门槛。根据《创业板市场投资者适当性管理暂行规定》，具有两年以上（含两年）交易经验的投资者申请参与创业板交易，与证券公司现场签署《创业板市场投资风险揭示书》，两个交易日后便可开通交易权限。而未具备两年交易经验的投资者如申请参与创业板交易，在现场签署风险揭示书的同时，还应就其自愿承担市场风险抄录《特别声明》，5 个交易日后才能开通交易权限。

证券投资是一项实践性非常强的活动，投资年限愈久，投资者的投资风格愈可能趋向成熟和稳健；年限愈短的，结果可能相反。因此，在长期投资中不断积累实际经验是极为重要的。而根据投资经验设置不同的准入门槛正是为了控制投资者的交易风险。需要注意的是，保护投资者利益不单是风险控制，提供公平交易的机会也是保护投资者利益的措施之一，监管部门必须要出台严格监管机制来遏制创业板市场的恶意炒作，这才是真正保护投资者。

2. 以交易起始点界定投资经验

如何判定“2 年交易经验”，《创业板市场投资者适当性管理暂行规定》的判断依据是——交易经验的具体起算时点，为投资者本人名下的账户在上海或深圳证券交易所发生首笔股票交易之日。

与主板市场上市的企业相比，创业板上市企业普遍具有规模较小、经营业绩不够稳定的特点，投资风险相对较高。因此创业板给投资者设立“投资经验”这道门槛。“建立投资者适当性管理制度的目的并不是要限制某一类投资者投资于创业板企业的权利，而是希望通过适当的程序和要求，使投资者能够真正认识、理解创业板市场的风险，审慎做出投资决策。”

相对而言，准入门槛其形式上的警示意义要多于实际操作意义。以交易起始点作为判断经验的依据，而不以开户时间为依据，是对“实名制”的法律认可，但这中间不排除有些人的第一笔交易非亲自操刀。大多数投资者认为这种门槛是“基本没有门槛”。这正符合北京大学金融与证券研究中心主任曹凤岐的观点，他就认为不应该制定门槛，门槛会让创业板失去流动性和活跃度，中国香港创业板是 15 万元港币才可以进入，但限制几天没人投资了，所以就取消了。

3. 监管层要做好投资者教育，警示创业板最大风险是退市

《深圳证券交易所创业板股票上市规则》中对创业板上市公司的强制退市制度做出了有别于主板的规定，因此创业板的《风险揭示书》增加了投资者声明自愿承担风险的内容。而这段内容需投资者亲笔抄录并签字。

对于暂不具备两年以上交易经验的投资者，还应当在风险揭示书中就自愿承担市场风险单独抄录《特别声明》。

上述《风险揭示书》共指出了创业板五大风险，需投资者确认。包括规则差异可能带来的风险、退市风险、公司经营风险、股价大幅波动风险、技术失败风险等。

随着准入政策的发布，一系列配套规则也相继出台，因此，创业板市场的参与者在投资之前一定要做好准备，熟悉相关的规则与政策。投资者对于创业板准入政策、创业板股票上市规则以及创业板股票的交易规则等要早作具体了解，才能够提早做到趋利避害。

创业板课堂：

创业板投资门槛设定的出发点是保护投资者的利益，意在揭示风险。随着准入政策的发布，一系列配套规则也相继出台，因此，作为创业板市场的参与者，在投资之前一定要做好准备，熟悉相关的规则与政策。投资者对于创业板准入政策、创业板股票上市规则以及今后推出的交易规则等要早作具体了解，才能够提早做到趋利避害。

第三节　创业板投资二十五问

（1）何时开始申请开通创业板交易？

答：投资者最早自 2009 年 7 月 15 日起可以向证券公司提出开通创业板市场交易的申请，具体受理日期按照证券公司的内部安排而定。

（2）是否需要“尽早”申请开通？

答：自 2009 年 7 月 15 日起一直到创业板正式推出后，投资者都可以随时到证券公司办理创业板交易的开通申请手续。投资者可以在网上或到现场向证券公司提出申请，但签署风险揭示书及《特别声明》必须到营业部现场办理。

（3）具体要经过哪些流程？

答：流程大致分为四步：

①投资者应客观评估自身的风险承受能力，审慎决定是否申请开通创业板市场交易。

②投资者要在网上或到证券公司现场提出开通创业板市场交易的申请。

③投资者应向证券公司提供本人身份证明、财产与收入状况、风险偏好等基本信息。证券公司将据此对投资者的风险承担能力进行测评，并将测评结果告知投资者。如果风险承受能力较弱，投资者应审慎考虑是否参与创业板交易。

④投资者需按照要求到证券公司的营业部现场签署风险揭示书（未具备两年交易经验的投资者还应抄录《特别声明》）。

（4）如何确认自己的交易经验？

答：证券公司将依据中国证券登记结算公司提供的数据对投资者的首次股票交易日期进行查询，并根据查询结果对投资者的交易经验进行认定。

此外，投资者也可通过中国证券登记结算公司网站对本人证券账户的首次股票交易日期进行参考性查询。

（5）如何开通创业板市场交易？

答：具备两年交易经验的投资者，提出开通申请后需认真阅读并现场签署《创业板市场投资风险揭示书》，并核对相关内容后再予签字确认。

（6）交易经验未达两年如何开通？

答：对未具备两年交易经验的投资者，原则上不鼓励直接参与创业板市场交易。如果投资者审慎评估了自身风险承担能力并坚持要申请，则必须在营业部现场按要求签署《创业板市场投资风险揭示书》，并就自愿承担市场风险，抄录《特别声明》。证券公司在 5 个交易日后为其开通交易。

（7）是否必须亲自到现场办理？

答：原则上投资者必须本人亲自到证券公司签署风险揭示书等相关文件。投资者若有年龄超过 70 周岁、身体残疾或者身处国外等情况可作特殊处理。

（8）是否必须到原先开户的营业部办理？

答：投资者原则上应在目前进行交易的开户营业部办理开通手续，但证券公司所属营业部也可以受理在本公司异地营业部开户投资者的开通申请和风险揭示书的签署。

（9）为何要提供个人情况和风险偏好等信息？

答：由于创业板市场投资风险相对较高，并非所有投资者都适合直接参与创业板市场。证券公司要对投资者的风险承受能力进行测评，帮助投资者判断其风险认知和承受能力，提示风险。此外，一般还会要求申请人在办理时留下个人影像资料。

（10）转托管后原开通申请是否还有效？

答：对于跨证券公司转托管，在甲公司提出申请但未开通交易期间发生的转托管，投资者到乙公司需要重新提出申请办理开通。已经开通创业板交易的转托管，投资者可向乙公司出具在甲公司签署的风险揭示书副本，乙公司在复核签署时间等内容后，可以为其开通创业板交易。

(11)《操作指南》中规定，交易经验的核查标准有一条为“IPO 与增发中的新股认购，但不包括新股申购”，如何理解新股认购与申购的区别?

答：新股申购是指投资者在新股发行期间申请购买的行为，新股认购是指投资者在新股申购中签后缴款购买股票的行为。如果一个投资者参与了新股申购但没有中签，则其申购行为将不能作为交易经验的计算。

(12) 投资者签署的风险揭示书是否需要一式两份?

答：风险揭示书全文和签署页应当有两份，经投资者填写后，一份由证券公司保管，一份交由投资者保管。证券公司也可以将风险揭示书印刷成两联的形式，经投资者填写后，正本由证券公司保管，副本交由投资者保存。

(13) 在投资者转移证券公司营业部的情况下，如果已在原营业部签署了风险揭示书，在新的营业部办理创业板交易权限开通时，是否仍需要重新签署风险揭示书并满足 T+2 和 T+5 的规定?

答：投资者转移营业部后，如果能向新的营业部出示已签署过的风险揭示书，营业部在确认已满足 T+2 和 T+5 要求后即可直接办理交易开通手续。新的营业部也可根据投资者管理需要，要求投资者提供个人信息并作风险测评。

(14) 投资者若在多家证券公司同时开有交易账户，且希望均开通创业板交易，则该投资者是否需要向每一家开户证券公司提交开通申请并签署风险揭示书?

答：同一投资者如果在不同的证券公司交易，则需要向每一家开户证券公司申请办理开通交易。如果在同一家证券公司的不同营业部交易，则只需在其中一家营业部根据要求申报个人资料，完成风险测评并签署风险揭示书。其他营业部可根据投资者出示的已签署的风险揭示书副本同时查验确认满足 T+2 或 T+5 要求后直接办理开通手续。

(15) 如果一个投资者同时持有深市 A 股证券账户和原代办股份转让证券账户，两类账户是否都可以开通创业板交易?

答：原则上一个投资者应使用唯一的证券账户参与创业板交易，对于同时持有深市 A 股证券账户和原代办股份转让证券账户的投资者，原代办股份转让证券账户不予开通。

(16) 创业板股票买卖的交易费用由哪几部分构成?

答：创业板股票买卖的交易费用与深交所主板、中小板股票大致相同，主要由交易手续费、印花税两部分构成。

(17) 创业板公司信息披露方式包括哪些?

答：创业板公司临时公告和定期报告全文只需要在中国证监会指定网站及公司网站上披露。上市公司定期报告摘要会在证监会指定报刊披露。当前，中国证监会指定创业板市场信息披露网站为巨潮资讯网。此外，深交所网站设置了专门的“创业板专栏”，投资者可以登录此网站查询创业板相关信息、规则和动态等。

(18) 创业板在上市公司与投资者关系管理上有什么具体要求?

答：海外成功的创业板市场普遍重视上市公司的投资者关系管理，要求上市公司必须在公司网站开设投资者关系专栏，回答投资者常问问题、及时披露重大信息。借鉴这一做法，中国创业板市场也要求上市公司在公司网站开设投资者关系专栏，要求上市公司定期举行与投资者见面活动，及时答复公众投资者关心的问题，增进投资者对公司的了解。

(19) 与成熟企业相比较，创业企业有哪些特点值得我们重点关注?

答：创业企业具有不同于成熟企业的很多特征：①高成长性；②具有较强的活力和适应性；③自主创新能力强；④人力资本的作用突出；⑤对股权融资的依赖性较强；⑥经营风险相对较高。

(20) 创业板实行什么样的发行审核制度?

答：创业板发行审核制度仍为核准制，由中国证监会负责。同时创业板设立独立的发行审核委员会，注重征求专家意见。审核在理念上、程序上更加市场化，注重发审质量和效率。

(21) 创业板市场实行股份全流通吗?在股份限售方面是如何规定的?

答：创业板实行全流通，但为了保持公司股权与经营的稳定，同时满足股东适当的退出需求，创业板有针对性地、有区分地对上市后的相关股份提出了限售要求。

(22) 创业板在防首日爆炒方面对公司信息披露提出了哪些具体要求?

答：创业企业平均规模小，概念新，上市初期盲目炒作的现象可能比较严重。发行人刊登“招股书”后，媒体可能出现与其相关的未公开信息，引起上市首日股价异常波动，影响投资者的正常决策。为防止创业板公司上市首日股票过度炒作风险，创业板对上市首日信息披露进行了强化。

(23) 什么是创业板公司的退市风险?

答：创业板市场主要服务于自主创新和成长型企业，在降低对企业规模和财务状况的要求的同时，对上市公司信息披露和退出机制的规定也更为严格。投资者在参与创业板市场股票投资时，可能会面临更大的退市风险。上市公司如果被强制退市，其股票的流动性和价值都将急剧降低甚至归零，这一风险应当引起投资者的高度重视。

(24) 创业板公司如果退市了，投资者持有的股票如何处理?

答：创业板公司如果退市了，不再和主板一样实施强制性退市平移机制，而是直接彻底退市，上市公司自行选择原在交易所流通的股份是否退到代办股份转让系统继续交易。

(25) 从创业板退市的公司，有没有途径申请恢复上市?

答：从创业板退市的公司，不能直接申请恢复上市。从法律上讲，已退市的公司已经不属于上市公司，不存在恢复上市的情形。如果已退市公司达到上市条件拟重新上市，须重新按照发行审核的程序进行申请。

创业板课堂：

在开通创业板市场的交易过程中，要充分认识创业板市场的风险，把握规则，谨慎入市。

第四节 投资创业板前的准备

创业板市场具有相当大的投资风险，因此，要求投资者在投资创业板之前要做好充分的准备。

1. 要深刻认识创业板，树立风险意识

由于创业板有其独特的市场定位和交易规则，主要风险归纳如下：

(1) 投资者普遍准入的风险。根据深交所《首次公开发行股票并在创业板上市管理暂行办法》，对创业板市场投资者实行普遍准入制，但中小投资者在信息披露、资金规模和交易渠道等方面与机构投资者相比均处于劣势，而且知识水平参差不齐，风险意识不强，投资心态较为脆弱，加上创业板上市企业为股本全流通的小盘股，极易被操纵和炒作，中小投资者稍有不慎，就可能成为“牺牲品”。

（2）企业上市标准降低的风险。与主板市场相比，创业板企业上市的“硬性”标准有了很大程度的降低，这意味着对上市企业的资本实力和抗风险能力要求的降低，从而加大了未来市场发展的不稳定性。

（3）上市企业未来发展不稳定性的风险。由于在创业板上市的多为具有高成长性的新兴行业企业，这些新兴行业正处于成长初期，未来的发展存在很大的不稳定性，受国家宏观财政和货币政策的影响大，抵御外部风险能力弱。

2. 投资创业企业，要有大局观

这里的“大局观”，主要指对中国经济形势和经济政策，乃至世界经济形势的判断。因为创业企业的估值判断难度十分大，对中小投资者散户们来说则更是困难。那么，是不是说无法估值就无法投资了呢，也不完全是。决定创业企业未来现金流的就是其未来经营业绩，它的经营业绩和其行业、经济形势密切相关。这样投资者要投资创业企业，可以对其行业发展前景如何，政府是否支持，公司竞争力如何等方面做出判断，这是基础分析的精髓，对这些方面都有敏锐的认识，即使投资者很难进行正确估值也可以把握准投资的方向。

3. 投资创投企业还要树立良好的投资观

良好的投资观就是要有良好的投资理念，不能像资本市场成立初期那样去恶炒。只有一个合理体现价值的市场，才能引入更好的企业，使真正有前景的创业企业得以壮大，成为中国民族企业中的微软、思科，这也是创业板市场的宗旨所在。

创业板课堂：

投资者应该充分考虑风险和大局，树立良好的投资观，千万不可只看重其高收益而忽视高风险。稀里糊涂地进入创业板市场，只会给自己带来损失甚至是灾难。

第五节　创业板交易规则要点

(1) 创业板市场交易日为每周一至周五。

每交易日上午 9：30~11：30，下午 13：00~14：57 为连续竞价时间。

遇国家法定假日及本所公告的休市时间，创业板市场休市。

(2) 参加交易的主体：开立深圳证券交易所证券账户的自然人、法人及证券投资基金，均可参与创业板市场交易。

(3) 创业板交易单位：创业板股票的交易单位为“股”。

(4) 创业板有涨跌幅限制，和主板相同。创业板涨跌幅限制比例为 10%。涨跌幅的价格计算公式为：涨跌幅限制价格 = (1 ± 涨跌幅比例) × 前一交易日收盘价。

计算结果四舍五入至人民币 0.01 元。

(5) 创业板的交割采用“T + 1”的交易形式，即券商接受投资者委托或者自营，当日买入的股票，不得在当日进行买卖，这与主板的交割方式一样。

(6) 创业板股票上市首日，当盘中成交价格较当日开盘价首次上涨或下跌达到或超过 20%时，交易所可对其实施临时停牌 30 分钟；较当日开盘价首次上涨或下跌达到或超过 50%时，交易所可对其实施临时停牌 30 分钟。这部分内容与《关于完善中小企业板首次公开发行股票上市首日交易监控和风险控制的通知》相同。不过，创业板的相关规定在中小板的基础上又新增了“一档”。

2009 年 9 月 23 日，证监会颁布《关于创业板首次公开发行股票上市首日交易监控和风险控制的通知》以下简称《通知》,《通知》规定，当较当日开盘价首日上涨或下跌达到或超过 80%时，深交所可对其实施临时停牌至 14：57。股票临时停牌至或跨越 14：57 的，深交所于 14：57 将其复牌并对停牌期间已接受的申报进行复牌集合竞价，然后进行收盘集合竞价。临时停牌期间，投资者可继续申报，也可撤销申报。同时，《通知》还沿用了中小企业板现有上市首日交易监控和重大交易异常账户处理方式，并对证券公司在投资者教育和客户交易行为规范方面提出了明确要求。

▶附：>>>

关于创业板首次公开发行股票上市首日交易监控和风险控制的通知

各会员单位：

为防范创业板首次公开发行股票（以下简称“股票”）上市首日交易风险，维护证券市场秩序，保护投资者的合法权益，根据本所《交易规则》、《会员管理规则》、《创业板股票上市规则》和《限制交易实施细则》等有关规定，现就创业板股票上市首日交易监控和风险控制的有关事项通知如下：

一、当股票上市首日盘中成交价格较当日开盘价首次上涨或下跌达到或超过20%时，本所可对其实施临时停牌30分钟；首次上涨或下跌达到或超过50%时，本所可对其实施临时停牌30分钟；首次上涨或下跌达到或超过80%时，本所可对其实施临时停牌至14：57。

股票临时停牌至或跨越14：57的，本所于14：57将其复牌并对停牌期间已接受的申报进行复牌集合竞价，然后进行收盘集合竞价。

临时停牌期间，投资者可以继续申报，也可以撤销申报。

二、本所可视盘中交易情况采取进一步的风险控制措施。

三、本所将严密监控创业板股票上市首日的交易，对通过大笔集中申报、连续申报、高价申报或频繁撤销申报等异常交易方式影响证券交易价格或证券交易量的账户，本所将依据有关规定采取限制交易、上报中国证监会查处等措施。

采取盘中限制交易措施的，本所在当日收市后向相关托管会员发出《限制交易通知书》，该会员的代表应尽快将《限制交易通知书》送达相关当事人。

四、各会员单位应严格按照本所《交易规则》、《会员管理规则》等有关规则和本通知的规定，积极配合本所的自律监管工作，采取切实有效措施，及时告知、警示、制止异常交易，防范违法违规行为；对不尽责配合的会员，将依据有关规定采取纪律处分等措施。

五、本通知自发布之日起施行。

深圳证券交易所

二〇〇九年九月二十三日

创业板课堂：

创业板是一个全新的市场，考虑到创业板公司规模较小、概念新、估值难、新股上市首日价格波动性可能更大等特点，证监会增加了直接停牌至收市的新停牌指标，目的在于进一步防范和控制交易风险，维护市场秩序，保护投资者合法权益。

第六节　投资创业板的三项注意

中国证监会公布了《首次公开发行股票并在创业板上市管理办法》，具体包括总则、发行条件、发行程序、信息披露、监管与处罚、附则等内容。从各个细节上警示创业板高风险高收益的特性，因此，投资者在投资创业板时应注意以下三项：

1. 估值过高会导致股东减持套现

对许多创业企业而言，股东往往就是管理层，或管理层往往来自股东，股东和管理层一般是合二为一的。而国内现有的制度体系和法律框架（如缺乏类似辩方举证、集团诉讼等对内幕交易、证券欺诈有效制约的法律制度），对上市公司股东及其管理层的约束能力可能相对较弱。

一旦出现企业估值过高，特别是极度偏高的情况，企业管理层在了解公司实际经营情况并非市场预期的情况下，将难以抑制产生减持套现的冲动。因此，投资者应该明白，创业板市场本身是一个高风险市场，在国内制度与法律还不能有效约束内幕交易的情况下，应该谨防大股东利用信息优势高位套现。

2. 企业不宜作为长期投资标的

创业企业一般以高新技术类企业为主，缺乏抑制竞争者准入的其他壁垒。除具有一定的技术壁垒之外，一般不具备其他准入壁垒，如政府特许经营壁垒、资源壁垒、规模壁垒、资金壁垒、市场壁垒等，其被仿效和复制难度也不大，成本也较低。

鉴于创业企业运作满3年即可上市融资，因此，对多数创业企业而言，往往还没有经历完整的经济周期检验，没有经历过危险情况的考验。而且，一般情况下，创业企业在经营管理上往往带有很大的随意性，在管理模式上还没有达到制度化和流程化，管理水平上也可能难以应付危机时期的需要。一旦外部经营环境与条件发生巨大变化，创业企业往往难以作出及时与正确的应变。因此，投资者在进行创业板投资时，可以进行中短线操作，最好避免长期持有某只创业板股票。

3. 海外市场经验：前期走势并不乐观

从海外的创业板市场发展状况来看，美国的 NASDAQ 市场、英国的 AIM 市场和韩国的 KOSDAQ 市场是目前世界上发展较好、交易量较大、具有重大影响的创业板市场。这些市场在最初成立的两年时间内，当指数涨幅达到 20% 左右的时候，先后出现了大幅度回调，如美国的 NASDAQ 指数，在涨幅超过 25%后的半年内迅速下滑，击破了正负分界线。1973 年 12 月，NASDAQ 指数再创新低。韩国及英国的创业板上市后，其指数的走势几乎与美国的 NASDAQ 指数完全吻合。

还有一些发展状况不怎么好的创业板市场，几乎没有什么起色。例如，日本和中国香港的创业板，一经上市，其指数便不断走下坡路。尤其是日本的 JASDAQ 市场，在上市后半年多，指数呈现大幅下跌走势。因此，从风险和收益的角度综合来看，投资可以关注创业板市场，进行少量的配置，但绝不能将主要投资资本投入到创业板市场。

创业板课堂：

创业板市场本身是一个高风险市场，在国内制度与法律还不能有效约束内幕交易的情况下，应该谨防大股东利用信息优势高位套现。同时，从风险和收益的角度综合来看，投资者在进行创业板投资时，可以进行中短线炒股，最好避免长期持有某只创业板股票，绝不能将主要投资资本投入到创业板市场。

第四章 创业板投资应注意的关键词

第一节 独立董事

从公司层面上看，监管者对于创业板上市公司建立规范的治理结构会有比主板更高的要求。针对创业板的上市公司中民营创业企业比例较大的特点，为了规范法人治理结构，使董事会更加公正地代表股东利益尤其是中小股东的利益，中国创业板借鉴国际通行的做法，建立了独立董事制度。

1. 如何判断独立董事的独立性

独立董事又称外部董事、非执行董事或非经营董事等，与董事会中的其他成员相比，独立董事的最大特点在于其独立性——独立于上市公司及其管理层。中国证监会在《关于在上市公司建立独立董事制度的指导意见》中认为，上市公司独立董事是指不在上市公司担任除董事外的其他职务，并与其所受聘的上市公司及其主要股东不存在可能妨碍其进行独立客观判断关系的董事。现代公司产权制度的重要特点是所有权与经营权相分离，董事是所有者的代表，然而董事的个人利益与公司利益之间又有无法避免的矛盾，两者并不统一。在董事会成员中引入一定数量的独立董事，可以在某些董事与公司发生利益冲突时，从独立的角度帮助公司进行决策。

创业板市场引入独立董事制度，对于上市企业完善法人治理结构、发展经营和科研的积极作用是毋庸置疑的。根据已有的一些实务操作经验，在独立董事结构搭配的具体做法上，如果有两名独立董事，那么科研和资本运作的专业人士各占其一比较合理，且能切合上市公司的实际需要。

2007年3月，日本东京地方法院宣布创业板企业活力门（Live Door，LD）公司前社长堀江贵文涉嫌违反证券交易法，判处有期徒刑2年零6个月并立即执行。除此之外，其他3名企业高管也相继获刑。对于LD公司私自篡改有价证券报告书给股东带来的巨大损失，追加原企业管理层以及注册会计师和监查法人的赔偿义务。这样，持续了14个月的LD事件以企业高管追加刑事和民事责任落下了帷幕。LD事件虽然发生在日本，但对中国众多企业来说仍然具有很强的警示意义，尤其是在创业板初开之际，如何完善创业板企业的治理很快将成为一个很实际的问题。

堀江贵文一度被人们称为日本的“比尔·盖茨”，他的传奇经历曾经是年轻人创业的典范，他所创办的著名IT企业LD公司的成功是一个典型的神话。该公司于1996年以600万日元起家，是专门制作网页的公司，于2000年在东京证券交易所创业板上市，在2006年1月案发时拥有近50家子公司，年销售额达784亿日元，市值约为7300亿日元，除拥有日本第三大门户网站外，还拥有电子商务、软件开发、证券和投资等事业。到2006年总资产达1万亿日元，10年期间资产大约增长了17万倍。

2006年1月16日晚，日本东京地方检察院特搜部“突袭搜查”了LD的总部以及堀江贵文的私宅，并逮捕了他。2006年3月13日，东京证券交易所宣布废除LD和其关联企业LD市场营销公司在创业板市场的上市资格。这些事件导致LD的股票从2005年12月20日的794日元暴跌至2006年3月14日的76日元，受此影响的个人投资者多达20余万人，人数之多为日本股票市场之最。

据日本有关方面人士透露，导致这起事件的直接原因是，LD公司在东京证券交易所创业板市场上市的网络广告子公司2004年10月宣布收购“财富生活”出版社。而事实上，在并购之前，“财富生活”已被LD通过某基金并入麾下，但LD与“财富生活”均未向市场披露这一事实。

为了使控制在其手中的股票能高价出售，LD与其关联公司制造条件，诱发该公司的股价上涨。其利用的手段有两个：一个是股票分割，在2001年到2004年的3年间，LD共进行了4次股票分割，使原来的1股最后分割成了3万股，每次分割都诱发了短时间内的股价上升；另一个是公布虚假的财务信息，在2004年9月份的会计决算期，LD通过造假账把该公司实际上10亿日元的亏损变成了15亿日元的盈利，欺骗投资者，导致了该公司股票价格由每股1780日元飙升至每股8.05万日元，升幅达48倍。事情败露后，LD神话顷刻之间幻灭。大量投资者纷纷抛售与LD相关的股票，东京证券交易所发生了类似银行挤兑的骚动，导致自动交易系统瘫痪。

为什么这样一家优秀的企业会出现如此严重的财务作假行为？其自身的治理机制为什么没有发挥作用？我们不妨从企业自身入手来寻找原因。

LD公司在董事长堀江贵文的授意下，多次通过违法操作公布虚假的财务信息，很显然公司的董事会和监事会没能及时制止这种明显的违法行为。事发后，堀江贵文反复强调他的做法是“在法律允许范围内”进行的。诚然，股票分割和设立无限责任合伙制投资基金本身不是违法行为，由于规制这两种商业行为的法规有缺陷，所以被堀江贵文所利用，达到了用合法手段牟取非法暴利的目的。案发前普通股东很难观测到公司内部所制定的发展战略是否违规，熟知公司内情的董事会和监事会为什么没能起到监督的作用？他们是否与堀江贵文合谋以钻市场规则的空子来推动公司的发展呢？如果说董事会和监事会在制约董事长行为方面形同虚设是日本由来已久的问题，为什么独立董事制度也没能制止堀江贵文的出轨行为呢？换句话说，经营者就是大股东的创业板上市企业是否真正引进了独立董事制度？在董事长或董事会的行为损害股东利益的情况下，独立董事是否也应该成为被诉讼的对象？无怪乎面对“对外国人董事是否要追加企业破产的责任”的提问，现任社长平松一口否认，究其根本，是因为日本创业板企业并没有在真正意义上导入独立董事制度。

与大企业相比，创业企业不太重视引进独立董事，而以高新技术产业为主要支撑点的创业板上市企业引进独立董事才是有效改善其公司治理的关键。其原因在于：

创业企业的创始人是企业经营者的情况很多，股东=经营者，这两者的利害关系是一致的。因此，创业企业比一般大企业引进独立董事的必要性更大。无论企业规模大小，把创业企业和大股东控股的企业等同起来比较适当。这里是指具有多数股东的上市公司或以上市为目标的企业，家族企业谈论独立董事则没有意义。

创业企业引进独立董事，可最大限度地杜绝像LD公司这样做假账的行为，因为独立董事可以代表普通股东充当代言人的角色。大股东担任企业经营者时，其正确的构图应该是（大）股东＝经营者，即在反映大股东意志的经营者的利益得到保证的同时，也不能忽视普通股东的利益。

从股票持有率来看，普通股东当然比不上控股的大股东，但企业要想上市，就要依靠普通股东。这样看来，上市的个人控股的创业企业，作为企业上市的交换条件，就要对普通股东给予某种程度的承诺，引进作为普通股东代言人的独立董事正可以使普通股东安心购买其股票。

因此，防止 LD 类似事件的发生，加强企业内部的自身治理是当务之急。创业板上市企业在扩大公司独立董事影响力的同时，还要遵循伦理道德和承担社会责任，从实际和制度两方面满足与重视股东的要求。但是，如果企业独立董事形同虚设，这就给像 LD 这样“炼金有术”的企业打开了方便之门。

那么怎样的独立董事才具有独立性呢？国外及中国香港地区的法规提供了一些较为成熟的经验：

①在过去 3 年内未曾受雇于该公司。

②没有直接或间接地与公司之间发生过金额超过 2 万美元的交易的经历。

③不是公司业务主管人员的直系亲属。

④并非受雇于为公司提供服务的律师事务所或投资银行。

⑤如果有 2 名独立董事，那么科研和资本运作的专业人士各占其一比较合理，且能切合上市公司的实际需要。

⑥持有占发行人股本总额不超过 1%的股份权益，而且不得通过馈赠等形式取得。

⑦不论过去或现在，在公司或附属公司的业务中不拥有任何财务或其他权益，但 1%以内的股权和作为董事或专业顾问应收取的费用除外。

2. 独立董事职责的行使

独立董事在董事会中拥有特殊的权力，他们一般通过董事会中的特殊机构如审计委员会、报酬委员会等来行使职权。例如：

美国法学所在 1994 年的《公司治理原则》中提出，任何股东人数超过 2000 名，资产总额在 1 亿美元以上的上市公司，其董事会的大多数成员应与公司的业务主管之间没有重大利害关系。公司在董事会下必须设立独立的审计委员会。审计委员会和报酬委员会的全体成员均由独立董事组成。目前纳斯达克的 5000 余家上市公司中约有 90%都设立了审计委员会、88%的公司设立了报酬委员会。英国的“公司财务治理委员会”于1992年发布的《良好行为准则》中提出，在董事长兼任公司总裁的情况下，必须引入一定数量的非经营董事即独立董事，独立董事要对公司战略、经营和资源配置包括关键职员的任命等作出独立的判断。董事会中要设立不少于3名独立董事参加的审计委员会，其职责和权力由董事会作出书面的规定。

为了保证独立董事行使职权时不受到董事会中其他有利害关系成员的干扰，并避免其因履行职责而受到其他成员不公正的排挤，各国（地区）都对其任职作出了保护性规定。如中国香港《创业板上市规则》中规定，如果独立非执行董事辞职或被免职，发行人及当事人应及时通知联交所并解释其理由。

3. 中国创业板的独立董事制度

在中国的主板市场已有为数不少的上市公司尤其是重组中的公司引入了独立董事，而在创业板的上市规则中，也将独立董事制度以明文确定了下来，主要包括以下要点：

（1）上市公司董事会必须包括2名以上的独立董事，独立董事由与大股东和管理层无利益关系的专业人士担任。

（2）独立董事不由董事会指定，而由股东大会选举产生。具体程序是董事会提名后经股东大会选举产生，独立董事选举实行累积投票制。

（3）独立董事应具有5年以上的经营管理、法律或财务工作经验，并确保有足够的时间和精力履行公司董事职责。

（4）下列人员不得担任独立董事：

①上市公司的雇员。

②最近1年内曾在上市公司任职的人员。

③上市公司股东或股东的雇员。

④其他与上市公司、上市公司的管理层或关联人士有利害关系的人员。

⑤《公司法》第57条、58条规定不得担任公司董事的人员。

⑥被中国证监会确定为市场禁入的人员。

（5）独立董事在上市公司董事会、股东大会发表的意见，上市公司在公开披露的文件中应予以列明。上市公司应当保证独立董事享有与其他董事同等的知情权，提供独立董事履行职责所必需的工作条件，在独立董事行使职权时，有关人员应积极配合，不得拒绝、阻碍或隐瞒，不得干预独立董事独立行使职权。

(6) 深交所建立独立董事诚信档案管理系统，对独立董事履行职责情况进行记录，并通过深交所网站或者其他方式向社会公开独立董事诚信档案的相关信息。独立董事若要离职，则该独立董事与上市公司应及时通知深圳证券交易所，说明原因并公开披露。

创业板课堂：

创业板市场引入独立董事制度，对于上市企业完善法人治理结构、发展经营和提高科研能力的积极作用是毋庸置疑的。创业板上市企业在扩大公司独立董事影响力的同时，还要遵循伦理道德和承担社会责任，从实际和制度两方面满足与重视股东的要求，保证独立董事在行使职权时不受董事会中其他有利害关系的成员的干扰，并避免其因履行职责而受到其他成员不公正的排挤。

第二节 保荐人

创业板市场的服务对象是具有增长潜力的中小企业或高科技企业，这些企业起点较低、规模小、基础薄弱，从事的一般都是高风险的业务，其经营情况受到企业内外部环境的影响较大，企业的经营业绩往往处于波动状态，加上创业板市场只是特别强调上市人的信息披露，对其经营能力、市场前景和投资风险不作审查和评估，市场的高风险性是显而易见的，为了防范创业板风险，证监会规定中国创业板实行保荐人制度，那么什么是“保荐人”呢？

保荐人一词，是从中国香港证券市场传入内地的舶来品，其作用有些类似于中国主板市场的上市推荐人。所谓保荐人制度，是一种企业上市制度，目前采用保荐人制度的主要是中国香港和英国。

中国香港在主板市场和创业板市场上均实施保荐人制度，不过二者有不同之处。在中国香港联交所的主板上市规则中关于保荐人的规定与内地证交所对于上市推荐人的规定大体接近，其主要职责就是将符合条件的企业推荐上市，并对申请人是否适合上市，上市文件的真实性、准确性、完整性以及董事是否知悉自身责任义务等负有保证责任，尽管联交所建议发行人上市后至少一年内维持保荐人对其的服务，但保荐人的责任原则上随着股票上市而终止。

中国香港推出创业板后，由于创业板股票市场风险较高，为建立市场信心、加强监管，保荐人制度的内涵得到了拓展，资格要求更高，职责范围更广，对其监管更严，保荐人的任期也被法定延续到发行人上市后的两个完整的会计年度之内。

中国创业板市场提出的保荐人制度，主要也是借鉴中国香港等地的做法，与目前主板的上市推荐人有很大区别，保荐人的职责要远重于上市推荐人。保荐人要对企业进行上市前的实质性审查和上市后的持续辅导，使其符合证券市场上市规则的要求，监管部门则主要通过对保荐人的重点监管来达到对创业板的整体监管。

1. 保荐人职责

设立保荐人制度，是促进创业板上市公司规范运作，保证创业板市场稳健运行，维护投资者合法权益的一项重要的制度安排。中国的创业板保荐人，从目前具备主板市场主承销商资格的证券公司中产生。这些保荐人将来要承担的具体职责包括有：

（1）对创业板市场上的拟发行公司负有完全的推荐责任。保荐人必须对发行人的上市资格进行实质性的审查，向发行人提供公正的意见；同时，保荐人必须自己去判断所选择的公司是否符合在创业板上市的条件，上市能否成功，以及上市后是否能够具有理想的表现等。如果选择失败，保荐人必须承担由此带来的损失。

（2）协助中小型企业申请上市，确保企业具备《创业企业股票发行上市条例》和其他相关法律、法规、部门规章所规定的发行上市条件，辅导企业及其董事，以使其理解交易所的上市规则，并就发行人持续遵守上市规则及其他有关规定提供建议。换言之，保荐人负有对企业的上市审查责任，以防止上市申请人通过恶意包装、欺诈上市来侵犯投资者的合法权益。

（3）协助企业进行股本结构设计，包括存量股本即发起人股本总量的大小，新发社会公众股占发行股本总额的比例，公司内部员工持股计划，等等。

（4）协助企业制定资产重组方案和改制方案，协助企业建立规范、完善的内部法人治理结构，健全公司内部控制制度，督促企业严格遵守《公司法》、《证券法》、《会计法》、《股份有限公司会计制度》和其他相关法律、法规、部门规章的规定，促进企业依法规范运作。

(5) 保荐人对上市公司的信息披露的真实性、准确性和完整性负有直接的连带责任。发行人上市后，保荐人必须督促上市公司更加充分地进行信息披露，确保披露信息的真实性、准确性、完整性，没有误导，以增加其透明度，切实维护投资者的合法权益。

(6) 保荐人在所推荐公司发行上市后要继续担当财务顾问角色，做好后续的跟踪服务。

2. 保荐风险

创业板的保荐人有责任也有义务以其高水准的专业知识对发行人进行尽职调查，确保发行人所发布的信息真实、准确和完整，使创业板的投资者能够充分获知其所推荐的上市企业的状况，知晓其中的风险。但是，保荐人所承担的"风险防范"责任为保荐人自身带来了相应的风险，主要体现在：

(1) 保荐人的信誉风险。在创业板发行上市的大多是中小型企业，这些企业往往会由于自身规模的限制而面临市场、技术等多方面的风险，如果被保荐企业在保荐期内就连续发生重大亏损或破产，则保荐人将承受严重的信誉风险，从而影响到保荐人在创业板的形象。

(2) 人员流失的风险。实行保荐人制度以后，保荐人需要有相对固定的从业人员来参与企业发行上市前后全过程的工作，需要他们与发行人保持长期的接触。如果这些从业人员中途离开，则会增加保荐人的保荐成本和风险。

(3) 发行人的信用风险。发行人在申请发行上市时以及上市后，为自身利益，有可能对保荐人隐瞒实情甚至欺骗保荐人，由此会给保荐人带来相当大的风险。

(4) 法律法规风险。政策和法律法规的变化、相关方面的直接干预等也会使不确定性有所上升，从而使保荐人面临更大的法律法规风险。

(5) 保荐人失职或弄虚作假的风险。保荐人及其从业人员可能会由于种种原因而没有对发行人的实际情况做详细的调查和核实，甚至也有可能从业人员为个人利益而在知情的情况下故意弄虚作假，这种情况所导致的风险责任必须由保荐人或从业人员承担。

(6) 对企业价值的评估风险。创业板对发行人的盈利要求低，企业的经营期限通常较短，其中的风险即使是保荐人也较难以识别。因此，保荐人一旦对被保荐人的价值作出错误的判断，就会立即在发行定价、股票包销等方面遇到很大的风险。

3. 对保荐人的素质要求和监管

创业板设置了严格的保荐人资格审查和监管制度，只有通过资格审查的主承销商才能保荐企业于创业板上市。保荐人必须具备下列条件：

(1) 具备一定的抗御风险的经济实力，即保荐人要有一定规模的注册资本金。

(2) 从事投资银行业务的人员的素质要达到一定的专业水平，即负责保荐的主要业务人员需要具有一定年限的专业工作经历。

(3) 有清白而良好的业绩记录，以及非常丰富的专业经验，即保荐人必须有一定年限的承销业务历史和一定数量的承销家数。

对创业板保荐人实行严格的审查与监管，可以确保保荐人拥有高度专业水平的人才和足够的资源储备，具备履行保荐职责的能力。

创业板课堂：

设立保荐人制度，是促进创业板上市公司规范运作、保证创业板市场稳健运行、维护投资者合法权益的一项重要的制度安排。中国的创业板保荐人，将从目前具备主板市场主承销商资格的证券公司中产生。他们担负着重要的保荐职责和巨大的保荐风险，因此对创业板保荐人必须实行严格的审查与监管，这样方可确保保荐人拥有高度的专业水平和足够的资源储备，具备履行保荐职责的能力。

第三节　股份全流通

与海外证券市场一样，中国的创业板市场也是一个股份全流通的市场，没有国家股、法人股、公众股（包括 A 股和 B 股）等的划分。当然，企业在创业板市场上市以后，为了保持公司股权与经营权的稳定，同时满足股东适当的退出需求，创业板有针对性地、有区分地对上市后的相关股份提出了限售要求，具体为：

（1）对于控股股东、实际控制人所持股份，要求其承诺自发行人股票上市之日起满3年后方可转让。

（2）对于其他股东所持股份，如果属于在发行人向证监会提出首次公开发行股票申请前6个月内（以中国证监会正式受理日为基准日）进行增资扩股的，自发行人股票上市之日起12个月内不能转让，并承诺：自发行人股票上市之日起12个月到24个月内，可出售的股份不超过其所持有股份的50%；24个月后，方可出售其余股份。

（3）对于上述两类股东以外的首次公开发行前其他股东的所持股份，按照《公司法》的规定，需自上市之日起满1年后方可转让。

投资者一定要了解全流通市场环境下对限售股份的有关规定，而且要密切关注有关限售股份解禁的情况，特别是关注大股东、实际控制人和核心人员所持有股份的变动情况，做到心中有数，审慎投资。

对于投资者来说，了解上市公司主要股东的态度和股份出售的具体限制期限十分必要。在公司上市后的不同阶段，投资者所采取的投资策略也需要不断地加以调整。

（1）流动性不足和过度投机。在主要股东的股份出售受到限制期间，上市公司的股份只有部分流通。创业板市场上市公司的盘子本身就比较小，主要股东所持有的股份又不能流通，这会使小盘股变得更小，市场一方面可能会出现流动性不足，另一方面又可能会出现过度投机。前者会给投资者特别是投资数额较大的投资者投资创业板市场带来障碍和风险；后者则表现为股票价格大幅度震荡，同时，市场的换手率高得惊人。

（2）市场主力的手法会发生相应的变化。在主要股东股份禁售期间，市场主力收集筹码的难度往往比较大，因此可能会利用利空传言或者通过人为制造股价大幅度波动以提高交易活跃度等方式来收集筹码。同时市场主力可能会通过散布虚假信息或者急速拉升股价等手段操纵市场牟取不正当的利益，此时投资者切不可盲目跟风。另外，除了发起人之外，参与配售的机构投资者所持有的股份也受到一定的期限限制。由于这部分机构投资者的股份禁售期限较短，同时所持有的筹码相对于中小投资者而言又比较集中，市场主力很可能会与这些机构投资者达成私下协议或者某种默契，直接从机构投资者手中获取筹码。因此，投资者需要关注参与配售的机构投资者的态度和股份禁售期限。

（3）发起人的态度和做法。由于发起人的股份在公司上市一段时间后可以流通，因此上市公司发起人的态度和做法会与目前主板市场上市公司发起人的做法有所差异。当然，不同的发起人对于股份出售期限限制有着不同的态度。有些发起人预期未来很不确定，或者是出于对企业发展缺乏信心，因此倾向于“入袋为安”，这就会导致上市公司行为的短期化。就中国的具体情况看，估计这样的发起人不在少数，这些发起人会在股份禁售期满后抛售所持有的股份。为了能以一个较为理想的价格出售所持有的股份，创业板市场上市公司的短期行为会比主板市场上市公司有所收敛，主板市场上市公司中所普遍存在的“一年好、两年平、三年亏”的现象会有所减少。如果股份出售的期限为两年，则创业板市场一些上市公司的业绩很可能会出现“一年平、两年好、三年平、四年亏”的现象。另外，这些上市公司信息披露的质量往往会得不到保证，同时发起人还可能与市场主力合谋。有些发起人对企业长远的发展充满信心，因此不会考虑在股份禁售期满后就出售所持有的股份。与前一类上市公司相比，这一类上市公司的发展就会比较平稳，公司的信息披露会相对规范一些。投资于这一类上市公司，风险可能会相对低一些。总之，投资者在作出投资决策时，应充分考虑发起人的态度和做法。与发起人“共舞”，可能会给你带来丰厚的回报。

创业板课堂：

与海外证券市场一样，中国的创业板市场也是一个股份全流通的市场，投资者一定要了解全流通市场环境下对限售股份的有关规定，而且要密切关注有关限售股份解禁的情况，特别是关注大股东、实际控制人和核心人员所持有股份的变动情况，做到心中有数，审慎投资。

第四节 信息披露

创业板的上市公司普遍规模偏小且处在新兴行业，而且对以往的盈利又不作过高要求，其经营会比主板上市公司有更大的不确定性，破产的可能性也较大。然而，市场化的监管要求又强调“买者自负”的理念，要求投资者自己进行判断和强调自我保护，但其前提就是要求公司进行真实、准确、完整和及时的信息披露。

美国纳斯达克市场除了要求其上市公司披露纽约证交所要求的内容外，还要求披露发行人的活跃业务和业务目标，更详尽地列示集资所得款项的用途，尽快披露重大消息和股价敏感资料以及维持其上市地位的数据等。中国香港创业板也奉行“披露为本”的理念，注重强有力的披露，要求公司在申请上市前和上市后，做准确和及时的披露，以便投资者能作出适当的决定。

中国创业板上市公司的信息披露目前主要由两个文件来规范：一是《关于公开发行证券公司信息披露内容与格式准则》（第9号）——创业板公司招股说明书；二是《关于公开发行证券公司信息披露内容与格式准则》（第10号）——创业板公司上市公告书。这两个文件详细地规定了公司在发行和上市阶段必须披露的信息内容，有利于投资者据此作出判断和决策。下面我们将上述两个文件的基本内容分成17个方面进行阐述，希望能对投资者有所帮助。

1. 本次发行概况

（1）股票种类、每股面值、预计发行股数及占发行后总股本的比例、预计每股发行价、预测盈利总额（如有）及发行后每股盈利、发行前和发行后每股净资产、拟发行方式与发行对象、承销方式、本次发行预计实收募股资金和发行费用。

（2）披露下列当事人的名称、法定代表人、办公地点、电话、传真以及本次发售有关事项负责人的姓名：

①发行人及其董事会秘书；

②主承销商及承销团成员、保荐人；

③律师事务所和签字律师；

④会计师事务所和签字注册会计师；

⑤资产评估机构和签字注册资产评估师（若有）；

⑥股票登记机构、收款银行；

⑦其他与本次发售股票有密切关系的机构和个人。

（3）披露发行人与中介机构以及该中介机构的董事、监事和高级管理人员之间直接或间接存在的股权关系。

（4）披露至上市以前的各个重要日期，包括招股说明书公布日期、发行公告刊登日期、申购期、资金冻结日期、定价日、摇号日期、摇号结果公布日期、划款期等。

2. 风险因素

（1）技术风险。应当重点说明发行人存在的技术不成熟及技术市场化、产业化和经营规模化方面的风险，过度依赖核心技术人员、管理人员的风险，过度依赖某一特定的知识产权、非专利技术的风险，发行人核心技术依赖他人和核心技术保护期短或容易失密的风险，产品或技术存在被淘汰的风险，以及新产品开发、试制方面的风险等。

（2）市场风险。应当重点说明发行人存在的受商业周期或产品生命周期影响的风险，市场竞争力，市场饱和或市场分割的风险，过度依赖单一产品或市场的风险以及国际市场影响等。

（3）经营风险。应当说明过度依赖某一重要原材料、自然资源或供货渠道的风险，主营业务变更的风险，主营业务单一的风险，经营场所过度分散的风险，以及所从事行业不景气的风险等。

（4）政策性风险。应当说明国家政策、法规变化的风险，包括由于税收及财政补贴政策、产业政策、行业管理政策、环保政策的限制或变化等可能导致的不利影响等。

（5）财务风险。应当说明对外投资收益不确定的风险，资产流动性风险，存在担保、质押等或有负债的风险，债务结构不合理的风险，应收款项呆坏账的风险，难以持续融资的风险，以及对外控股、参股单位财务失控的风险等。

（6）募股资金投向风险。应当说明投资项目因市场、技术、环保、财务等因素导致的风险，特定收购兼并项目上的风险，股权投资及与他人合作的风险，以及项目组织实施的风险等。

（7）管理风险。应当说明组织模式和管理制度存在局限引致的风险，与控股股东及其他重要关联人存在同业竞争及重大关联交易引起的风险，由发行后大股东变更或通过二级市场减持股份等因素引起的管理层和管理政策不稳定的风险，以及公司内部激励机制和约束机制不健全的风险等。

（8）其他风险。应当说明存在的法律诉讼和仲裁的风险，因安全隐患和自然灾害引起的风险以及因涉及外汇收支而形成的外汇风险等。

3. 发行人基本情况

（1）披露历史沿革及经历的改制与重组情况。

（2）简要介绍职工情况。

（3）披露供应、生产和销售组织情况，说明发行人是否具有独立完整的生产经营能力，是否在人财物方面已与控股股东做到了完全独立。

4. 控股股东与其他主要股东的情况

披露其控股股东与其他主要股东或有实质控制权的股东的基本情况。如是自然人的，应披露该自然人的姓名及简要背景，如是法人股东，应披露：

（1）名称及其股权的构成情况。

（2）成立日期、主要业务、注册资本、上一年末总资产与净资产、主营业务收入、净利、主要负债、管理层主要成员。

（3）所持有的发行人股票被质押的情况。

对有实质控制权的股东，还应依照本条第一款的规定向上披露其上一层股东的情况。

5. 发行人的内部组织结构

（1）用方框图形式披露权益投资情况，包括各直接或间接控股的子公司及参股公司，向下披露至对发行人财务状况和经营成果等有实质影响的其他下属公司。

（2）披露各直接或间接控股的子公司、参股公司及其下属公司的主要业务、基本财务状况、主要管理层，以及其控股和参股单位等情况。

（3）披露内部组织机构情况，包括各主要职能部门、拥有的各个分公司或生产车间的情况。

6. 股本和关联关系股东、管理层持股及其承诺

(1) 股本：披露下列有关股本的情况：

①发行人股权结构的历次变动情况；

②外资股份（若有）持有人的有关情况；

③持股量列前10名自然人的姓名，是否在发行人单位任职；

④股东中的风险投资或战略投资者持股及其简况；

⑤本次拟发行的股份，本次发行后公司的股本结构；

⑥本次发行前持有发行人5%以上（含）股权的股东名单及其简要情况。如果股东总数超过10名，但持股5%以上的股东不足10名时，则应提供按持股比例排列的前10名股东的名单及简要情况。

(2) 关联关系股东、管理层持股及其承诺：

①根据充分披露原则和重要性原则，以关联图或其他必要的图示的形式，披露发行人各股东的持股比例和他们相互间的关联关系。

②发行人的董事、监事、高级管理人员和核心技术人员直接或间接持有发行人股份的，应按以下类别披露上述人员拥有发行人股份的情况：

A. 个人持股，即以董事、监事、高级管理人员和核心技术人员的名义持有的股份，或由其授权或指示他人代其持有的股份；

B. 家属持股，即董事、监事、高级管理人员和核心技术人员的亲属持有的股份；

C. 公司持股，即董事、监事、高级管理人员和核心技术人员通过其能够直接或间接控制的公司持有的股份。

对以上权益应具体列出持有人名称，所持股份的获得方式，前两年内股份的增减变动情况，前两年末持股数量与所占比例，本次发行后所占比例。

(3) 披露主要股东、管理层股东作出的重要承诺，包括所持股份自愿锁定、质押方面的承诺等。

7. 行业情况

(1) 披露所处行业国内外基本情况，包括行业管理体制、行业竞争状况、市场容量、投入与产出、技术水平以及以上因素的发展趋势等。

(2) 披露影响本行业发展的有利和不利因素，如产业政策、产品特性、技术替代、消费趋向、购买力与国际市场冲击等因素，说明进入本行业的主要障

碍等。

(3) 披露面临的主要竞争状况，包括自身的竞争优势及劣势、市场份额变动的情况及趋势，同行业竞争的情况等。

8. 主要业务

(1) 披露可以连续计算的至少 24 个月的业务发展情况，包括：

①主要产品或服务的研究开发简要历程；

②主要产品或服务的性能、质量水平、核心技术的取得方式；

③市场开发和拓展情况；

④主要产品或服务的销售方式；

⑤占主营业务收入总额 10%以上的主要业务、产品收入额及在主营业务收入总额中所占的份额；

⑥如跨国经营，且境外产品收入额占主营业务收入总额 10%以上的，应按国家或地区披露主要业务、产品收入额及所占比例；

⑦投资收益占发行人利润总额 10%且金额在 100 万元以上的对外投资情况，包括被投资企业前 24 个月的主营业务内容及收入、核心技术、主要资产、主要负责人等；

⑧与他人合作业务的合作方及合作条件。

(2) 披露前 24 个月内的活跃业务记录，包括盈利或亏损情况，在研究及发展新产品和新工艺方面所采取的措施，主要业务实质性进展情况，经历过的任何重大挫折，未来发展的潜力等。

(3) 披露特许经营权（若有）情况，包括对发行人持续生产经营的影响，特许经营权的取得或租用的情况，特许经营权的期限、费用标准等。

(4) 披露合营、联营合同事项或类似业务安排（若有）。

(5) 发行人若在中华人民共和国境外地区进行经营，应对有关业务活动进行地域性分析。若发行人在境外拥有资产，须详细披露该资产的金额、所在地、形成过程、对其的经营管理以及获利情况等。

(6) 披露主要产品和服务的质量控制情况，包括质量控制标准、质量控制措施、是否出现过产品质量责任纠纷等。发行人在境外有产品销售或提供服务的，还应预估并披露如发生质量责任纠纷可能带来的赔偿责任及数额。

(7) 披露主要客户及供应商如下资料：

①前 5 位大供应商所占的采购百分比；

②前 5 位大客户所占的营业额或销售百分比；

③发行人董事、监事、高级管理人员和核心技术人员及其关联方或持有发行人 5%以上股份的股东在上述供应商或客户中所占权益。若无，亦应说明。

(8) 发行人若在发行前进行过业务和资产重组，应重点披露相关情况。发行人属于改组或分拆组建的，应说明业务重组或分拆的情况。

9. 技术

(1) 披露主要技术指标和技术先进性情况。发行人的名称及股票简称中带有“科技”或“高新技术”之类字句的，应说明冠名的依据。对于高成长性公司，则应着重说明其经营创新情况，包括特有的经营模式、经营专长及在管理营销等方面的优势。

(2) 披露核心技术的来源，说明是否拥有核心技术的所有权。对核心技术没有独立产权的，则应详细披露核心技术的取得渠道、方式及其成本。说明核心技术在国内外同行业的先进性。

(3) 披露主导产品或业务、拟投资项目的技术水平，或者所采取的先进生产工艺或技术诀窍、运用的新材料及新的生产手段、节能技术、新的生产组织方式等。

(4) 披露对其有重大影响的知识产权、非专利技术情况，包括：

①发行人所有或使用的知识产权、非专利技术的名称、用途、价值、占发行人总资产和净资产的比例；

②发行人所有或使用的知识产权的保护状况，如发明、实用新型、外观设计是否已申请专利；

③发行人所有或使用的知识产权的剩余保护年限。

发行人允许他人使用自己所有的知识产权、非专利技术，或作为被许可方使用他人的知识产权、非专利技术的，应对许可合同的主要内容予以说明，包括许可人、被许可人、许可方式、许可年限、使用费等。

(5) 披露产品生产技术所处的阶段，即处于基础研究、中试、小批量生产或大批量生产等阶段，已有产品或服务的市场占有率。

(6) 披露研究开发情况，包括研究开发机构的设置，研究人员的构成，正在从事的项目及进展情况、拟达成的目标、研发费用占销售收入的比重等。与其他单位共同进行研究的，还需说明合作协议的主要内容、研究成果的分配方案及采取的保密措施等。

（7）披露保持技术不断创新的机制和进一步开发的能力，包括技术储备及创新的安排、企业文化建设等。

（8）发行人所有或使用的知识产权、非专利技术存在纠纷或潜在纠纷的，应明确提示。

10. 关联关系与关联交易

（1）除按《企业会计准则——关联方关系及其交易的披露》披露关联方有关情况外，还应当披露核心技术人员关联方的有关情况。应披露发行人与关联方存在的主要关联关系，包括与关联方存在的股权关系、人事关系、管理关系及商业利益关系。应披露的关联关系，关键是由发行人董事判断其关系的实质，而不仅仅是法律形式。

（2）披露关联交易在营业收入或营业成本中的比例，关联交易产生的损益。

（3）披露对企业的财务状况和经营成果有重大影响的关联交易。发行人在会计期间内向关联方的累计购买量占其总采购量的5%且金额达到人民币100万元的，或向关联方的销售收入占其总销售收入5%且金额达到人民币100万元以上的，均需详细披露该关联交易的名称、数量、单价、总金额、占同一业务的比例、定价政策及其决策依据，说明独立董事及监事会对关联交易公允性的意见。

（4）披露与各关联方签订的目前仍然有效的合同事项，并对这类协议或合同是否还会续签作出说明。

（5）发行人募股资金投向与关联方合资的项目，或募股资金投入后与关联方发生交易的，应披露关联方及关联交易的有关情况。

（6）披露公司章程对关联交易决策权限与程序的规定。披露已发生关联交易的决策过程是否与章程相符，定价是否遵循了市场原则，关联股东在审议时是否回避，以及独立董事和监事会是否发表不同意见等。

（7）披露为避免与主要股东间的同业竞争已采取及拟采取的措施。

11. 高级管理人员与核心技术人员

（1）披露董事、监事及总经理、副总经理、财务负责人、技术负责人和董事会秘书等高级管理人员，以及核心技术人员的姓名、性别、国籍和是否有在境外的永久居留权、年龄、学历、职称，曾经担任的重要职务及任期、主要工作简历及在发行人的现任职务和兼任其他单位的职务。对核心技术人员还应披露其主要成果及获得的奖项。

（2）披露与上述人员签订的协议，如借款、担保协议等的情况。

（3）按5万元以下、5万~10万元、10万元以上等收入区间披露上述人员的年薪收入情况。若发行人对所述人员有奖金津贴、其他物质鼓励政策和退休金计划，所享有的认股权情况等。

（4）披露上述人员在关联方单位及同行业其他法人单位担任职务的情况，或不在上述单位兼职的声明。

（5）重点披露董事长、总经理、财务负责人、技术负责人、核心技术人员以及独立董事的其他情况，包括这些人士聘用合同中有关任职年限、任职特殊责任与义务、辞职规定以及离职后持续义务等方面的内容。

（6）披露领取工薪收入前10名的人员，包括姓名、年龄、在发行人或集团其他成员公司中的职位、服务年限、特殊能力或者具有实质意义的特殊人事关系。

（7）披露各收入区间的职工人数。

（8）发行人董事、监事、高级管理人员、核心技术人员之间如存在直系、配偶、三代以内旁系亲属关系的，应当披露。

（9）披露关联公司在上一个完整的会计年度支付给发行人高级管理人员及核心技术人员的酬金及以实物方式给予利益的总额，以及在招股说明书发布时仍然有效的安排，预计给予这些人士的酬金及物质待遇。

（10）披露执行董事和独立董事的酬金及其他报酬、福利政策。

（11）发行人实施认股权计划的，应当披露认股权计划的主要内容、执行情况，已发放认股权的行权情况等。

（12）披露董事、监事、高级管理人员和核心技术人员所持股份锁定的情况及契约性安排，以及这些人员自愿锁定所持股份声明的主要内容。

12. 公司治理结构

（1）披露引进独立董事的情况，包括独立董事的人数及占董事总数的比重，独立董事发挥作用的制度安排以及实际发挥作用的情况等。

（2）发行人董事长、监事会主席及总经理、技术负责人在最近24个月内曾发生变动的，应披露变动的经过及原因。

(3) 披露对董事、监事、高级管理人员和核心技术人员诚信义务的限制性规定。

(4) 披露股东权利、义务，股东大会的职权、议事规则，关于小股东权益保护的规定及其实际执行情况等。

(5) 披露公司章程关于董事会、监事会的构成和议事规则，经营管理机构的组成、职权和议事规则。

(6) 重点披露重大生产经营决策程序与规则，重大投资（包括对外投资参股、控股）决策程序和规则，其他重要财务决策程序和规则，利用外部决策咨询的情况。

(7) 披露对内部控制制度完整性、合理性及有效性作出的说明。注册会计师应对发行人的内部控制制度进行审核，出具评价意见。发行人应披露注册会计师的评价意见。

13. 财务信息

(1) 披露本次发行前至少 24 个月的经审计的简要合并财务报表，以及前次审计后至本招股说明书公布日前一季度的未经审计的简要合并财务报表（若有）。简要合并财务报表包括资产负债表与利润表。

(2) 披露主要固定资产、主要知识产权及非专利技术的种类、期末余额、确认计量及摊销方法；主要对外投资的初始投资额、期末余额及占净资产的比例、占被投资方的股权比例及权益核算方法；最近一期末的有形资产净值；研发费用的会计处理方法等。

(3) 重点披露无形资产的情况，对于单项价值在 100 万元以上的无形资产，若该资产原始价值是以评估值作为入账依据的，应披露评估事务所、评估计算方法及截至最近一期末评估计算方法中相应估值数据的实现情况。

(4) 披露最近一期末的主要债项，包括主要的银行借款，对内部人员和关联企业的负债，主要合同承诺的金额、期限、成本，票据贴现、质押及担保等形成的或有负债情况。有逾期未偿还债务的，应当说明其金额、利率、贷款资金用途、未按期偿还的原因、预计还款期等。

(5) 披露本次发行前至少 24 个月的经营业绩，包括生产经营的一般情况，销售收入总额和利润总额、变动趋势及原因，利润的主要来源，业务收入的主要构成，重大投资收益或非经常性损益，适用的所得税税率，享受的主要优惠政策（如税收优惠、财政补贴、政府采购项目等）及变化趋势，针对创业板公司业务特点的收入确认方法等。

（6）披露本次发行前至少24个月的经营活动现金流量、投资活动现金流量、筹资活动现金流量的基本情况，说明现金流量大幅变动的原因。

（7）披露所作的财务分析，包括资产质量的优劣程度、资产负债结构、股权结构及现金流量的合理性，以及偿债能力的强弱等。还应围绕过去两年活跃的业务记录、未来的业务目标及盈利能力，说明发行人主要财务优势及困难等，分析营业收入和盈利能力等的连续性、稳定性。

14. 业务发展目标

（1）以半年为单位，介绍未来两年内不包括发行当年的发展计划。

（2）披露实现上述业务目标的主要经营理念或模式。

（3）说明本次募股对实现所述业务目标的作用。

（4）可披露确信有能力预测并且承诺能够兑现的盈利预测数据，以利于投资人作出正确判断。发行人可以对当年的盈利作出预测。盈利预测的数据包括预测会计年度营业收入、利润总额、净利润等。如披露盈利预测，应详细说明所依据的假设、编制基准及其合理性、与盈利预测数据相关的背景资料等。盈利预测数据包含了特定的优惠政策或非常的收支项目的，应特别说明。

15. 募集资金运用

（1）预计通过本次发行筹集资金的总量及其依据。

（2）经董事会讨论并同意的可行性研究报告中对投资者做出投资决策有实质性影响的信息。

（3）募集资金投入对经营及财务状况的影响，包括对净资产、每股净资产、净资产收益率、营业收入、资产结构及资本结构等的影响。

（4）发行人应当充分考虑实际募集资金量不足或超过所申报资金需求量的可能。所筹资金尚不能满足规划中项目资金需求的，应详细说明其缺口部分的来源及落实情况；所筹资金超过了规划中项目资金需求的，应披露追加投资的大体安排。

（5）如属直接投资于固定资产项目的，发行人应当披露以下内容：

①投资概算，预计投资规模，募集资金的具体用项及其依据，包括在购置

设备、土地使用权、技术以及补充流动资金等方面的具体支出；

②各投资项目的轻重缓急；

③所投资项目的技术含量，包括产品的质量标准和技术水平，生产方法、工艺流程和生产技术选择，主要设备选择，主要技术人员，研究与开发，核心技术的取得方式，技术专有权的取得情况等；

④主要原材料、辅助材料及燃料等的供应情况；

⑤投资项目的市场分析，包括产品现有和潜在生产能力、投资项目的产量、价格及产销率、替代产品、产品出口或进口替代预计、产品销售方式及营销措施等；

⑥投资项目可能存在的环保问题及采取的措施；

⑦闲置资金（若存在）的利用计划，或资金缺口（若存在）的补充来源；

⑧投资项目的地址，拟占用土地的面积、取得及处置方式；

⑨投资项目的效益分析，包括现金流、内部收益率、达产期、回收期和项目的市场生命周期等；

⑩项目的组织与建设实施情况，项目的目前进展情况。

（6）对外投资、与他人合资进行固定资产项目投资的，应披露以下几个方面的内容：

①合资方的基本情况，包括法定名称、法定代表人、法定住址、注册资本、主要股东单位、主要业务，与发行人是否存在关联关系等；

②投资规模、各方投资比例及收益分配的条款；

③合资方的投资方式和资金来源；

④合资协议中有关可能给发行人造成损失及损失处理的条款，如合资方不能按时投资，可能给发行人造成的损失以及损失的补偿方式等。

（7）对外股权投资组建企业法人或其他法人的，应披露以下内容：

①拟组建企业法人或其他法人的基本情况，包括设立、注册资本、主要业务等；

②投资规模、各方投资比例、对被投资企业生产经营影响的程度，如果是参股的，应披露不能实施有效控制所带来的参股风险；

③法人的组织及管理情况；

④合作方的基本情况及与发行人是否存在关联关系；

⑤合资协议中有关可能给发行人造成损失及损失处理的条款，如合资方不能按时投资，可能给发行人造成的损失以及损失的补偿方式等。

（8）拟用于收购在建工程的，则应披露在建工程的已投资情况、投资资金来源、还需投资的金额、负债情况、建设进度、计划完成时间、收购价格的确定方式等。涉及关联交易的，还应披露股东大会的表决情况等。

（9）发行后收购兼并其他法人股份或资产的，应披露以下内容：

①收购股份或资产的内容；

②所收购股份或资产的评估、定价等情况；

③所收购股份或资产的评估报告和注册会计师审计报告；

④收购兼并后参股、控股的比例及其控制能力。

16. 发行定价及股利分配政策

（1）披露确定本次股票发行价时考虑的主要因素、定价过程、定价方法与最终商定的发行价格。

（2）披露发行前后的股利政策，说明有无变化。

（3）披露设立以来历年股利分配政策和实际股利分派情况，说明历次分配是否符合有关法规规定。

（4）披露本次股票发行完成前滚存利润分配或资产损失负担政策。

（5）披露本次股票发行后第一个盈利年度派发股利计划，包括次数、时间或不准备派发股利的原因。

（6）发行人拟发行或已发行境内或境外上市外资股的，应明确股利分配的上限为按中国会计准则与国际会计准则确定的累计未分配利润数字中的较低者。

17. 其他重要事项

（1）披露价款或报酬在500万元以上或虽未达到500万元但对生产经营活动、未来发展或财务状况具有重要影响的合同事项，包括标的、数量、价款或者报酬，对发行人经营有重大影响的附带条款和限制条件（若有）等。

（2）简要披露中介机构的持续责任和义务，特别是保荐人的义务。

（3）披露对财务状况、经营成果、声誉、业务活动、未来前景等可能产生较大影响的诉讼或仲裁事项。

（4）披露持有发行人股票20%以上（含20%）的主要股东、控股子公司、参股公司，董事、监事、高级管理人员作为一方当事人的重大诉讼或仲裁事项。

(5) 披露董事、监事、其他高级管理人员和核心技术人员受到刑事起诉(若有)的情况。

需要指出的是，所谓信息披露的要求，不仅仅指交易所规定的季度财务信息披露，而是要求创业板的上市企业更能形成信息披露的良好习惯。

▶附：>>>

创业板信息披露指定网站

1. 深圳证券交易所下属“巨潮资讯网”

(网址：www.cninfo.com.cn；创业板信息披露专区：chinext.cninfo.com.cn)

2. 中国证券报“中证网”

(网址：www.cs.com.cn；创业板信息披露专区：chinext.cs.com.cn)

3. 上海证券报“中国证券网”

(网址：www.cnstock.com；创业板信息披露专区：chinext.cnstock.com)

4. 证券时报“证券时报网”

(网址：www.secutimes.com；创业板信息披露专区：chinext.secutimes.com)

5. 证券日报“中国资本证券网”

(网址：www.ccstock.cn；创业板信息披露专区：chinext.ccstock.cn)

创业板课堂：

创业板的上市公司普遍规模偏小且处在新兴行业，而且对以往的盈利又不作过高要求，其经营会比主板上市公司有更大的不确定性，破产的可能性也较大。然而，市场化的监管要求又强调“买者自负”的理念，要求投资者自己进行判断和强调自我保护，但其前提就是要求公司进行真实、准确、完整和及时的信息披露。

第五章 创业板股票的估值方法

第一节 创业板上市公司该如何定价

2009 年 9 月 24 日，首批 10 家创业板上市公司的发行价终于尘埃落定，但创业板公司的估值以及定价方法依然没有一个确切的定论。

从海外市场的创业板来看，创新型上市公司股价的大幅波动等现象使得创新型企业在估值上存在困难，这对市场的定价能力提出了新的挑战。

但就中国的创业板市场而言，首批 10 家上市公司远高于中小板的发行定价已经显示出创业板完全不同于主板和中小板的定价方式。首批 10 家创业板公司平均发行市盈率为 55.3 倍，远高于 2009 年中小板 35~40 倍的发行市盈率区间。

那么，55.3 倍的发行市盈率能成为创业板的平均市盈率并一直保持下去吗？有研究显示，海外市场的创业板走势和国内的中小板走势并不一致。如中国香港创业板市场在 2001 年 4 月之后估值中枢呈不断下滑走势，其在初期的估值水平也是历史最高水平，虽然创业板估值始终比恒生指数的估值高，但稳定性也较差。而内地的中小板估值明显高于主板市场，但是相对于主板市场的溢价并没有像中国香港创业板那样向下波动的明显趋势，中小板的波动要高于主板，弹性也比较高。

作为新生的市场，其在初期往往会得到公众的追捧，新上市公司在初期的表现主基调还是价值的合理回归，因此，新上市股票在二级市场上的表现大多呈下跌走势。创业板公司中长期的表现更贴近于基本面的表现，而创业板公司的成长性很大程度上又决定了创业板市场中长期的表现。

创业板的估值需要寻找合适的方法，除了因为市场刚刚起步，还在于创业板上市公司的难以定价。高成长、高风险特性的创业板公司该如何定价？是继续沿用主板、中小板企业的估值方法，还是尝试新的方法？而从海外的创业板市场来看，并没有统一的估值标准，可以借鉴的也并不多。这就需要我们先对目前股票常用的估值方法进行了解。

目前对股票的估值基本是结合使用绝对估值法和相对估值法这两种方法。对应这两种估值方法，目前都有比较成熟的理论模型。绝对估值法的模型一般是指 DCF 模型，该模型的理论依据是：股票估值应当与持有该股票期间能得到的预期收益相关，这些收益可以界定为股票的未来现金流量。考虑到货币的时间价值，以及需要对未来现金流量进行折现。因此，股票的价值可以以其预期能够获得的现金流量的现值估算。相对估值法亦称可比公司法，是指对股票进行估值时，再对可比较的公司进行分析，尤其侧重选择具有相似业务、相似规模的公司股票价格作为估值基础，然后根据目标公司具体特征进行调整。

1. 绝对估值方法分析

在 DCF 模型里，由于对预期未来收益的界定不同，因而产生了三种主要的具体应用模型，即股利贴现模型、自由现金流贴现模型和剩余收益定价模型。

（1）股利贴现模型。通过将未来的股利贴现计算得出股票的价值，根据对股利增长率的不同假定，股利贴现模型可以分为零增长模型、不变增长模型、二阶段增长模型和多元增长模型。这类公司大多是步入成熟期的公司。该模型主要适用于具有以下特征的企业：目标公司已制定了股利支付政策，且该政策与公司的盈利程度有稳定持续的联系；目标公司支付股利；投资者对该公司不具有控股权。

（2）自由现金流贴现模型。资产的价值等于其产生的未来自由现金流的贴现值。根据现金流的界定的不同，又可分为公司自由现金流贴现（FCFF）模型和权益自由现金流（FCFE）贴现模型。按公司（权益）自由现金流增长情况的不同，公司（权益）自由现金流贴现模型又可分为零增长模型、固定增长模型等。

显而易见，对于那些较少发放股利或股利支付与公司自由现金流偏离程度很大的公司，该模型要比股利贴现模型更为适用，但该模型也强调适用公司的自由现金流与盈利应有良好的配比关系而且投资者对公司应具有一定的控制权。自由现金流贴现模型的缺点是计算结果可能会受到人为的操纵，从而导致价值判断的失真。另外，对于暂时经营不善陷入亏损的公司，由于其未来自由现金流难以预测，该模型不适用。

（3）剩余收益定价模型。以会计利润为基础进行企业价值评估，认为企业价值是企业现有基础上的获利能力价值与潜在的获利机会价值之和。即企业价值=所有者权益账面价值+未来各年剩余收益的折现。其中，剩余收益是从会计收益中扣除所有权资本成本后的余额。剩余收益模型的内在机理为公司权益价值与公司净资产账面价值的差异取决于公司获得剩余收益的能力。其计算公式也表明公司股票价值反映了现存净资产加上未来成长性的净现值。剩余收益定价模型主要适用于那些不分配股利或自由现金流为负值的公司。

2. 相对估值方法分析

在相对估值方法中，股票价格是通过参考可比公司股票的价值与某一变量的比率加以确定。相对估值包括市盈率定价法（P/E）、市净率法（P/B）、企业价值倍数定价法（EV/EBITDA）、市盈增长比率法（PEG）等估值法。

（1）市盈率定价法。目前该方法在国内外证券市场上应用最为广泛，原因主要在于这一方法直观地将每股价格与投资者最为关心的盈利指标即每股收益直接加以联系，并且实证分析也验证了市盈率与长期平均回报率是相关的。但市盈率定价法对于成长期的企业适用性较差。在剧烈波动的新兴市场上，运用传统的市盈率定价法并不能准确地反映新股公司的内在价值。

（2）市净率法。市净率即每股市场价格与每股净资产的比率。相比市盈率定价法，市净率法更关注企业的净资产账面价值，更适用于每股收益为负或流动资产占比较高的企业。

（3）企业价值倍数定价法。计算公式：企业价值倍数 = 企业价值/息税折旧摊销前利润。其中企业价值由公司股票总市值和净债务加总得出。

由公式可以看出，该方法评估的是企业的整体价值，而不是股权价值。对于比较财务杠杆差异较大、所得税率不同或资本密集型的企业，该方法较市盈率法更为适用，因为该方法不受所得税率差异、资本结构差异的影响，可以更准确地反映公司价值。但企业价值倍数定价法更适用于单一业务或子公司较少的公司估值，如果业务或合并子公司数量众多，需要做复杂调整，有可能会降低其准确性。

(4) 市盈增长比率法。计算公式：市盈增长比率（PEG）= 市盈率/净利润增长率 × 100。这一方法的发展弥补了市盈率估值方法的不足。

具体而言，它就是为了衡量不同公司的未来盈利增长率，而对市盈率所做的调整。该方法同时考虑了市盈率及成长率这两个决定股票投资价值的关键因素。一方面通过市盈率这一衡量股票内在投资价值的重要指标，强调投资应有足够的安全边际，另一方面又强调了公司成长性对于股票投资价值的重要影响，因而比较适用于成长期股票的估值。

在大量的创业板研究资料中，鲜见估值方法的研究，相对而言，PEG 是创业板公司比较适用的一个估值指标，但在 PEG 的增长率计算方面，投资者应兼顾确定性和前瞻性，同时结合具体情况或其他估值方法来判断投资价值。

创业板课堂：

创业板是一个高风险的股权资本市场，对投资者的估值定价能力是个严峻的挑战，需要引起创业板投资者的高度重视。创业板市场的启动意味着一批相对陌生的企业将登上中国资本市场的舞台。如果仅仅根据过往的业绩、固定资产等传统方式进行定价，已经很难反映出企业的发展前景和真实的价值，因此，投资者应兼顾确定性和前瞻性，同时结合具体情况或其他估值方法来判断投资价值。

第二节 创业板股票估值时应注意的事项

在判断创业企业的价值时，我们要重点关注其不同于成熟企业的一些基本特征，如高成长性，往往具有非线性成长的特性，具有较强的活力和适应性，自主创新能力强，人力资本的作用突出，对股权融资的依赖性较强等。创业企业特别是创新型企业，从企业形态、业绩等方面看可以说是千差万别，许多企业往往创造了全新的企业盈利模式和企业生存法则，大多数情况下其定价也没有可用的参照系，总体上讲，对其进行准确估值是非常困难的。

创新型企业的价值将更多取决于其所具有的核心竞争力，但这种判断需要更高的专业性要求，并更多地取决于投资者的偏好以及当时的市场形势。所以，对创新型企业的估值要特别注意以下事项：

（1）需要准确、全面把握创新型企业高投入、高风险、高收益的特点。

（2）创新型企业的技术、市场环境可以说是千差万别和瞬息万变的，传统的以未来现金流贴现为主的估值方法往往无法处理，投资者需要有“动态”的思维。

（3）高科技企业的发展历史相对较短，往往缺乏历史数据，并且技术千差万别，很难找到行业、技术、规模等相近的可比企业，使得对业绩的预测和推断相对困难。

（4）高科技企业的非线性发展规律，意味着很难根据企业现在的盈利来计算盈利增长率，如果仅仅使用传统的市盈率估值方法显然是远远不够的。

在选择估值方法时，不易评断不同的估值方法孰优孰劣，最好的方法是根据不同的公司特征，包括所处行业特征、公司自身特征选择最适用的估值方法。因此，在判断创业企业的价值时，投资者应该重点关注它不同于主板、中小板成熟企业的一些基本特征。

（1）创业企业大多处于成长期，设立时间较短，因而历史数据缺乏，并且由于企业大多是自主创新的企业，可比公司比较少，且估值时需要参考的指标也不易获取。

（2）创业企业普遍具有非线性成长规律和业绩波动性大的特征，也使得对其进行准确的业绩预测比较困难，因此对创业板企业的估值除仍然考虑 PE、PB 这些已在主板、中小板股票估值时常用的相对估值指标外，还要结合现金流折现等绝对估值方法，只不过要更加强调动态估值。例如，对于相对估值更多适用 PEG 指标；对于绝对估值则更多适用多元增长模型。在估值计算过程中，增长率的设置十分关键。对于增长率的选择，也即其成长性的判定，不能简单依据企业利润而定，还要综合考虑行业情况、管理层素质、公司技术水平、市场份额等多种因素。

创业板课堂：

创业板的估值不仅是一个公式化的定量，更多的是定量与定性的结合，尤其是根据创业企业的自身特征，投资者可以自行设计符合企业具体情况的估值模型。该模型应全面考虑以下因素：公司历史业绩、资产质地、技术水平、市场占有率和客户质量、预期业绩及增长率、经营风险、可比上市公司股票市盈率、经营模式、管理层素质、公司治理和内部控制和股利分配政策、资源控制能力、公司战略等，然后根据这些因素进行定量加权平均确定基准估值价。

第三节　七个估值诀窍，助你选出创业板大牛股

所谓估值选股方法，就是寻找价值被严重低估的公司，买进该公司股票，等待其价值的回归。一般来说，大机构有庞大的研发机构，普通投资者只是单兵作战，要长期跟踪创业板所有上市公司无疑是天方夜谭，而且也不可能熟悉所有行业。因此，普通投资者最好放弃自己寻找公司的想法，从现有的公开信息中寻找。

虽然现在中国的创业板市场的股票不是太多，首批只有 10 家公司，投资者的选择余地不大，但随后创业板的股票会逐渐增加，越来越多的股票会给投资者带来选股的困难，所以要掌握一定的估值诀窍，以便从众多股票中选出真正的好股。目前权威的证券报或营业部都会提供一些研究报告，将投资者的选股范围大大缩小。但并不是所有报告提到的公司都是可以投资的，对于普通投资者而言，学会以下七个估值诀窍也许可以让你更轻松地发现适合投资的创业板股票。

1. 尽量选择自己熟悉或者有能力了解的行业

如果研究报告中提到的公司所在行业是投资者根本不了解，或者即使以后花费很多精力也难以了解的，那么这种公司最好避开。

2. 客观对待业绩增长

业绩预测是关键，考虑到研究报告的撰稿者可能存在的主观因素，投资者应该自己重新核实每一个条件，直到有足够的把握为止。

3. 不要相信研究报告中未来定价的预测

研究报告中可能会在最后提出未来二级市场的定价。这种预测是根据业绩预测加上市盈率预测推算出来的，其中的市盈率预测一般只是简单地计算一下行业的平均值，波动性较大，对于投资者的估值选股意义不大。

4. 研究行业

当基本认可业绩预测结果以后，投资者还应该反过来自己研究一下该公司所处的行业，目的仍然是为了验证研究报告中所提到的诸如产品涨价的可能性有多大之类的假设条件。当然，这项工作可以通过互联网来完成。

5. 要对选中的股票进行重新估值

不要轻信研究员的估值，一定要自己根据股票未来的业绩进行重新估值，这样才可能把风险降到最低。

6. 成交量选股

一般而言，成交量的大小与股价的涨跌成正比关系，但是这种量价配合的观点也有局限性。有时候，成交量也会骗人，因为制造成交量往往是主力设置陷阱的最常用办法，它对于那些多少了解一些量价分析，但又似懂非懂的“技术派”而言很有诱惑力，许多人往往深受其害。在实战中，成交量的变化关键在于趋势。趋势是金，所谓的“天量天价、地量地价”，只是相对某一段时期而言的，具体的内容则需要看当时的盘面状态以及所处的位置，这样才能够真正确定未来可能的发展趋势。在股价走势中，量的变化有许多情况，最难判断的是一个界限，多少算放量，多少算缩量，实际上并没有一个可以遵循的规律。很多时候只是一个“势”，即放量的趋势和缩量的趋势，这种趋势的把握来自于对前期走势的整体判断以及当时的市场变化状态，还有很难说明白的市场心理变化。

7. 观察盘面，寻找合理的买入点

投资者一旦做出投资决定，还要对盘中的交易情况进行了解，特别是对盘中是否有主力或者主力目前的情况做出大致的判断，最终找到合理的买入点，要避免在一个相对的高位买入。

创业板课堂：

普通投资者最好放弃自己寻找公司的想法，从现有的公开信息中寻找价值被低估的创业板股票。筛选股票对投资者来说是一个基本功，需要不断积累经验和对行业的研究，才能慢慢入门，学会上文提到的七个估值诀窍也许可以让你更轻松地发现适合投资的创业板股票。

第六章　创业板投资行业的选择策略

第一节　看创业板，先看懂行业

进行创业板投资时，理性的投资者，都会先了解投资对象是怎么回事。创业板风险较主板大，并且以互联网、高科技、创意产业、新能源产业等新兴行业为主，这更需看懂这些行业中有多大机会能爆发出一批新的微软、谷歌。创业企业经济实力较弱，往往专攻一个细分市场，或于市场缝隙中钻出一片商机，或“无中生有”挖掘潜在需求，或以另类路径重解老题，不了解这些行业的投资者，不易正确预测其成长前景，要不就是过度乐观，被路演时讲述的美好“故事”牵着鼻子走。

创业板的行业分布与主板不同，因而了解创业板的行业分布的特点及变化，有助于我们在投资过程中作出合理的投资决策。目前中国主板上市公司的行业分布主要以传统行业为主，创业板则主要是高科技行业为主。创业板是中小高科技企业的天下，但同为高科技企业，由于不同企业所处行业不同，其市场表现也有区别，这也是投资者应该注意到的一个问题。

中国的创业板市场的很多规则借鉴了中国香港创业板和美国纳斯达克市场的成熟经验，这两个市场的行业定位对中国创业板的行业定位有较大影响。从中国香港创业板市场来看，上市公司的行业分布主要集中在互联网、计算机软硬件和电信等高科技产业上。在美国纳斯达克市场中，计算机、电子、通信、生物制药、金融、制造等行业占据主导地位。其中上市公司最多的是计算机行业，其次是金融、通信和生物制药行业的公司。深交所推荐的首批创业板上市企业的行业分布主要集中在“两高六新”领域内，即新经济、新服务、新农业、新材料、新能源和新商业模式，而新商业模式包括连锁经营、收益分成、虚拟经济等，只有少量的传统类企业如电力企业在创业板中占有一席之地。

投资者在选择所投资的行业时，应主要判断行业的发展前景，其中处于发展前景广阔的行业的企业必将赢得更多的发展机会。就目前情况而言，无论是在中国香港创业板，还是在美国纳斯达克市场上，高科技企业主要集中于网络、计算机软硬件以及生物技术等少数几个行业，它们几乎成了高科技的象征，其实高科技涵盖面比这广得多。联合国教科文组织将高科技分为信息科学技术、生命科学技术、新能源科学技术、新材料科学技术、空间科学技术、海洋科学技术、环保方面的高新技术和管理科学技术。中国早在2000年9月就发布了《中国高新技术目录》，它是中国第一个较为系统、完整地涵盖了各领域高新技术产品，并且有详尽的产品技术界定的目录，其中涉及的技术领域包括电子信息、软件、航空航天、光机电一体化、生物、医药和医疗器械、新材料、新能源与高效节能、环境保护、地球空间与海洋、核应用技术以及农业等12个技术领域。由于网络、计算机软硬件和生物技术等领域商业化进程较快，所以目前在中国香港和美国上市的高科技企业主要集中在这些领域。高新技术门类众多，投资者要密切跟踪国内外高新技术发展的动态，尤其对其他种类的高科技发展应有足够的敏感，以便跟上市场的脚步。

投资者应重点关注中国政府积极引导和倡导的高科技门类，因为政府的支持在高科技发展中起着不可替代的作用。目前，中国高新技术产业化的需求量加大，而且面向和引导产业化，为高新技术产业的发展创造了条件，已初步确定了信息技术、生物技术、新材料技术、先进制造和自动化技术、资源环境技术、航天航空技术、能源技术、先进防御技术等8个对增强综合国力最具战略影响的高新技术领域，其中重点是信息、生物和新材料三个领域。这些领域值得投资者重点关注，因为它们的发展会得到更多的政策支持。

创业板课堂：

创业板行业选择极为重要，投资者应重点关注中国政府积极引导和倡导的高科技门类，因为政府的支持在高科技发展中起着不可替代的作用，其中重点是信息、生物和新材料三个领域。这些领域值得投资者重点关注，因为它们的发展会得到更多的政策支持。

第二节　影响创投企业的因素

在创业板上市的企业大多是高新技术企业。高新技术企业一般是指以高新技术为核心，知识为导向，科研人员为主力，高新技术产品为主要生产领域的经济实体。关于高科技企业价值的评估一直是投资专家研究的重点，也是高科技上市公司分析中的难点。在网络股盛行的时候，众多的专家就设想了几十种评价网络股的方法，方法之多，令人眩目，但至今尚无一种方法得到人们的公认。在网络股泡沫破灭后大出风头的投资大师沃伦·巴菲特一直对科技股持观望态度，他说他很崇拜比尔·盖茨，但他不投资这些公司的理由是无法预测这些高科技公司10年后的业绩，这从一个侧面表明了评价高科技公司的难度。

尽管高科技公司未来的变数较多，属于高风险与高收益并存的企业，但对其评价仍应遵循经典的公司评价思想，即以盈利能力为考察重点。影响高科技上市企业盈利能力的主要因素有：

1. 人才因素

对高科技企业来说人力资源是公司的核心生命力，一家企业即使花钱买来一项新技术，但如果缺乏足够的专业人才队伍，不仅技术的价值不能体现，而且也难以推动技术的进一步创新。这里的人才既包括技术人才，也包括管理人才，两者缺一不可。投资者应了解公司主要技术人员和管理人员的学历、经历、数量和他们在相关行业的工作经验和业绩，以此来判断公司的可持续经营是否有足够的人才保证。传统企业所使用的技术相对较为成熟，所以维持其生产经营的主要是生产工人。而在高新技术企业，高智力、高素质的科研和技术开发人员是企业的中坚力量，他们决定了企业的命运。

2. 技术因素

上市公司的技术是高科技公司的核心资本，没有先进技术的公司是无法向更高层次发展的。在考察公司的技术时，应首先关注公司是否拥有核心技术，是否有自主的知识产权，因为拥有自主的专用技术就能提高进入该产业的技术壁垒，从而为企业发展赢得宝贵的时间。在关注技术自主权的同时，还要分析技术的先进程度，是国际先进还是国内先进，相对而言，先进的技术会给企业带来较大的盈利空间，但对技术先进性的考察应有一定限度，过于先进的技术可能难以获得市场的认可，美国铱星公司破产案件说明先进的技术未必能带来预想中的效益，因此不能就技术本身评价技术，对过于先进的技术要结合市场前景进行综合评价。此外，对高科技企业的技术储备也应给予足够的重视，因为技术储备的多少直接关系到高科技企业的发展后劲。

3. 管理因素

在创业板上市的企业是中小企业，它们绝大部分都沿袭着家庭式管理或行政管理，缺乏现代企业制度。为了保护投资者的利益，防范管理带来的风险，新近出台的创业板规则征求意见稿对上市公司的管理架构作出了比主板要细得多、严得多的规定，对管理层的稳定性要求比主板要高，要求发行人必须在同一管理层下，持续经营两年以上。除了稳定性因素外，投资者在考察公司的管理时，可以通过分析公司发展战略的前瞻性、过去发展战略的实现情况以及管理层是否始终以股东利益最大化作为经营目标等方面来考察其管理层的经营思路和作风，以此判断该管理层能否带领企业走上高速发展的道路。

4. 市场因素

传统企业的市场较为稳定，未来变数较少，而创业板企业面临的是需要开拓的潜在市场，不确定性较大。产品市场前景决定了创业板上市公司能否进一步发展，公司产品有较广阔的市场前景，公司才能相应获得较高利润，投资者也才能有较丰厚的回报。市场因素的考察主要分析公司主要产品的市场占有率、营销状况和产品的价格走势。产品市场占有率越高，其收益来源也就越稳定；营销状况是公司目前和未来的销售通道经营情况；高科技产品初期上市定价通常较高，但随着竞争者的不断加入，有些产品价格的下降速度一般较快（如计算机）。

5. 现金流量因素

传统企业由于已经具有了一定规模，市场也进入了稳定期，所以在可预见的生命周期内，其现金流量也相对稳定，而高新技术企业由于面临着市场的不稳定，加之其成功率较低，所以其现金流量在一定的时期内波动会比较大，高科技企业创业初期可能只有负的现金流，但高新技术一旦转化为生产力，产品的高附加值就会给企业带来巨大的经济效益，此时现金正流量的数值也会较大。

创业板课堂：

创业板上市企业与主板企业在人员组成、运营方式、资产结构、现金流量、收益等方面有很大的区别。影响创业板上市企业业绩的因素很多，但总的来说，科技是企业的生命力，行业是企业的发展空间，评判创业板上市企业必须从人才、技术、管理和市场四个方面进行。

第三节　创业板投资垄断性行业的分析

世界著名的投资大师巴菲特，称其“一生追求消费垄断企业”。在巴菲特的选股原则中我们可以发现一些规律：巴菲特所选的股票有很多是具有垄断性的公司，比如早期的美国运通信用卡公司和迪斯尼。尽管迪斯尼目前在电影界面临多家公司竞争，但其拥有的早期卡通片资源却无人能够替代。如果从行业属性的角度分析比较，垄断性无疑是具有最容易出现长线潜力股的行业属性，就中国而言，电力、供水、电信类公司属于此类。

投资者们从以往沪深股市主板市场的强势潜力股中可以发现，一些超级长线潜力股往往具备以下一些特征：公司主营业务突出，资金集中投资于专门的市场、专门的产品或特别的服务和技术，而此种产品和技术基本被公司垄断，其他公司很难插足投入。这些股票往往能吸引大量的市场资金，并促使股价出现较快上涨。

相反，那些产品和技术市场竞争能力不强，把资金分散投入，看到哪样产品赚钱即转向投入，毫无公司本身应具有的特色，以及无法对产品和技术形成垄断，在竞争程度很高的领域中进行投资的上市公司很难成为超级长线潜力股。

为什么垄断企业往往会成为潜力股呢？原因很简单：行业的垄断意味着具有垄断利润。通俗的说法：有些生意只有它独家能做，别家无法跟它竞争，绝大多数客户有求于它，公司的现金流量等指标极为良好。比如说旅游业中的峨眉山，该股就具有垄断优势，因为全世界只有一个峨眉山，即使票价上涨了，游客也还会络绎不绝。

投资者在进行创业板投资目标选择时，最好能够偏重于有望取得优良业绩的上市公司。但是，随着市场经济的日臻完善，市场化程度的不断提高，企业只要是处于竞争性领域，就不可能创造暴利。市场就像一只“无形的手”，无时无刻不在调节着供求关系，再由供求关系来决定企业的利润，从而也就有了“利润平均化是市场经济最大的特点”这一说法。

从这个角度上讲，处于竞争性领域的上市公司，只能在特殊阶段的某一时刻存在垄断，长久的垄断并不存在，尽管如此，在目前阶段的垄断，以及可预期的未来行业垄断已经可以成为投资者选择该上市公司的依据。比如神州泰岳(300002)，该公司从2007年开始独家为中国移动的飞信业务提供运维服务，后经过续签合同，目前合同的截止日期为2011年10月。换句话说，在2011年10月之前，该公司在飞信领域内处于垄断地位，这就为投资者在2011年10月之前看好该股提供了强有力的依据。

创业板课堂：

创业板中有些上市公司主营业务突出，资金集中投资于专门的市场、专门的产品或特别的服务和技术，而此种产品和技术基本被公司垄断，其他公司很难插足投入。这样的股票往往能吸引大量的市场资金，并促使股价出现较快上涨，适合投资者持有。

第四节　创业板投资的周期分析

任何行业都要经历一个由成长到衰退的发展演变过程，这便是行业的生命周期，即便是垄断行业也不例外。投资者要对行业的生命周期有一定的了解。创业板的定位应并不仅仅限于高新科技企业，而应该对一切行业开放，这会使投资者面临更广的行业选择面。

通常一个行业的生命周期可以分为开拓、扩展、稳定和衰退四个阶段。行业的生命周期一般表现为开拓和扩展期增长率很高，到稳定期增长率逐步放慢，在经过一段较长的成熟期后出现停滞和衰败的局面。

投资者在选择创业板投资目标股票的时候应该尽量避开正处于开拓阶段的行业，因为这些行业的发展前景尚难预料，投资风险较大；同样也不应选择已处于衰退阶段且缺乏竞争力的行业，这类行业的投资收益较低，风险也很大。股民朋友们可以侧重于选择处于扩展和稳定期的行业和公司。

那么行业兴衰到底是如何影响股民朋友们在创业板选股的呢？

（1）当政府限制某一行业的发展时，会采取对该行业的融资进行限制，提高该行业的税收，并允许国外同类产品进口等措施，从而导致该行业的利润下降，使该行业的股票价格下跌。因此，投资者要避免选择这些国家限制行业的股票。

（2）如果相关行业的产品是该行业产品的替代产品，那么如果相关行业产品的价格上涨，就会提高对该行业产品的市场需求，从而使市场销售量增加，公司盈利也因此提高，股价上升；反之，则相反。例如，2009年全球油价上涨，对中国主板市场中新能源板块和航空板块的股票价格产生了非常有利的影响，因此，投资者在选择创业板的股票时，就要密切关注所选企业产品的替代性。

（3）如果相关行业的产品与该行业生产的产品是互补关系，那么相关行业产品价格上升，对该行业的公司股票价格会产生利空影响。例如，1973年石油危机爆发后，美国消费者开始偏爱节油型汽车，对美国汽车制造业形成了相当大的打击，其股价大幅度下跌。因此，投资者在选择创业板股票时，应该时刻关注相关行业的产品价格。

（4）如果相关行业的产品是该行业生产的投入品，那么相关行业产品价格上升，就会造成该行业生产成本增加，利润下降，使得股价出现下跌趋势；反之，则相反。例如，钢材价格上涨，就会使创业板上市公司中钢材使用量大的公司股票价格下跌。

（5）现代社会，人们的生活水平和教育水平不断提高，引起人们对某些商品的需求产生变化，并进一步影响行业的兴衰。例如，在基本温饱解决以后，人们更注重生活的质量，没有污染的天然食品和纺织品倍受人们青睐；在收入水平大幅提高后，汽车、旅游等就成了新的消费热点，与此有关的创业板公司业绩会提高，股票也就具有一定的投资价值。

创业板课堂：

按照生命周期选择行业进行投资，这是一种最具有投资价值的投资理念。选择处在高速成长期的行业进行投资，可以充分享受这一行业的增长带来的利润，满足创业板投资者最大限度地获取收益的目的。

第五节　创业板投资的行业选择

前文说了创业板投资时的行业分析和周期分析，那么投资者在投资创业板的时候，还应该注意什么问题呢？如何在众多行业中进行选择呢？这里我们提供以下三种方法来衡量行业是否具有投资价值。

1. 行业增长比较分析

分析某行业是否属于增长型行业，是将行业的增长情况与国民经济的增长进行比较，从中发现增长速度快于国民经济的行业。可以取某行业历年的销售额或营业收入的数据并计算出年变动率，与国民生产总值增长率、国内生产总值增长率进行比较。通过比较，作出如下判断：

(1) 确定该行业是否属于周期性行业。观察同一时期该行业销售额是否与国民生产总值或国内生产总值同向变化，如果在国民经济繁荣阶段行业的销售额也逐年同步增长，或是在国民经济处于衰退阶段时行业的销售额也同步下降，说明这一行业很可能是周期性行业。

(2) 比较该行业的年增长率与国民生产总值、国内生产总值的年增长率。如果在大多数年份中该行业的年增长率都高于国民经济综合指标的年增长率，说明这一行业是增长型行业；反之，则说明该行业与国民经济增长保持同步或是增长过缓。

(3) 计算各观察年份该行业销售额在国民生产总值中所占比重。如果这一比重逐步上升，说明该行业增长比国民经济平均水平快；反之，则较慢。

2. 行业未来增长率的预测

用行业历年销售额与国民生产总值、国内生产总值的周期资料进行对比，只是说明过去的情况，投资者还需要了解和分析行业未来的增长变化，因此还需要对行业未来的发展趋势作出预测。预测的方法比较多，使用较多的方法有以下两种：

（1）将行业历年销售额与国民生产总值标在坐标图上，用最小二乘法找出两者的关系曲线，也绘在坐标图上，这一关系曲线即为行业增长的趋势线。根据国民生产总值的计划指标或预计值可以预测行业的未来销售额。

（2）利用行业历年的增长率计算历史的平均增长率和标准差，预计未来增长率。

使用这一方法要使用行业过去10年或10年以上的历史数据，预计的结果才较有说服力。如果某一行业是与居民基本生活资料相关的，也可利用历史资料计算人均消费量及人均消费增长率，再利用人口增长率预测资料预计该行业的未来增长情况。

3. 行业投资决策

综上所述，通过行业分析，投资者可以偏向于选择处于成长期或稳定期、竞争实力雄厚、有较大发展潜力的行业作为投资对象。同时即期的市盈率在某种程度上可以反映行业的投资价值。例如，某行业也许显示出未来增长的潜力很大，但是该行业股票的价格相对来说太高，以至于不能充分证明这些股票是可以购买的。相反，一些有着适度收入的某些行业的股票，如果其价格很低，并且估计其未来收入的变动很小，那么这些股票是值得购买的。

创业板课堂：

投资者必须通过对某一行业的考察，才能判断市场是否高估或低估了其股票价格及该行业的增长能力。在许多时候，市场中的投资者和投机者之间的相互作用和影响，足以使股票的价格过高或过低，以致偏离其真实价值。这为投资者提供了大量买进卖出的机会，并能够从中获取丰厚的回报。

第七章　创业板投资的策略技巧

第一节　创业板市场的投资原则

虽然在证券市场中，很多投资手法都有相似之处，但由于创业板市场是一种新兴市场，相对主板市场，创业板市场的收益更高，同时带来的风险也更大。因而其投资手法与传统的证券操作手法有所差别，在市场操作中要求更加专业化、灵活化。我们可以从以下几个原则来把握：

1. 要及时止损

止损是为了避免更大的损失。投资时既要设定盈利的目标，也应随时提防风险，入市之前就应考虑自己所能承受的最大损失，并把损失控制在最低限度，“留得青山在，不怕没柴烧”。通常，缺乏经验的投资者会犯两种错误：一是获微利后急忙退场，不懂得博取更大利润；二是当市场向相反方向发展时，就不知所措。如能掌握止损原则，在选择好入市品种和入市价格以后，在关键的支撑位设好止损就能有效防止“因小失大”现象的发生。在获取利润后，继续积极进军，争取获取更大利益。万一出现市场下滑，也不至于一败涂地，能有效地减少风险。

2. 顺应市场形势

创业板开市之初，由于是新生事物，会有一个良好的开端。如果市场向好的方面发展，切不可得意忘形，应仔细观察大势的变化，顺从市场发展的趋势；如果开始明显由强转弱，若依然死守仓位，无疑将带来巨大损失。顺应市场方向的同时也应把握个股。不可与大势作对！

3. 进行套利交易

由于主板市场和创业板市场资金存在双向流动性，具有跨市套利的机会，但因中国证券市场还处于发展阶段，主板市场和创业板市场有着不同的投资群体，不能共同促进、共同繁荣，因此现阶段中国股市资金流向主要以追求最大利润为主，主板市场和创业板资金流动将存在一定的不均衡性，主板市场火暴时，创业板市场可能比较冷清；而创业板市场火暴时，主板市场将相对比较平静。故此我们可以适当地在两个市场中寻找套利交易的机会，随着新的金融品种如指数期货等的推出，套利的方式和机会将更多。

4. 以保利为基准

保利就是要保住自己获取的利润，不让其轻易流失。在进入市场之前，应该仔细分析股价的定位，根据市场的比价效应，来确定自己的获利目标，到此目标可以坚决出场。入市目标不明，就难取得应有的回报。不要犯一般股民经常犯的“坐过山车”的错误，不要“有胆亏、没胆赚”。同时，不要因为没有抛在最高价而后悔，要知道市场机会每天都有，关键在于你的把握。

保利原则是投资者应该坚持的基本原则，因为投资者的主要目的是赚取经济利润。如果投资者在操作中让自己的利润流失，将使自己损失巨大。

5. 避免价格摊平

在主板市场操作中，投资者往往喜欢用价格摊平法来降低持仓成本。市场处于调整阶段运用此法，能够在大势转强以后较快解套获利，但由于创业板市场具有高风险性，价格波动幅度较大，不容易取得很好的效果，如果滥用价格摊平法反而可能使损失进一步加大，甚至难以弥补，因此运用此法一定要谨慎。因为创业板上市公司有巨大的退市风险，如果投资者在其持有的股票大幅下跌时，盲目补仓摊平价格，极有可能面临股票退市的风险，因此投资者最好及时止损，避免使用价格摊平法来减少损失。

6. 巧妙选择时机

选择入市的时机是交易成败的关键。对于瞬息万变的创业板市场，选择时机更加重要，入市的时候讲究下手稳、准、狠，既要耐心捕捉机会，又要果断把握时机，关键时刻不能犹豫、畏缩，因此要求投资者有过人的胆识。选择时机的主要方法有：

①估计该股的市场定位，尽量在预计的价位入市；

②研究该股短期波动的周期，从周期规律选择时机；

③运用各项技术指标，选择股价最佳支撑点介入；

④在底部突然放量或一段时间放量不涨，又处于相对底部之时介入；

⑤连续亏损心境不好时，应在调整心态以后再寻找机会，不盲目入市。

无论是机构投资者、上市公司还是普通投资者都应做好充分的准备，投资过程中深思熟虑、沉着冷静，不盲目跟盘，也不孤注一掷，持赌博心理。只有把握得当，并配有相应的措施，才能取得良好的业绩，才能在新兴市场中立于不败之地，在风险和机遇并存的创业板市场中捕捉到更多的投资机会。

7. 确认股价高低

即便在目前的主板市场中，百元以上的股票也比较少见。而创业板市场开通以后，由于有一大批流通盘在2000万左右的高科技公司上市，股票价格之高也许让许多初涉市场的投资者难以想象，但只要市场认可，维持向上的趋势，投资者就应勇于介入，因为股价并没有贵贱之分，高的股价可以更高，而便宜的股价可以更便宜。因此，确认股价高低的关键应在于该股是否具有发展潜力以及机构主力是否真正具有实力。

证券市场永远存在各种风险，也永远留给投资者获利的机会。机会和风险如影随形，机会越大，风险也就越大。投资者不应该徒劳地去寻找没有风险的投资，而应该利用这些原则寻找风险与收益最优组合的投资。

> **创业板课堂：**
>
> 投资创业板市场要求投资者不但应有一定的资金实力，而且还要有良好的专业素质和心理素质。灵活运用投资原则，才能在创业板中获利。

第二节 创业板市场的投资策略

创业板与主板市场存在着许多根本性的不同，需要投资者在投资的时候采用不同的投资技巧。创业板市场高收益、高风险特征决定了无论是机构投资者还是个人投资者，在入市前都应该制定投资策略，防范和化解风险。

1. 组合策略

组合策略又称为投资多元化策略，即根据不同证券之间的相关性有选择地将资金分散投资于多种证券，以分散投资风险。其理论依据是，在各种股票短期内的趋势难以判定时，买进多种股票则可减少风险，因为在一般情况下，一种或几种股票市价下跌，收益受损，但总会有另一些股票市价上升，收益增加，这样就能够弥补投资者的部分或全部损失。由于创业板市场具有高波动性的特点，因此，在操作上建议投资者以组合投资、分散投资为主，尽量避免单一品种及重仓投资。创业板市场的大幅度波动，将会给投资者带来极大的风险，进行组合投资，更有利于稳定投资者心态。通过分散投资，可以兼顾风险与收益，提高投资成功率。按照国外的经验，只要在创业板市场股票的投资组合中有一家企业最终取得成功，则整个投资组合就具有长期投资价值。投资组合策略可具体分为以下几类：

（1）主板与创业板相结合。创业板市场的功能定位决定了它是为中小型高科技企业服务，因此其创立初期不可能有业绩稳健、主营稳定的蓝筹股。与主板市场相比，虽然创业板预期收益相对较高，但投资风险也将更大。因此，投资者应综合考虑自身的风险承受能力，在两个市场上分别投入一部分资金，以求既不放弃创业板的高收益机会，又减少投资风险。由于投资者在两个市场之间可以很方便地转换，资金也就会不断跨市场流动，有可能出现两个市场此消彼长的效应，投资者可以随着市场节奏的变化适当调整在两个市场的投资比例。

（2）投资与储蓄结合。投资者在进行投资决策时，首先必须分析是将钱存入银行合算，还是投资于股票合算，或是购买债券合算。在进行这种选择时，一般可通过比较分析来确定，对证券投资与其他投资形式的投资收益率进行比较，选择投资收益率较高的投资形式。计算投资收益率时应计算投资者所投入时间的机会成本，投入资金越多，投入时间所占的机会成本就会越大。如果选择证券投资，就必须对证券发行单位的资信等级、财务状况、经营状况以及发展前景及其变动趋势等情况进行分析评价，从中选择营运能力强、信誉高且有发展前景的企业证券作为投资对象。另外，创业板风险较高，如果投资者将全部资金放在创业板中，极有可能血本无归，而保持一定比例的储蓄则意味着投资者还有东山再起的机会。总之，投资者不应将全部资金投入股市，而应留出一部分存入银行，以备急用。所以投资者应根据自身偏好，决定投资与储蓄的比例。

（3）长期与短期相结合。持股的期限也是投资者应予重点考虑的内容。一般讲，投资期限越长，收益越高，风险也就越大。投资者既要考虑证券的收益率，又要考虑证券的风险性。在合理确定个股的持有期限基础上，进行不同个股之间长、中、短期的组合，达到最大的预期。

（4）行业之间相结合。投资者可以在创业板内选择多种股票进行投资，应根据不同行业的特点，来确定投资组合，有侧重点地进行分配。当前，电信板块、网络板块、计算机软硬件（含网络设备制造）板块、生物工程板块和高校概念板块等5类板块应是未来创业板市场投资组合的重点品种。

这5个板块都具有广阔的发展前景和想象空间、发展潜力大、股市行情看涨的特点，应是投资者重点考虑的投资场所。

尽管理论上组合投资策略可以分散风险，但也不是绝对的，有时甚至会使投资者错失盈利机会，因此就要求投资者灵活应用。比如，选择组合投资的投资者，一般是当股票市价轮番上涨时，为了获取收益，相继以高价抛出手中的股票，这样往往会把手中的好股票在价格较低时就卖出了，而把一些质量不太好的股票握在手中，造成了“虽赚实损”的不利局面。从主板投资经验来看，一只股票往往不是只涨一天，而是连续上涨，为此，投资者也可以采用“追涨卖跌法”，即哪种股票市价上涨就多买一些，这样就会获得较多的强势股票，使获利能力大大增强。在具体运用投资多元化策略时，关键是要把握时机、分析时弊，投资安全性较高时，对投资多元化的要求也就较低；投资风险较高时，对投资的多元化要求也就相对较高。

2. 基金参考价值

证监会在2009年9月22日下发了《关于证券投资基金投资创业板上市证券的说明》，明确指出基金可以参与创业板投资，这就意味着创业板股票和主板一样，将会受到基金的极大关注。在中国证券市场中，散户在投资者数量上占有绝对优势，但由于其可以动用的资金远远小于单个机构所能动用的资金量，所以对市场人气的影响，尤其对个股的走势的作用较小。与此相反的是，在中国机构投资者中证券投资基金作为超级机构投资者的市场地位非常明显，因此，基金所持股票对普通投资者有比较大的参考价值，投资者应根据上市公司所公布的季、中、年报以及基金定期公布的投资组合适当地选择个股及投资组合。不同的时期，应该有不同的投资组合，根据经验，投资组合变动得越及时、恰当，投资者的投资优势就越大。

3. 确定品种估值模型

如何确定股价是创业板市场股票投资的一个核心问题，传统的定价模型主要由每股盈利乘以市盈率确定，创业板市场是高度市场化的市场，股价的高低在更大程度上是由上市公司的内在素质决定的。在创业板市场股票估值中，未来盈利预期、行业平均市盈率、发起人商誉、股本结构、核心技术的评估值等，将起着主导性作用。

4. 风险管理策略

创业板市场是一个高回报、高风险的市场，投资者在创业板市场进行投资时，必须对投资风险进行有效的管理才能获得高的投资回报。在风险损失未到来之前，就要从个股的选择、资金的运用以及时间要素等方面有效地防范风险，一旦风险发生，应及时控制损失的程度，将损失控制在最低限度。因此，投资者进行创业板市场风险管理主要包括两个层次：在投资行为操作之前，做好风险的防范工作，进行风险分析；当损失发生时，应该采取正确的止损措施，将风险带来的损失控制在最低的限度之内。投资者按这两个层次操作，一般可有效化解风险。

5. 中线策略

鉴于创业板上市公司的发展前景存在变数，如果进行长线投资的话，必须建立在相当高的专业水平和判断能力的基础上，投资成功的企业当然是获利收益丰厚，但一旦决策失误则可能血本无归，所以长期投资并不是每个人都能做得好的。如果不进行专业深入的公司分析，而机械地遵循单一的“死捂”战术，将会带来巨大的心理压力，错失套利良机。

因此，对于一般投资者来说，应以中线投资为主，这样既能减少股价波动过大带来的短线风险，又不放弃高收益的机会。等待市场逐步成熟，公司真正的生存能力和发展潜力浮出水面，再考虑选择长线投资。

相对主板市场中线重前景、短线重技术而言，创业板市场更加强调操作的纪律性和思维的严谨性。进行中线投资时，首先应注意所投资企业的行业前景，投资者应认真阅读招股说明书及一切关于将要投资企业的基本面的材料，关注企业主营业务收入的增长情况，以期发掘出真正具有高成长性的企业。其次是对个股进行跟踪，观察资金流向，尤其是主力动向，什么时候有大手笔成交、放量等细节动作。再者是切忌只看 K 线图，图线对多数投资者来说只代表过去，所以只看不跟踪，只看结果，不看过程。有一个技巧性的规律，投资者若能对主力有半年左右的把握，就能看出主力的运作行情。投资者应该掌握这些在主板中的操作原理，因为这些对创业板也是极为适用和重要的。

总而言之，从近年主板市场和海外市场上市公司的表现来看，中线投资者应关注已经具备了生存能力，上市融资是为了更快发展，而不是处于创业初期的这类公司；行业前景和经营主题良好，属于朝阳产业，依托适合发展的社会与经济背景，拥有巨大发展空间的这类公司；风险投资人和保荐人有不俗口碑的这类公司。另外，投资者需要注意的是，不同的上市公司，投资者的构成情况也存在一些差异，投资者可以结合上市公司一级市场的情况来分析。如果上市公司用于公开配售的股份所占的比例较高，则在上市以后抛售就会较为顺手。

创业板课堂：

进行证券投资决策时，都追求把收益高、期限短、风险小、变现性好的证券作为投资对象。但在现实生活中不存在十全十美的证券，还必须由投资者根据自身的条件制定相应的目标，权衡利弊做出恰当的决策。

第三节　创业板投资的基本面分析

投资者在选择投资目标股票时需要对其基本面进行分析，股票投资基本面分析主要包括三个方面即宏观经济分析、行业分析和公司分析。

1. 宏观经济分析

主要分析宏观经济对创业板上市公司的影响，同时，宏观经济因素对创业板市场整体走势也会有一定的影响。

如果经济发展处于高峰时期，经济保持较快的增长速度，则上市公司肯定可以从中受益，公司的盈利能力也会相应提高，而此时社会的消费需求和投资需求也相对比较旺盛；如果经济发展处于低谷，经济增长速度放缓甚至出现负增长，则上市公司的发展和盈利能力就会受到不同程度的影响。

不同的上市公司受经济周期和经济增长的影响程度不同，对技术含量很高和独特性较强的上市公司来说，由于其产品和服务的替代性较差，因此所受到的影响会比较小。而对于一些业绩平常、技术含量不高的上市公司而言，会因多种原因而受到较大的影响。

创业板市场的发展受财政货币政策、通货膨胀、利率和汇率的变化、税收政策等宏观经济因素的影响。尽管这些宏观经济因素对创业板市场和主板市场的影响在方式和效应上会有所差异，但总体来说，利率因素对创业板市场的影响力要低于其对主板市场的影响力。创业板市场上市公司与宏观经济发展状况的相关性与主板市场上市公司相比是比较低的，这也是创业板市场走势与宏观经济发展状况的相关性低于主板市场的主要原因之一。

2. 行业因素

创业板市场上市公司所处的行业往往是一些新兴的或者比较独特的行业，因此对行业因素进行分析，在创业板市场投资分析中显得尤为必要。

（1）明确行业类型。每个行业的发展总是与经济周期有着一定的相关性，根据这种相关性可以将行业分为周期型行业、增长型行业和防御型行业三种类型。创业板市场上市公司所处的一般是增长型行业，这些公司的业绩与经济周期的相关度比较低。投资者可以通过投资于这些属于增长型行业的上市公司，达到“保值增值”的目的。由于这些行业上市公司的股票价格不会随着经济周期的变化而变动，所以投资者难以把握准确的购买时机。

（2）弄清市场结构。投资者需要对创业板市场上市公司所处行业的市场结构有所了解。依据不同的标准，可将市场结构分为完全竞争、不完全竞争、寡头垄断和完全垄断四种类型。创业板市场上市公司的技术含量较高，其所提供的产品和服务与行业内其他企业之间一般都存在着相当大的差异，因此创业板市场上市公司所处的行业往往带有相当的垄断性，这是创业板市场上市公司不同于其他中小企业的一个方面。通过创新和控制一个行业的核心技术或技术标准，在知识产权的保护下，上市公司可以取得一定的垄断优势，但垄断发展到阻碍市场效率的提高并损害到公众的利益时，政府就会出面加以干预，拥有一定的垄断性固然是上市公司投资价值的一个重要方面，但过度垄断会削弱公司的创新动力，同时还可能会招致反垄断调查和惩罚。因此，投资者在对市场结构进行分析时，需要把握一个“度”。

(3) 掌握产业生命周期。总的看来，每个产业都要经历一个由成长到衰退的演变过程，也就是生命周期。产业生命周期可以分为初创期、成长期、成熟期和衰退期四个阶段。对于投资者来说，处于不同生命周期的上市公司有着不同的投资风险和投资收益。就创业板市场上市公司的情况看，处于成长期的比较多，这一阶段的公司有着明显的高收益和高风险特点，比较适合在创业板市场上市，同时也能受到创业板市场投资者的欢迎。当然，随着时间的推移，一些上市公司也会步入成熟期和衰退期，这些上市公司对创业板市场投资者的吸引力会逐步降低，不过这些上市公司也可以通过资产重组等方式重新焕发出青春。从总体上看，发展时间越长的创业板市场，处于成熟期和衰退期的上市公司就越多，公司的平均规模也相对大一些；新设立的创业板市场，上市公司则大多数处于成长期，公司的平均规模相对小一些，当然上市公司的增长速度总是比较快的。

(4) 理解政府产业政策。一个行业能否取得良好的发展，与政府产业政策及相关的法律法规有着很大的关系。如果政府通过财政补贴、税收减免等方式支持某些产业的发展，那么处于这一产业的上市公司就可以从中受惠；如果政府通过提高税率、强化管制等方式限制某些产业的发展，那么处于这一产业的上市公司将会受到影响。目前，中国政府对高新技术产业的发展予以积极的扶持，从而推动了中国高新技术产业的发展，中国高科技企业的投资价值也由此得到了提升。

一系列法律法规的建立和完善，对于产业的发展特别是一个新兴产业来说，是十分关键的。一项新法律的出台或者原有法规的修改和完善会给上市公司带来何等影响，是投资者需要加以关注和分析的。

(5) 兼顾相关行业和机构。它包括竞争性行业和机构与互补性行业和机构两大类。不但同一行业内不同企业之间存在着竞争，不同行业的企业之间有时也存在着竞争。在科学技术突飞猛进的今天，一个新兴行业的出现往往会对现有行业的发展产生很大的冲击。比如人们原来以信件的方式联系，后来演变为电报、电话、移动电话，再后来互联网方式又逐步发展起来。互联网行业的发展给很多行业的发展带来了一定的冲击。竞争性机构的发展同样会对一个行业的发展产生冲击。所以科学技术的发展对证券市场也是一个冲击，它增强了证券市场的竞争机制，也加速了它的发展步伐。

同样，互补性行业和机构的发展，会增加对相关行业所提供的产品和服务的需求，从而推动和促进这一行业的发展。半导体产业的发展推动了人工晶体制造业的发展，电子商务的发展推动了网上银行、计算机产业等的发展。对互补性行业和机构的发展予以一定的关注，是投资分析的一个方面，也是投资者应该注意的重要内容。

3. 分析消费习惯

投资者在对创业板市场上市公司的发展前景进行判断时，需要分析人们的消费习惯。从横向看，需要把握消费习惯的差异。如对于中国传统中药等一些产业来说，海外市场的开拓将会给这些产业的发展带来丰厚的回报，但从目前的情况看，海外消费者不是非常了解中药产业，这就给中国中成药的出口带来了不利的影响。当然，这一状况正在得到逐步的改善，相信随着海外投资者消费习惯的改变，中药类上市公司的投资价值将会进一步显现出来。从纵向看，投资者需要把握消费习惯的变化趋势。随着中国经济的发展和居民收入水平的增长，人们的消费习惯正在发生深刻的变化，开始认同和接受高新技术、人寿保险、环保、文化旅游等新兴产业所提供的产品和服务。

4. 对公司进行分析

对公司进行分析主要包括公司基本素质分析和公司财务分析两个方面。公司技术水平、管理水平、研发能力、市场开拓能力和市场占有率等都是进行公司基本素质分析时所要关注的。

上市公司公布的财务资料主要是一些财务状况变动表、资产负债表、损益表或利润及利润分配表等财务报表。在创业板市场上市的公司必须定期公开公司的财务状况，提供有关的财务资料，便于投资者查询和分析。

在财务报表分析方面，投资者必须坚持全面和个性化的原则。目前我们常用的一整套财务报表分析方法并不十分适合高新技术企业和独特型企业，而创业板市场又往往以这两类企业为主，因此坚持全面和个性化原则就显得尤为必要。

企业财务比率指标分为资本结构、偿债能力、经营效率、投资收益和盈利能力等五类，其中资本结构分析包括资产负债比率、股东权益比率、长期负债比率、股东权益与固定资产比率等；偿债能力分析包括速动比率、流动比率、利息支付倍数、应收账款周转率等；经营效率分析包括存货周转率、总资产周转率、固定资产周转率、固定权益周转率、主营业务收入增长率等；投资收益分析包括普通股每股净收益、普通股获利率、股息发放率、本利比、投资收益率、收益率、每股净资产、净资产倍率等；盈利能力分析包括资产收益率、销售净利率、固定权益收益率、销售毛利率、主营业务利润率等。在运用这些财务比率对创业板市场上市公司的投资价值进行分析和判断时，需要结合上市公司的具体特点作一定的调整。

创业板市场上市公司的市盈率水平要普遍高于主板市场上市公司，对于那些亏损的上市公司来说，市盈率水平指标就失去了实际意义。也正是由于这一点，创业板市场出现了一些新的指标来取代传统的市盈率指标，专门用于分析网络上市公司投资价值的客户价值法就是其中的一个。由于网络类上市公司大多数是亏损的，因此用市盈率指标以及其他一些财务指标很难来判断其投资价值。假如一家网络上市公司所拥有的客户是 100 万，每位客户的价值是 2 万元，则这家网络公司就值 200 亿元。当然，与传统的市盈率方法相比，客户价值法具有易于变化和难以把握的特点。投资者往往很难判断，不同网络公司所拥有的客户质量有多大的差异，每位客户的价值究竟值多少等。客户价值法适用于门户网站公司的投资价值分析，但在电子商务公司投资价值判断方面就不一定适用了。

网络股价值评估还有很多其他方法，修正的收益率模型、理论盈利倍数分析模型、价格销售比模型、营销回报模型、经济附加值模型、联邦模型等，这些方法有的是在传统评价方法的基础上修正而来的，有的是根据网络公司的特点“量身定做”的。当然，网络股价值评估方法尽管很多，但都不是十分的有效。由此看来，与网络经济的发展一样，评估网络公司投资价值的指标体系还有待完善。

创业板课堂：

投资者进入创业板，虽然买的是股票，但实质上买的是公司价值，因为价值是真实、理性的，其抗跌性较强，而价格可能是虚化的，也可能是人为吹高或庄家做出来的，故其风险很大，投资者不应盲目追随股价去买股票，而判断创业板上市公司是否具有购买价值的最基本工具便是基本面分析。

第四节 创业板投资的技术分析

在投资创业板的过程中，除了要对基本面进行详细的分析外，还有必要对技术进行分析。技术分析主要是从证券的市场行为来分析证券未来变化趋势的。技术分析理论主要有道氏理论、切线理论、K线理论、波浪理论和形态理论等，另有一些常用的技术分析指标。投资者可以将这些技术分析理论和技术分析指标运用于创业板市场。

1. 道氏理论

其主要原理有：市场价格指数可以解释和反映市场的大部分行为；市场的波动最终可以分为三种趋势，即主要趋势、次要趋势和短暂趋势；交易量提供的信息可以帮助我们理解一些令人困惑的市场行为；收盘价是最重要的价格。

这一原理同样适用于创业板市场的投资分析，但在运用时除了要注意其存在的局限性，还要作适当的调整。

（1）创业板市场上市公司的规模差异很大，通过加权平均方法计算出来的股票市场价格指数变化所反映的主要是大盘股的走势，以此来判断小盘股的走势往往会有很大的偏差，这一点在创业板市场会表现得更加明显。

（2）在判断创业板市场的波动趋势时，应该结合高新技术的发展等因素来分析，如网络经济的兴衰等都会给创业板市场的波动趋势特别是主要趋势带来深刻的影响。

（3）在对交易量进行分析时，需要注意到创业板市场上市公司的规模往往比较小，同时要注意主要股东出售股份限制期前后交易量的可比性等问题。

2. 切线理论

股票价格通常按照一定的趋势变动。在长期上涨或下跌的趋势中，会有短暂的调整或盘旋，作为投资者应该在把握长期趋势的同时，及时把握大势的反转，不被暂时的下调或反弹所迷惑，在这里所讲的切线理论，就是广大投资者在识别大势变动方向时常用的方法。切线理论主要包括的分析方法有：趋势线法和轨道线法；压力线法和支撑线法；扇形原理、速度线法和甘氏线法；黄金分割线法和百分比线法。

比如趋势线法和轨道线法。所谓趋势线法就是衡量股价波动方向，其方向可以指明股价的趋势。在上升趋势中，将两个低点连成一条直线，该上升趋势线起下档支撑的作用；在下降趋势中，将两个高点连成一条直线，该下降趋势线起上档反压的作用。从趋势线有效性来看，所画趋势线被触及的高点（或低点）越多，有效性则越强，预测准确性也就越高。从趋势线的时效性来看，没有永远有效的趋势线，而是推陈出新，长江后浪推前浪，旧趋势线被打破之后，新趋势线将诞生。从趋势线的作用来看，趋势线的支撑与压力是辩证的，一旦被有效突破，其原来作用将相互转换，即支撑线变压力线、压力线变支撑线。在画出趋势线后，通过第一个高点或低点再画出这条趋势线的平行线，便可得到轨道线，这两条线组成了一个轨道，即通常所讲的通道。轨道或通道的作用就是限制股价的变动范围，股价往往在该轨道中运行。

3. K 线理论

股票投资技术分析的各个领域都可见 K 线理论的身影。但是在创业板市场上，投资者在运用 K 线理论分析股票价格走势时，需要结合创业板市场特点做一些相应的调整。这主要是因为创业板市场上市公司的盘子普遍比较小，其股价往往容易受到人为的操控，市场主力有可能会利用 K 线理论制造假象，欺骗投资者，投资者需要认真识别这些假象。

4. 波浪理论

波浪理论是所有技术分析方法中最为神奇的理论。依据这一理论，可以得出股票价格的变动与波浪的运动相似（见图 7-1）。

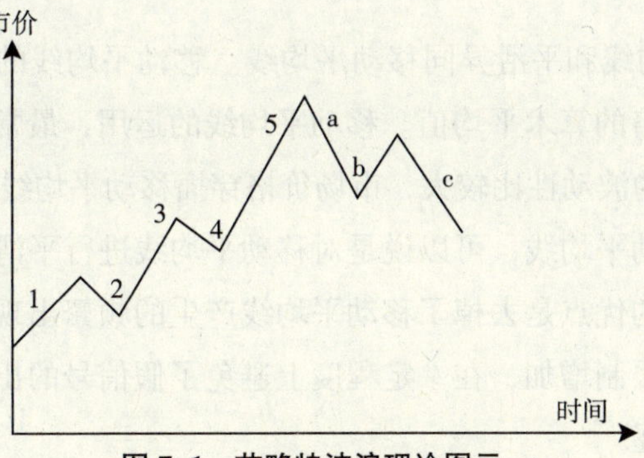

图 7-1　艾略特波浪理论图示

从图 7-1 中可以看出，上升期（牛市）由三个上升阶段（1、3、5）组成，并被两个下降阶段（2、4）分割开来；下降期（熊市）由两个下降阶段（a、c）组成，并被一个上升阶段（b）分割开来。

波浪理论与道氏理论较为相似，区别在于波浪理论不仅找到了这些移动，而且还找到了这些移动发生的时间和位置，这是波浪理论的优点。在运用波浪理论分析创业板市场走势时，应该结合高新技术的发展等因素来考虑。

5. 形态理论

形态理论是通过研究股价所走过的轨迹，分析和挖掘出曲线来反映多空双方力量的对比结果，进而指导投资者的行动。主要包括：反转突破形态，其中有以双重顶、双重底、三重顶和三重底等为代表的多重顶（底）形，头肩顶和头肩底，圆弧形态等；三角形态，主要分为对称三角形、上升三角形和下降三角形；矩形形态，这是典型的整理形态；喇叭形，一般出现在顶部，基本上是看跌的；菱形，与喇叭形相似，一般出现在顶部，基本上是看跌的；旗形，这属于持续整理形态；楔形，与旗形一样，属于持续整理形态；V 形反转，是一种反转形态，出现在市场剧烈波动之中。与主板市场相比，V 形反转形态在创业板市场出现的概率要大一些。

这些形态种类繁多，结构复杂，对于投资者来说，掌握起来并不是一件容易的事情。但若能真正掌握这些形态理论，将有助于投资者研究股价走势，分析股市行情，指导投资者的行动。

6. 技术分析指标

它是投资者所普遍运用的分析手段和方法，下面我们来具体地分析它的特点。

（1）移动平均线和平滑异同移动平均线。移动平均线的计算方法是求得一段时间内市场价格的算术平均值。移动平均线的运用，最常见的是葛兰威尔法则。创业板市场的波动性比较大，市场价格穿插移动平均线的频率较高。

平滑异同移动平均线，可以说是对移动平均线进行平滑之后的产物，平滑异同移动平均线的优点是去掉了移动平均线产生的频繁出现的买卖信号，使发出信号的要求和限制增加，在一定程度上避免了假信号的出现，使用起来会比移动平均线有把握。

（2）威廉指标和 KDJ 指标。二者都是反映市场处于超买或是超卖状态的技术指标。威廉指标和KDJ指标的取值介于1~100之间，J指标取值则有可能超过100或低于0。在将威廉指标和KDJ指标运用于对创业板市场的分析时，需要将涨跌停板的限制等因素考虑进来。就中国主板市场目前实行的10%的涨跌停板制度情况看，中国在遇到大牛市或者大熊市行情时，威廉指标和KDJ指标的可靠性就值得怀疑。而在取消涨跌幅限制的创业板市场上，威廉指标和KDJ指标的可信度就会高一些。

7. 人气指标、中间指标和买卖意愿指标

三者是描述多空双方力量对比的方法之一，三个指标从不同的角度对多空双方的力量进行了描述，效果各有不同，应结合运用。

在三个指标中，上下影线越长，越利于反方向的股票操作，具体来说就是上影线越长，就说明空方力量越强，越适合卖出；而下影线越长，说明多方力量越强，则越应该买入。

以上所提到的技术分析指标既可以运用于对个股的分析，又可运用于对综合指数的分析。综合指数总是有不尽如人意的时候，有时反映股市的实际情况时，就会有偏差。而这些指标，在一定程度上可以弥补综合指数的不足，提前向投资者发出信号。随着创业板市场的发展，上市公司的规模差异会越来越小，运用这些指标来弥补综合指数的不足，对于投资者正确分析创业板市场的走势是十分有益的。

创业板课堂：

想在创业板市场获得利润回报，学习股票投资技术面分析是必不可少的功课。投资者对常用技术分析理论和指标一定要做到心中有数，不能一无所知跟着感觉走。其实无论是在创业板市场，还是在主板市场，技术分析指标的应用都没有太大区别，只要你进入股市是为了快速套利，那么就请熟练掌握上文讲述的这些技术分析理论和指标，用它们指导你的创业板投资。

第五节 掌控创业板股票买入、卖出的黄金时机

对于广大投资者来说，赚取高额利润是他们进入创业板炒股的直接目的，但是找准最佳的买点和卖点快速套利，却不是一朝一夕就能够学会的事情。许多投资者都有过这样的经历：当买进股票以后，股价却连连下跌，为了避免损失进一步扩大，最后不得不在低价处忍痛抛出，但抛出后股价又反弹回来不断上升，让许多投资者懊悔不已。可见，掌握好买进与卖出股票的时机，对创业板投资来说尤为重要。下面罗列了在一些情况下，最佳买卖点的基本判断技巧，希望能给投资者带来帮助。

1. 黄金买点

如果投资者在创业板中遇见下面的情况，基本上都是买进的大好良机。

（1）创业板中某只股票小阴小阳或中阳一路稳步爬升，且有一段不小的涨幅，某一个交易日突然出现一根下跌型的中阴或长阴（该股没有什么利空消息），十有八九是庄家在震荡洗筹，投资者可以择机跟进。

（2）股价已经连续下跌 3 个交易日以上，跌幅逐渐缩小，且成交量也萎缩到底，若突然放量上涨时，表示有庄家进场吃货，宜速买进。

（3）日 K 线显示某股票下跌后小幅波动，量缩至其流通股的 5‰以下，最好这样缩量盘整 3 天以上，或者在此区域阴线、阳线交错，量能均衡且比前几日有所放大，此时投资者可以介入。

（4）移动平均线下降之后，先呈走平趋势后开始上升，此时股价向上攀升，突破移动平均线便是买进时机。

（5）股价由跌势转为涨势初期，成交量逐渐放大，形成价升量增，表明后市看好，有较大上涨空间，宜速买进。

（6）股价由高位大幅下跌至上涨幅度的近一半，止跌回升时是买进时机。

（7）股价在箱形盘整一段时间后，有利多消息刺激，股价突破盘局便是买点。

（8）股价 K 线图出现向上 N 字形或 W 字形的走势，是较好的买进时机。

(9) 个股以跌停开盘、涨停收盘时，表示庄家拉抬力度极强，行情将大反转，宜速买进。

(10) 股价走势呈锅底形态，且价升量增，步步推高，可择机买入。

(11) 大盘指数明显突破敏感区域或重要的压力线，大盘有望进入一个较长的上升时期，可以抓住机会进场。

2. 黄金卖点

对于投资者而言，找到正确的卖出点可是比找到买入点更困难的事。从某种意义上说，把握卖出点更为重要，因为无论你账面上有多少利润，只要没有套现，那些利润都还不属于你。通常出现以下情况，就可以进行卖出的操作，可能不算是最大利润，但至少不会赔本。

(1) 依据艾略特波浪理论分析，股价自低位开始大幅上涨，比如第一波股价指数由 2500 点上涨至 3000 点，第二波由 3000 点上涨至 4000 点，第三波主升段 4000 点直奔 5000 点，短期目标已达成，若至 5000 点后涨不上去，无法再创新高时可卖出手中持股。

(2) 短期移动平均线下跌，长期移动平均线上涨交叉时，抛出手中持股观望为好。

(3) 在高位出现倒 N 字形股价走势及倒 W 字形（M 头）的股价走势时，大盘将反转下跌，此时是卖出的时机。

(4) 如果某只股票莫名其妙地拉出一根长阳，且放巨量（达到其流通股的 10%以上），短线投资者在第二个交易日一开盘便可马上出局。

(5) 股价暴涨后无法再创新高，虽有两三次涨跌，大盘较有下跌可能，宜卖出。

(6) 股价在高位持续上升，当资金消耗达到天量时，有可能已到头部，可以考虑卖出。

(7) 某股票已有一段较大的涨幅，许多报纸和股评人士在圈点推荐之时，也就是投资者应该卖出套现的时候了，因为也许第二天庄家就该出货了。

(8) 股价跌破底价支撑线之后，若股价连续数日跌破上升趋势线，显示股价将继续下跌，应当卖出。

(9) 股价在经过某一波下跌之后，进入盘整，若久盘不涨或者继续下跌时，可迅速抛出手中持股。

创业板课堂：

投资者既然选择了高风险的创业板，就必须弄明白究竟何时买，何时卖，只有搞懂这两点，才能在股市潮起潮落中找到盈利的机会。

第六节 创业板投资必须注意的盘中六大看点

对于一个投资者来说，每个股票交易日都面临着三种投资选择：买入、卖出抑或是观望。投资者作出选择的动机，是出于他对整个大盘的预测。预测不同于猜测，它是在日线、月线、周线等指标和图标的基础上所做的科学分析。具体说来，有以下六大看点需要投资者注意：

1. 把握市场抉择时机

无论是短线投资者还是长期投资者，出、入市一直是他们所关注的。随着科技水平的不断进步，网络已经进入千家万户，上网炒股也已经被广大股票投资者所熟悉。因为是通过软件看盘，所以投资者还必须在指标的基础上进行拿捏。在即时行情交易的过程中，投资者应该以分秒的时间观看指标的每一个微妙的变化，在此基础上，要着重注意突破信号这一指标。

关于突破信号，是大多数投资者面对的一个多难选择题：究竟是在突破信号发生之前预先入市呢？还是在突破信号发生之时当场入市呢？或者是等到突破信号发生后市场反扑或者反弹的时候伺机入市呢？

最好的解决方法是，投资者在股票交易时，可以采用每种方法都下单的办法。假定投资者准备投资该股的资金是 10000 元，可以将其分为三份，在突破前“预先”入市时，投资者不妨投入一点资金；然后在突破时，再添加一点资金；最后等突破后市场调整性地跌回时，再追加一点资金。但是，如果投资者一次性地将筹码全仓杀入，那么风险就相对很大。在出、入市场的决定上，很大程度取决于投资者愿意在这只股票的交易上冒多大风险，以及他愿意采取什么样的交易风格。最保守的方式可能是在市场突破后出现反扑时“伺后买进”。但是，假如庄家不让投资者利用反抽的机会，一路拉高，投资者就没有招数应付了。

2. 压力和支撑的转换

在价格沿趋势变动的过程中，压力和支撑的作用对股价的影响比较大。压力和支撑位往往产生于前期的高低点、历史高低点、由高低点产生的黄金分割位或百分比位，以及像5、10、30、144等这一类市场常见的数字所在的移动平均线。认真研究市场以前的压力和支撑位，对投资者的未来操作有较强的指导意义。

3. 市场的风险度和热点

市场的风险度在于评估整个股票市场的系统性风险和个股风险。从大盘上来看，系统性风险往往表现为大多数个股与大盘走势方向一致。个股风险是从相关板块轮跌开始的，比如行业板块开始大幅下跌，持有该板块股票的股民，往往都难逃脱手中股票价格下跌、利益受损的厄运。市场热点通常表现在市场的领涨板块，领涨板块可以是与大盘趋势相反的对称板块，也可以是与大盘趋势方向一致的板块。不过，有市场热点的板块，趋势的延续性会更强。

4. 趋势线里的买卖玄机

趋势线的形成，是对于股市一个时期总体发展的确认。这是一种最有价值的早期入市或者出市的信号。如果投资者正在寻求趋势变化的信号，以此建仓，或者正找机会平仓了结原有筹码的话，紧凑趋势线的突破常常会构成绝妙的下单信号。当然，投资者也必须将趋势线突破与其他技术信号结合起来使用。另外，趋势线起支撑或者阻力作用的点也作为出、入市点。在主要的上升趋势线的上侧买入，或者在主要的下降趋势线的下侧卖出。

5. 开盘价

在日线、周线、月线图上，开盘价是上一单位时间市场运行趋势的延续。把开盘价的高开、低开、平开与市场的运行趋势结合在一起，可以提高对后市走势预测的准确度。在上升趋势中，开盘价高开是形成向上跳空缺口的先决条件，周线出现向上的跳空缺口，往往是牛市特征的开端。日线跳空缺口往往有三个：突破性缺口、中继性缺口和衰竭性缺口。这些缺口都为判断未来市场运行方向提供了依据。同样，在下降趋势中，开盘价低开是形成向下跳空缺口的先决条件。周线出现向下的跳空缺口，往往是熊市特征的开端，这种缺口出现在高位，更应提高警惕。投资者可以利用价格跳空抉择买卖时机。例如，在上升运动过程之后，其下方的价格跳空通常起到支撑作用，当价格跌回价格跳空的上边缘或者价格跳空之内的时候，投资者买入。然后，把止损点设置在跳空之下。在下跌动作之后，当市场反弹到上面价格跳空下边缘或进入到跳空之内的时候投资者卖出。然后，再把其止损点安排在跳空的上方。此项指标在创业板上比较适用。

6. 收盘价

收盘价是多空双方在单位时间中争斗的结果。将收盘价的高低与运行趋势结合在一起看盘，将使盘面形势更加清晰。在上升趋势中，收盘价位于5日、10日、20日、30日均线之上，表明股价处于上升趋势，市场强势运行。在这种运行趋势形成的初期，投资者可以大胆介入，这时买入并持有股票，将使增值的希望大大提高。反之，收盘价位于5日、10日、20日、30日均线之下，表明股价处于下降趋势，市场弱势运行，这时投资者的操作就要十分谨慎。

创业板课堂：

以上盘中的六大看点，对于投资者的创业板投资尤为重要。炒股不等于赌博，预测也不是猜测，而学会掌握上文提到的六大看点，对于投资者正确判势、理性投资十分有益。

第七节　创业板投资的六个禁区

投资者不论进行何种投资都存在着巨大的风险，而进行创业板投资风险更大。因此投资者应借鉴主板市场中的投资禁区，在投资创业板时作决策参考。

禁区1：流动性差

投资者在作投资决策时，应以投资变现能力强的证券为前提。在需要现金，或者需要调整投资证券的种类时，能够及时“脱手”变现。由于创业板中上市公司本身发行规模小，使得股票在二级市场上市初期股权相对比较分散，行业背景和公司质量特别受到市场关注的股票会出现拉高建仓的盛况，一般品种就容易处于长期横盘整理状态，但每只股票仍然会有一定的市场表现。创业板市场是提倡创新的市场，创新的结果有可能是辉煌，也有可能是死亡。因此，创业板市场情况非常复杂，投资者的投资策略需要做相应的调整，而必须坚持的原则便是选择流通性强的投资对象。

禁区 2：忌频繁买卖

投资者在投资股票市场时最忌频繁买卖，好大喜功。为风险投资、创业资本提供退出机制是创业板的功能定位，但它也把风险传递给了投资者。正如言多必失一样，频繁地进行短线操作，最终肯定有“马失前蹄”的时候，因为好运气不可能永远地陪伴着你。因此股民朋友们要谨慎地对待自己的每一次操作，特别是在自己对行情不能正确把握的时候，股民朋友们应该停止操作，离场观望与休息，切忌盲目操作。

禁区 3：忌合伙炒股的做法

由于中国创业板市场还不成熟、不完善，投资者有可能因为资金有限又不想放弃盈利机会而想到合伙炒股。合伙炒股在长线投资中较为流行，而在创业板中，合伙炒股必然会在投资理念、价值判断等方面发生冲突，在取得盈利时还不会产生过大的矛盾，一旦亏损，则免不了互相抱怨。三个和尚没水吃的故事提醒我们，合伙炒股不仅要冒更大的法律风险，还要冒更大的道德风险。

合伙炒股容易使投资者失去判断上的独立性。投资者在投资决策时互相制约形不成独立的意见，而且不能及时地根据股市的变化作出决策改变。因此，合伙炒股会造成更大的风险，这些风险一般来说都是人为造成的。

禁区 4：避免迷信专家

通常情况下，当人们从事一项新的工作时，如果能得到专家的帮助，就会有一种安全感，心里也踏实许多，这是因为，专家无疑在某领域中具有较强的能力和较多的经验，而站在专家的肩膀上，成功总会容易许多。但是，在股票领域，专家的判断并不经常是正确的，更确切地说是经常不正确的，如果总正确专家早就成了富翁，也许不会在此与我们讨论股票了。

对于股评专家们的荐股，不可不信，也不可全信。真正正确的投资，绝不是简单的投机，还要靠自己独立思考，靠正确的投资理念、投资纪律和科学的操作方式。要知道，在股票市场，没有任何人可以完全控制风险。因此，股民最重要的是要相信自己，提高自己的分析能力，而不要轻易就被股评专家所鼓动。

禁区 5：炒股不能过于自信

众多散户往往由于跟随主力大户，缺乏自主性，而赚的时候少，赔的时候多。所以对于散户来讲应独立思考，坚持正确的投资理念，但千万不能过于自信，甚至自负。因为股市走势的决定因素不以我们的意志为转移，主要取决于各种投机机构对于经济、金融、政策取向变化的反应态度和行为。

创业板市场上市公司股本规模小，更容易为机构所操纵，投资者应顺势而动。切忌过于自信。

禁区 6：切勿超支炒股

创业板投资只能使用闲钱，不能拿自己的全部资金炒，更不能拿吃饭、看病、购房、买车的钱往股市里砸。在保证正常生活不受影响的前提下，拿 1/3，顶多 2/3 的资金投资股市。俗话说：不能将全部鸡蛋都放在一个篮子里。分出一部分资金存入银行，投入房地产或债券之类，这是防止因短线投资损失过大而影响生活进而败坏情绪的最佳措施。著名股民杨百万说："股市不是银行。如果你没有富余的钱，你不要玩。不考虑生活的股民不是成熟的股民。"有位理财专家为股民指点迷津时说："创业板投资是有门槛的。这个门槛就是你首先得问问自己：全家人的各类基本保险缴了吗？家里是否留有三年家庭开支的钱？子女未来几年的教育经费预留了吗？……如果答案都是肯定的，那么创业板投资对于你来说，才不会是心惊肉跳的，你才有可能在创业板里收获快乐。"

创业板课堂：

在风起云涌的股市中，要想抓住机会，成为一个成功的投资者，必须坚持一定的原则，从心态和策略上把握好投资方式。成功的投资 = 良好的心态 + 股票知识 + 操作策略，投资成功，技术只占 30%，良好的心态和策略占 70%。以上所列六大禁区，皆是由股民朋友的实际经验、教训总结出来的，具有一定的代表性，希望能对投资者的创业板淘金之路有所帮助。

第八节 创业板投资的六个技巧

在创业板投资过程中，还有许多小技巧，灵活运用这些小技巧不仅可以将投资风险降到最低，还能在投资过程中获利不少。

1. 学会止盈和止损

止盈和止损的设置对非职业股民来说尤为重要，有很多投资者会设立止损，但是不会止盈。为什么止盈也很重要呢？举个例子，小陈以 20 元买入某只股票，有朋友告诉他要设立止盈，26 元，他没卖，25 元时他的朋友又好心提醒让他卖，他觉得我 26 元没卖，25 元更不卖，到 30 元再卖。结果 11 元割肉。如果设立止盈，悲剧就能避免，那么怎样设立止盈是个问题。举个例子，如果你顺应热点 10 元买入一只股票，涨到 11 元，你设立止盈 10.4 元，一般庄家短暂的洗盘不会把你洗出去，如果 11 元跌回 10.4 元，你立刻止盈，虽然挣的很少，但是减少了盲动。股价到 12 元后，你的止盈提升到 11 元，股价到了 14 元，止盈设置到 12.8 元等等，这样即使庄家洗盘和出货你都能从容获利出局。

2. 不要奢望买入最低点，不要妄想卖出最高价

很多投资者都期盼在最低价买入而在最高价卖出，而实际上这种可能性是比较小的。即便是庄家知道股价可能涨跌到何种程度，但庄家也不能完全控制走势，更何况普通的投资者。一位资深股民说："以前我也奢望达到这种境界，但是现在我早转变观念了，股价创新低的股我根本不看，新低下面可能还有新低。我只买入离底部有 10%左右升幅的个股，还要走入上升通道，这样却往往吃最有肉的一段。"

3. 见量再进

主力进场的标志，是 9：30 以后盘口出现 1000 手以上的成交记录。对于股民朋友们来说，最好发现 1 分钟内连续出现 10 次以上这样的成交大单时再买进。如果开盘后股价走低，可以逢低购入，但是只能买入 1/4 的仓位，等股价回抽到第一次买进的价格后，再买入 1/4 的仓位，剩下的资金则等待补仓。

4. 技术分析和盘面观察是主要手段

虽然消息能够使股票价格出现大幅度的变化，但市场形势无论好与坏，股市中流传的消息都会是有真有假，真假难辨。如果投资者完全依据消息行动进行决策，那就无疑是在赌消息的真伪，这与赌博没有太大的差别。投资者得到的消息常常是滞后的，依靠消息进行创业板投资，只会使你落后于市场行情。其实面对任何一个消息，多空双方都会进行判断，然后落实到买进卖出的行动上，并通过盘面语言表现出来。庄家的细微行动，也会在盘面上表现出来。因此，学会看盘，并在看盘中积累经验，才是创业板投资的重要内容。

5. 永不满仓

短线交易永远不要满仓操作。短线交易最大仓位到底设定为多少才算合适，不同的人有不同的标准，比如有些人仓位达到总资金的85%，即认为达到了最大仓位。不满仓操作的原因，是因为每天都会有好股票出现，每天都有短线买进股票的机会。没有资金，你看好了股票也没法买进。好股票留给投资者购入的机会是很短暂的，在你出货筹备资金的同时，可能会眼睁睁地看着股票价格被拉了起来。面对错失的购入机会，你只能懊悔不已。对于想进行短线操作的股民朋友来说，仓位的安排可以按照1/3的基本仓、1/3的短线仓、1/3的现金这样的仓位和资金布局来安排。

6. 暴跌是重大的机会

暴跌，分为大盘暴跌和个股暴跌。阴跌的机会比暴跌少很多，暴跌往往预示着即将出现重大的机会。暴跌一般是重大利空或者偶然事件造成的，在大盘相对高点出现的暴跌要谨慎对待，但是对于主跌浪或者阴跌很久后出现的暴跌，投资者就应该注意选择股票了，因为很多牛股的机会就是跌出来的。

创业板课堂：

收益与风险是成正比的，高收益必然伴随着高风险。创业板具有高风险的特征，因此投资者在创业板炒股时，必须要有明确的操作技巧，制定铁的纪律并且严格遵守，只有这样，才能尽量减少创业板投资的风险，获取不错的创业板收益。学会以上所述六个基本技巧，相信会对投资者的创业板炒股有所帮助。

第八章 创业板新股投资技巧

第一节 从创业板新股中寻找明天的微软

在全球的创业板市场中，最成功的莫过于美国纳斯达克（NASDAQ）市场，截至2009年8月底，纳斯达克共有上市公司3141家，总市值达到2.85万亿美元，其中，美国本土公司2865家，境外公司276家。而从2009年9月21日的收盘情况来看，虽然在与席卷全球的国际金融风暴不期而遇后，各股的股价均有不同幅度的下跌，但是依然有11只100美元以上的高价股挺立在纳斯达克。其中，股价最高的是Google，股价为497美元；而市盈率最高的是Intuitive Surgical，市盈率为48.91。也就是说，NASDAQ的高价股虽然股价很高，但是市盈率却并不高，这表明NASDAQ的高价股并不是过度投机爆炒上去的，也不是过大泡沫堆积上去的！

以铜为鉴，可以正衣冠；以人为鉴，可以明得失；以史为鉴，可以知兴替。NASDAQ的百美元高价股究竟是何方神圣？它们又具有怎样的特质和风范？通过对这些高价股的分析，或许能为股民朋友们的创业板炒“新”之路提供借鉴。

从表8-1中，股民朋友们不难发现以下特征：

1. 净资产是高价股的基本支撑

在11只百美元股中，除了Isramco公司的每股净资产只有7.3美元外，其余10只股票的每股净资产均在10美元以上，其中，达到或超过100美元的就有3只，有2只股票的每股净资产竟接近300美元。

表 8-1 2009 年 9 月 21 日纳斯达克百美元高价股的品质比较

代　码	公司名称	每股净资产	每股收益	收盘价	市盈率
GOOG	Google	$99.85	$14.43	$497.00	34.47
BIDU	百度	不详	不详	$400.25	不详
CME	CME Group	$285.98	$10.03	$304.60	31.90
ISRG	Intuitive Surgical	$33.51	$5.04	$246.53	48.91
STRA	流浪者教育	$11.89	$6.59	$221.63	33.58
AAPL	苹果公司	$28.90	$5.72	$184.02	32.12
NWLI	全国西部寿险	$293.20	$9.60	$170.00	17.17
PCLN	在线定价	$20.13	$4.64	$165.05	35.73
FSLR	First Solar	$27.00	$6.93	$157.25	22.72
ATRI	ATRION Corp	$55.19	$8.30	$141.61	17.06
ISRL	Isramco	$7.30	$13.56	$136.48	10.58

注：表中“每股净资产”是截至 2009 年 6 月 30 日的数据；“每股收益”则是 2008 年 7 月 1 日至 2009 年 6 月 30 日连续 12 个月的“年度”数据。

2. 盈利能力是高价股的重要保证

在 11 只百美元股中，每股收益基本上都在 5 美元以上，其中，有 3 家公司的每股收益高达 10 多美元。

3. 百美元股的股价虽高，但没有过度投机或泡沫之嫌

在 11 只百美元股中，除了百度财务数据不详外，只有 1 只股票的市盈率高于 40 倍，其余 9 只股票市盈率均低于 40 倍，其中，有 3 只股票市盈率竟不足 20 倍。仅从高价股的炒作来看，NASDAQ 并不存在有些人所言的泡沫化或过度投机。

让我们通过表 8-2 来看看这 11 只百美元股从美国股市的谷底到 2009 年 9 月 23 日的股价波动情况。

表 8-2 NASDAQ 百美元以上高价股 52 周股价波动

股票代码	最近 52 周内		最高价/最低价（倍数）
	最高价	最低价	
GOOG	$497.37	$247.30	2.01
BIDU	$408.00	$100.50	4.08
CME	$440.00	$155.06	2.84
ISRG	$293.01	$84.86	3.45
STRA	$239.99	$143.53	1.67
AAPL	$186.79	$78.20	2.39
NWLI	$275.00	$52.51	5.24

续表

股票代码	最近 52 周内		最高价/最低价（倍数）
	最高价	最低价	
PCLN	$169.00	$45.15	3.74
FSLR	$249.90	$85.28	2.93
ATRI	$143.87	$63.00	2.28
ISRL	$178.00	$19.20	9.27

注：最近 52 周的长度正好跨越了从美国股市的谷底到持续反弹后的 2009 年 9 月 23 日。

原本创业板就具有高风险性，股价动荡幅度一般较大，再加上 2008 年发生的世界性金融危机，更使得 NASDAQ 股价波幅加大。在 11 只百美元股中，最大波幅为微型公司 Isramco，在过去 52 周中，其最高股价为 178 美元，最低股价仅为 19.2 美元，最高价相当于最低价的 9.27 倍。股价波动幅度巨大，正说明了创业板炒股必须承担巨大的风险。

明白了创业板炒股的风险性后，让我们通过表 8-3 来看看哪些行业更有酝酿高价股的潜力。

表 8-3 NASDAQ 百美元以上高价股基本概况

代码	行业	创立及上市时间	雇员人数	总股本（美元）	流通股
GOOG	互联网信息	1998；2004 年	19786 人	3.17 亿	3.15 亿
BIDU	互联网信息	2000；2005 年	6387 人	0.35 亿	不详
CME	期货交易	1898；2002 年	2250 人	0.66 亿	0.66 亿
ISRG	医疗器械	1995；2000 年	1049 人	0.38 亿	0.37 亿
STRA	教育培训	1892；1996 年	1488 人	0.14 亿	0.14 亿
AAPL	个人计算机	1976；1984 年	32000 人	8.96 亿	8.89 亿
NWLI	人寿保险	1956；1990 年	296 人	0.04 亿	0.02 亿
PCLN	互联网信息	1997；1999 年	1925 人	0.42 亿	0.42 亿
FSLR	电力模块	1999；2006 年	3524 人	0.85 亿	0.65 亿
ATRI	医疗器械	1944；1984 年	485 人	0.02 亿	0.02 亿
ISRL	石油天然气	1982；1995 年	16 人	0.03 亿	0.01 亿

注：在美国，“总股本”是指“已发行股本”，包括流通股和限售股两类。

显而易见，百美元股公司大多都从事高新技术产业。在 11 只百美元股中，有 3 只是互联网信息服务供应商，它们大都属国际知名品牌，如 Google、百度。此外，百美元股公司还覆盖了医疗器械、计算机、人寿保险、电力模块、教育培训、期货交易、石油天然气等行业。

此外，百美元股公司一般是技术密集型，而非劳动力密集型，雇员人数较少。在 11 只百美元股中，雇员人数最少的公司居然是一家石油天然气公司，仅有 16 个雇员，该公司主要联合它的一些子公司在美国从事石油、天然气的并购、开发、生产和勘探工作。此外，除苹果、Google 及百度因高速成长而规模变大外，其他公司雇员规模均不算大。

百美元股公司还有一个显著特点，那就是股本规模小。在 11 只百美元股中，除苹果及 Google 股本过亿外，其余公司总股本均只有数千万股，其中，有 3 只股票总股本不足 500 万股，最小股本只有 200 多万股。

“他山之石，可以攻玉。”以上的分析并不是让股民朋友们在投资新股时盲目选择股价最高的，而是要选择最具有创新能力和成长潜力的。股价相对较低的股票，其上市公司不一定就差。最为人们所熟知的一个例子是 NASDAQ 的骄傲和形象代言人——微软公司。2009 年 9 月 21 日，微软（MSFT）收盘价仅为 25.3 美元。然而，它的总股本却高达 89.11 亿股，其中流通股为 77.74 亿股，市盈率为 15.63 倍，雇员为 93000 人。至今，它仍是全世界“最牛”的高科技企业。如果没有微软这一类高科技企业，也许就没有今天的网络时代。

创业板课堂：

创业板公司大多属于年轻的新型公司。创业板鼓励创业、激励创新，尤其是对成立时间短、成长快的创业型公司更是重点扶持。股民朋友们在投资新股时的重要指标便是盈利能力好、每股净资产含量大，而员工人数、股本规模、股价等因素并非新股投资时的决定因素，同时，股民朋友们必须做好规避创业板风险的充分准备。

第二节 “潜伏”在创业板新股中的创投企业

伴随着 2009 年 9 月 25 日首批 10 家创业板上市公司开始网上申购，中国的创业板市场大幕正式开启。细观已经过会和正在上会的企业，不难看出它们背后的创投身影。

在已经过会与 2009 年 9 月 25 日即将上会的共 29 家企业中，达晨创投投资的就有4家企业。而在中国活跃已久的外资创投包括红杉中国、北极光创投等在内的知名外资创投均没有项目出现在此次的名单中。

此外，2009年9月18日上会的惠州亿纬锂能，深圳达晨财信创投持有1959514股，持股比例2.97%；"扎营"北京鼎汉技术的上海兴烨创投，持有该公司86.40万股，占股本总额2.25%；湖南企业爱尔眼科，背后有国际金融公司和达晨创投的身影；北陆药业，身后有盈富泰克的投资；佳豪船舶其中隐现上海紫江创投；乐普医疗也早就被美国华平投资集团看中，第一批过会企业中有创投身影的企业约占八成。

在已经申报但尚未上会的创业板名单中，本土创投企业也占有绝对优势，涉及投资32起，其中不乏本土创投明星，包括深圳创新投、达晨创投、招商科技、深港产学研、南海成长等；外资创投企业的身影有12起，包括兰馨亚洲、殷库资本、NIF SMBC等；此外，合资创投有3起，中外联合投资有1起。

虽然大部分创投企业都是早在几年前就已经开始布局，但也有少数创投企业属于"急搭车"派。

2009年3月5日，鼎汉股份公司实际控制人顾庆伟将其持有的86.4万股转让给兴烨创投，原因系兴烨创投对鼎汉股份的成长性、创新性和规范性充分认可，预期发行人具有良好的发展前景。

2009年6月20日，在获青岛崂山国资委批准后，特锐德电气增资引入了青岛崂山科投和华夏瑞特两个股东。其中，新增股份500万股由崂山科投认购333万股，华夏瑞特认购167万股，每股的认购价格为5.3元，公司注册资本遂由9500万元增至1亿元。

泰岳软件曾在2009年5月18日分别与汇金利方、金石投资协议增资扩股。其中汇金利方出资3564万元，认购270万增资股；其保荐人中信证券的全资子公司金石投资出资2772万元，认购210万增资股。

创业板为创投公司的退出提供了保证，创投公司的前期投资也为创业板公司的上市资源做了最好的铺垫，这种"共存共荣"的态势构成了中国创投市场的一道亮丽风景线。从国外创业板发展的经验来看，无论对本土还是外资，创业板的推出都不同程度地带来了国内创投行业的繁荣。

"创投摘果子的时间已经到来。"创业板带来的财富效应已经开始显现，先撇开创业家不谈，创投公司在经过多年苦守之后，摘果子的时间已经到来。那么先让我们揭开中国创投企业的神秘面纱，看看国内创投企业龙头们的真实面貌，熟悉创业板股票的上市背景，从而为投资者选择新股提供帮助。

一、深圳创新投资集团

深圳市创新投资集团成立于2002年10月，是目前国内资本规模最大、投资能力最强的本土创业投资机构，注册资本16亿元。

深圳市创新投资集团现下辖全资、控股、合资的投资（基金）公司和投资管理公司13家，可投资能力已超过60亿元。从投资对象看，该集团以投资成长型企业为主，同时在服务业、物流业等领域也有所涉足。投资过的高成长性的行业包括TMT、光机电先进制造、生物医药、新材料、能源环保化工、物流/连锁服务等领域。

这家高科技企业孵化器，旗下大量项目在创业板推出之后能够实现上市梦想。在其所投资过的公司中，已经上市的公司有23家，上市地点包括国内A股市场、中国香港市场、美国纳斯达克和纽约等市场。

二、中国风险投资公司

中国风险投资有限公司是由民建中央发起，在全国人大副委员长、民建中央主席，被誉为“中国风险投资之父”的成思危直接支持下，由民建会员企业参股成立的。

公司的资源优势令同行望尘莫及。一是依托各级民建组织，从而使公司具有了深厚的商业背景和广大的社会资源；二是与欧美和东南亚等地的证券市场和风险投资协会建立了紧密的合作关系；三是该公司举办中国风险投资论坛，创办了中国风险投资研究院，出版发行了专业研究刊物。中国风险投资公司掌握了业内很大的话语权。

中国风投公司投资方向主要为环保产业、医药、新能源、新材料等领域的高新技术项目。公司一些项目已在中国香港创业板上市。

三、山东省高新技术投资公司

山东省高新技术投资有限公司成立于2000年6月，是山东省第一家政府出资兴办的专门从事高新技术领域风险投资的公司，注册资本12亿元，是政府出资组建的规模最大的风险投资公司之一。

山东省高新技术投资有限公司（即高新投）已经与新加坡大华银行集团、ChinaVest、摩根斯坦利和国家开发银行等建立了合资基金或战略合作关系，目前已累计对50余个高新技术项目进行了投资，累计投资额达13亿元，其中有多个项目已经或即将在海内外上市。在北京清科信息咨询有限公司公布的中国创业投资年度排名榜上，高新投资公司连续3年名列本土创投机构前10强。该公司已经投资了包括山东如意科技、山东中创软件、龙力生物等在内的21家公司。

四、江苏高科技产业投资公司

江苏省高科技产业投资公司（江苏省高投）由江苏省发展和改革委员会、江苏综艺股份有限公司、江苏省信息中心以及江苏省国际经济合作有限公司共同发起成立，注册资本3000万元。

公司的投资重点在于重大高新技术产业化项目和优势企业高新技术化项目，以及一些快速成长的科技型中小企业和拟上市（包括境内外）的备选企业，所涉行业包括现代医药和生物工程、精细化工、新材料、新技术、农业产业化、光机电一体化、电子信息、环保及资源综合利用等行业，投资规模在1000万~5000万元。

该公司通过股权投资方式，累计投资生物医药、精细化工、电子信息、新材料和机电一体化等领域的各类高科技项目16个，已经成功上市企业6个，包括康缘药业、联环药业、华星化工、南大苏富特、常铝股份以及红宝丽。

五、武汉华工创投

武汉华工创业投资有限责任公司（华工创投）成立于2000年9月，是中南地区第一家具有高校背景的投资公司，也是华中地区最具影响力的风险投资机构。

华工创投最大的资源优势在于高校背景带来的华中地区高校及其辐射区内项目源。据其网站资料显示，2004年，华工创投的投资金额仅有7400万元，至2007年，其管理的资本规模已经增长到11亿元。到目前为止，华工创投已投项目20余个，包括4个PRE-IPO。

华工创投所投的企业大多数位于武汉市。从其投资对象的行业看，华工创投似乎更为青睐电子与信息技术、生物技术领域和一系列新材料等行业。除了对项目企业进行风险资金的注入以外，华工创投还直接参与和融入所投企业的实际运营中。

六、盈富泰克创投

盈富泰克创业投资有限公司成立于2000年4月，由10家大型信息产业企业集团出资设立，从事电子信息产业的基金管理、创业投资和咨询服务。1999年以创业投资的模式投资中星微电子1000万元，2005年中星微电子登陆纳斯达克后，获得了20余倍的回报；2007年8月13日在中小板上市的广电运通，给予盈富泰克的回报超过了25倍。

盈富泰克受信息产业部的委托，是信息产业部电子信息产业发展基金的管理者。到2006年底，盈富泰克所管理的电子信息产业基金共投资了24家企业，投资金额2.66亿元。

七、中科招商创投

中科招商创业投资有限公司成立于2000年12月，是中国首家经政府批准设立的直接投资基金（创业投资基金、产业投资基金、重组并购基金）专业管理机构，团队精良，在业内备受尊敬。

中科招商已发起设立和管理的创业投资基金在全国达到7只，包括中科招商、中科中远、中科先锋、中科汇银、中科汇商、中科华艺、中科尼盛等，总规模已达30亿元。同时发起设立的大型产业投资基金4只：包括山西能源产业投资基金、内蒙古矿产资源产业投资基金、国企改制重组投资基金、江苏新兴产业投资基金等，具有国内最完备的基金发起设立和管理的经验。

八、浙江天堂硅谷创业集团

天堂硅谷创业投资有限公司是浙江省政府投资控股、多家上市公司联合组建的一家专门从事高新技术产业创业投资的全新投资机构，注册资本1.618亿元。主要从事的是实业项目投资开发、高新技术项目、高成长中小企业的创业投资等，其创投主要方向为生物、信息、新材料、环保工业等项目。截至2007

年6月底，控股及参股公司共16家，管理资产超过20亿元。

浙江是中国民营经济最发达的地区之一，有天堂硅谷这样正处于爆发成长期的优质创投企业，未来通过天堂硅谷孵化出的上市公司，甚至纳斯达克中国概念股，都将不断涌现。

九、深圳达晨创投

深圳市达晨创业投资有限公司于2000年4月19日成立，专注于创业投资与股权投资，注册资本为1亿元，受委托管理资金近20亿元，资金来源包括股东资金、信托基金、其他机构委托基金。该公司在2001~2009年连续8年跻身“中国风险投资50强”，并在内资创投中位列前五名。

该公司的主要投资领域包括广电行业、消费品、新材料、现代农业、节能环保。

目前，该公司已经投资了17家公司，其中同洲电子已于2006年成功在深交所上市，就此一单就带来了近30倍的投资回报，达到3亿元，目前达晨创投拥有该公司10%的股份。

十、清华紫光创业投资

清华紫光创投注册资本2.5亿元人民币，受托管理的资产规模超过数亿元，主要投资方向为电子信息、生物工程、中西药业、环境保护和新材料、新能源等国家认定的高新技术产业化项目。

依托清华大学的研发实力，该公司在IT和生物等领域有较强的竞争力。紫光创投开创了上市公司探索进入风险投资的“紫光模式”，曾被评为“中国十大产业风险投资机构”。

清华紫光所投资的15个项目中，华海医药已于2003年成功上市，华海医药上市后给清华紫光带来了7150万元的投资回报，收益近14倍，也给清华紫光的最大股东紫光股份带去了1144万元的投资收益。

创业板课堂：

创业投资指通过向不同发展阶段的创业企业提供长期稳定的资金支持与增值服务，使其迅速做大做强，而创投资金则通过多种有效的退出模式，实现资本增值，给投资人带来丰厚回报。随着中国大力推进多层次资本市场建设，落实自主创新国家核心战略，创业板的IPO也终于浮出水面。创业企业通过创业板上市，获得便利的融资渠道，而创业投资通过创业板市场顺利实现退出，这是资本增值最丰厚的途径。因此参股相关创业投资企业的上市公司蕴涵着巨大的投资机会。

第三节　新股申购与新股交易的选择

在参与创业板投资时，投资者需要在申购一级市场新股和投资二级市场新股之间作出选择，可能有的投资者不是很明白这两个概念，一级市场是筹集资金的公司或政府机构将其新发行的股票和债券等证券销售给最初购买者的金融市场，也就是新股申购；而二级市场是有价证券的流通市场，是发行的有价证券进行买卖交易的场所，也就是说新股正式上市以后，相互交易买卖。

1. 根据资金选择

（1）资金量大的投资者可以积极关注创业板一级市场的新股申购。

（2）如果资金量不大，可以多关注二级市场新股的投资机会。

2. 根据发行节奏选择

（1）如果创业板新股发行较为密集，或者主板上同时有大型蓝筹股发行，则可以积极关注新股申购。

（2）如果新股发行节奏缓慢，仅仅只有创业板陆续发行几只袖珍小盘股，这时中签率往往很低，投资者可以多关注二级市场的投资机会。

3. 根据市场行情选择

（1）如果市场行情出现持续下跌，参与新股申购将成为有效的避险手段。此时降低股票仓位，增加现金配置比例，往往能够有效控制风险，而将这部分现金用于申购新股，一旦中签可能还会获得较大的收益。

（2）如果大盘处于持续上升趋势，还是以投资二级市场新股为宜。

创业板课堂：

在参与创业板投资时，投资者需要在申购一级市场新股和投资二级市场新股之间作出选择，基本的选择标准有三：资金、发行节奏和市场行情。

第四节　创业板新股密集发行时如何“打新”

2009年9月25日，中国创业板IPO启动，首次同时发行10只新股，这种发行规模在新股发行历史上极为罕见。在这种新股密集发行时期，投资者务必注意新股的申购策略和技巧。

1. 投资者需要对拟发行的新股进行大致定位研究

新股发行上市前，研读招股说明书应该是投资者在申购前必做的“功课”。

投资前需要对公司的所属行业、利润来源、未来成长、募集资金投向、经营管理与财务状况、产品竞争力、技术优势、公司治理及其不利因素有详细了解，说白了就是弄明白上市公司的成长性和投资风险，并将上市公司与同行业上市公司，特别是对具有类似股本结构的同行业上市公司进行对比，结合大盘当时状况，估算出大概的二级市场定位。这样当有多只新股同时发行时，投资者可以选择最适宜的申购对象。

2. 需要根据资金的多少选择新股

申购新股时有这样一个原则：小资金的投资者可申购中签率最高的新股，大资金的投资者可申购收益最大的新股。

那么如果投资者的资金量相对较少，远远达不到申购上限，那怎么办？如果遇到这样的情况，投资者在申购时可以借鉴以下的申购技巧：

（1）集中资金申购，加大申购新股的资金量。整合账户间资产或是调高短线操作资金比例。有条件的投资者可以将多个账户的资金集中到一个账户进行申购，可以提高中签机会。一般是将亲人好友的资金集中起来进行新股申购，中签后按比例分配。

以夫妻两人为例，在现有的账户基础上利用配偶的身份证再开一个账户，便可以将总申购金额的上限提高一倍。由于现有规定只要有身份证便可以开户，因此若家中已有适龄子女，便可以再行开设一个证券账户，进一步提高申购上限。类似的道理，还可以使用父母的身份证开账户，使得申购金额的上限进一步提高。当然，由于牵涉到资金在账户之间的转移，还需家人间事先商量好中签获利的分配方案，免得日后引起利益纠纷，导致家庭关系失和。

诚然，多账户可以在一定限度上提高散户投资者的申购金额，但这并不等于可以提高中签的概率，这点与许多散户的第一直觉并不吻合。相反，若是在单一账户并未达到申购上限的前提下使用多账户申购策略，反而有可能降低中签概率。

以某上市新股为例，若最后中签率为 1%，即只需要有连续 100 个申购申请号，便可保证必然能够中签一手。但是，若将 100 手的申购分散在两个账户，则很有可能遇上“错号”的风险。比如规定尾号是“02”的申请能够中签，但因为分账户，你的两批共 100 个申请或许恰好没有“02”的，则无法确保必中。

（2）选择理财产品。资金量较大的投资者可以分账户申购新股，而小资金量的投资者往往很难中签，更适合的方法是将有限的资金放到相应的申购新股的基金或者理财产品上面，这样可以取得稳定的平均收益。在银行打新股产品逐渐沉寂后，一批券商打新股产品迅速抢占市场。有些券商打新股产品可以网上打新股和网下打新股，这样可以扩大选择范围，提高打新股的收益。

创业板课堂：

投资者需要对拟发行的新股进行大致定位研究，特别是对具有类似股本结构的同行业上市公司进行对比，结合大盘当时状况，估算出大概的二级市场定位。这样当有多只新股同时发行时，投资者可以选择最适宜的申购对象。资金量较大的投资者可以分账户申购新股，而小资金量的投资者往往很难中签，更适合的方法是将有限的资金放到相应的申购新股的基金或者理财产品上面，这样可以取得稳定的平均收益。

第五节 创业板新股上市当日投资技巧

纵观海外创业板的新股发行历史，我们可以发现这样一个现象：只要上市公司的基本面较好，二级市场均会有机构介入，机构为了取得日后对该股的控制权，往往在其上市的首日就会去主动建仓，为其日后的操作做准备；即使质量较差的品种也会因为市场氛围的因素吸引部分资金进行短线炒作。因此，如果投资者能够把握住较好的新股投资时机，短线操作的利润极为惊人。那么从哪些方面可以看清创业板新股是否具备短线操作的机会呢？

1. 从开盘成交量看走势

新股开盘成交量的大小是观察二级市场主力是否介入的最早信号。经验表明，开盘竞价成交量达到上市新股流通总股本的5%以上，并且开盘价偏高时，可认为有主力参与接盘，后市看好；新股开盘价并不低，但开盘成交量明显偏小，则为一级市场持股人严重惜售，很可能有主力在其中操盘，后市同样值得看好。

2. 关注上市首日换手率大小

新股是否有主力机构在主动吸筹，以及吸筹的力度如何，是判断新股未来走势的重要标准，这便要求投资者观察盘中成交情况以及股价运行是否具有方向性和持续性。有机构收集的股票，这些特征比较明显。特别是新股前15分钟的走势，一般来说，若开盘换手率达到5%以上，同时前10分钟拉出阳线，并且换手率达到15%以上，表明该股明显有新主力主动吸纳迹象。这是因为主力机构如果看中某只新股，会利用开盘后的5~15分钟，趁广大投资者犹豫、观望之际，快速介入其中收集筹码。投资者可以在该股随后回档时介入，当天可能就会有较好的市场表现。所以，前5~15分钟及前半小时的换手率及其股价走势，往往能分析是否有大主力介入。一般情况下，10分钟换手率在20%左右、1小时换手率在30%以上、上午换手率在40%以上，这样的新股都是值得投资者高度关注的。而当天前30分钟换手率在20%以下的新股，往往当天会收出阴线，随后的表现也将不理想。

3. 从价格形态看走势

新股上市首日的价格走势常见以下形态：

（1）高开低走，多为出货行情，不宜介入。

（2）高开平走，多形成震荡出货行情，早期可用少量资金低吸高抛做超短线。

（3）低开高走、平开高走或偏高开高走，后市常有一段较好行情。

这里是以新股的理论定位市价为平开标准，低于此价为低开，高于此价约25%为高开。

4. 把握卖出的时机

首日大资金进行建仓之后，一般会有一个震荡洗盘的过程，只要市场处于平稳的态势，震荡的幅度就不会太大，投资者可以继续持有。但是若股价没有出现震荡而是继续冲高，则主力可能以短炒为主，应尽早离场。

创业板新股中蕴藏着套利良机，但是也有相当大的风险。新股上市首日，股价很可能在短时间内被巨大的买盘疯炒拉高，而后往往面临着价值回归过程。因此，投资者要有清醒认识，并且要采用正确的投资方法来平衡新股投资中风险与机会的矛盾。因此我们给投资者提出以下建议：

（1）研读公告，了解公司基本情况。

（2）参考专业机构的估值分析意见，掌握普遍认可的一个相对合理的定价范围区间，减少买卖的盲目性。

（3）关注交易所的风险提示和临时停牌公告，及时了解市场风险状况，避免遭受不必要的损失。要理性投资，切忌盲目跟风。

创业板课堂：

在创业板新股中寻找盈利机会，需要有相当的看盘能力和综合分析能力。只要能够真正学会以上几点，把握住市场中稍纵即逝的投资机会，同时注意规避新股上市首日的价值回归风险，理性投资，创业板“打新”套利的概率还是很大的。

第九章　首批在创业板上市的28家公司投资分析

翘首以盼中，中国的投资者迎来了自己的“纳斯达克”，创业板作为新生事物给了中国股民太多的期待，而第一批登陆创业板的幸运儿难免万般受宠。

2009年9月25日，十年磨一剑的创业板终于开始了首批10家上市公司的网上申购，这10家创业板新股大多为细分行业龙头或具有较强的竞争实力，且受益于下游行业的高速增长或市场的需求。综合毛利率水平也相对较高，尤其是乐普医疗、安科生物、汉威电子和神州泰岳。从2006年到2009年上半年的盈利增速来看，神州泰岳、探路者、南方风机、特锐德、汉威电子和上海佳豪等都表现出相当好的成长性。就未来三年盈利预期增长比较，南方风机和特锐德的预期复合增长率相对较高。对于网下机构投资者而言，资金充裕的自然全部参与申购，对于资金量相对较小的投资者，最好从基本面及融资规模进行综合判断选择。

三家生物制药公司，包括北京乐普医疗、重庆莱美药业和安徽安科生物，都不是细分行业的龙头公司，尽管成长性尚可，但是更多受益于行业增长。北京乐普医疗主要业务是冠状动脉支架，与龙头上海微创医疗业务类似，该行业技术壁垒很高，竞争优势很强，行业成长快速，大股东是国有企业中国船舶重工集团，与鱼跃医疗搭配，一个大众化一个高端化，是A股医疗器械龙头品种，具有很强的后市发展实力。

作为三家制造业公司，特锐德电气、南方风机、汉威电子的成长性都很惊人，特锐德电气受益于铁路行业发展，南方风机受益于核电建设，这两年业绩很高，但是长期来看特锐德靠高应收账款的扩张风险较大。而汉威电子在气体检测的实力应该会让不少股民朋友们想起中小板的声音处理龙头科大讯飞(002230)，具有长期发展潜力。因此，汉威电子或许更对长线投资者的胃口，而追求爆发性且有业务安全边际的短线投资者可以多在南方风机上下工夫。

作为服务业的四家公司，神州泰岳、探路者、立思辰、佳豪船舶业务千差万别。佳豪船舶尽管是服务业，但从船舶设计来看，仍具有明显的强周期性。神州泰岳的业务基本来自中国移动，它这两年的业绩爆发是因为开发了飞信业务，2009 年的业绩仍有爆发增长的可能，但是长期来看，业务的过于集中和单一使得公司存在经营风险。立思辰是办公信息系统与音视频服务提供商，受益于国内企业外包非核心业务的需求，长期成长性较高。探路者从事户外产品销售，算是新兴高成长行业，如果风险控制得当，其品牌加连锁的模式会受到市场追捧。

在首批过会的 10 家公司之后，又有 18 家公司通过了证监会审批，获得了在创业板 IPO 的资格，这些公司包罗万象，乍一看似乎没有什么头绪，那就让股民朋友们跟随我们的脚步，分行业近距离细看这 28 家创业新贵的真实面貌和未来存在的风险。

第一节　服务业

一、神州泰岳（300002）：电信行业新贵

ultr@power
神州泰岳

北京神州泰岳软件有限公司成立于 2001 年 5 月 18 日。2002 年 5 月 1 日，整体变更设立为股份有限公司。主营业务为向国内电信、金融、能源等行业的大中型企业和政府部门提供 IT 运维管理的整体解决方案，包括软件产品开发与销售、技术服务和相应的系统集成，电信行业营收占比达九成。该公司在业务服务管理领域的市场份额一直居国内第一且逐年提高。2009 年上半年，公司来自电信行业用户的收入占营业总收入的 92%，为中国移动的飞信业务提供运维服务的收入占营业总收入的比重为 69%。

公司从 2007 年开始独家为中国移动的飞信业务提供运维服务，后经过续签合同，目前合同的截止日期为 2011 年 10 月。统计结果显示，2008 年移动即时通信产品市场上，腾讯移动 QQ 产品的占有率为 80.8%，位列第一，飞信的

市场占有率为 9.2%，列第二位。考虑到飞信正处于发展的初期，且有中国移动的 4.57 亿客户资源作为依托，未来几年飞信的用户数量必将有较大的提升空间。可以预期，在未来几年间公司的飞信运维业务收入将有 6 倍左右的提升，然后进入稳步增长阶段。

神州泰岳首次发行前总股本为 9480 万股，本次拟向社会公众发行 3160 万股人民币普通股，本次发行的股份占发行后总股本的 25%。

神州泰岳拥有一家全资子公司和一家控股子公司。全资子公司新媒传信专业从事移动互联网运维支撑业务。截至 2009 年 6 月底的总资产为 2.33 亿元，净资产为 1.44 亿元；上半年的净利润为 8928.45 万元。控股子公司泰岳通信技术从事为主设备厂商和各运营商提供无线网络规划、优化、测试与评估，以及相关咨询顾问服务，神州泰岳对其的持股比例为 70%。截至 2009 年 6 月底，泰岳通信技术总资产为 483.96 万元，净资产为 453.59 万元，2009 年上半年净利润为-46.4 万元。

神州泰岳公司此次发行新股拟募集资金 5.03 亿元，主要投入飞信平台大规模改造升级等 6 个项目（见表 9-1）。此举主要是为了提高公司的运维服务能力，以便承接更多的优质订单。

表 9-1　募集资金用途

序号	项目名称	投入资金（万元）
1	飞信平台大规模改造升级	16840.38
2	电信综合网管产品 Ultra-TIMP	8813.70
3	无线网络优化平台 Ultra-WOSS	6422.94
4	IT 监控管理平台 Ultra-ΣM 系列软件	7149.65
5	运维服务流程管理系统	5994.23
6	新一代安全运行管理中心 Ultra-SOMC3.0	5031.90
合　计		50252.80

值得注意的是，如果中国移动飞信业务经营状况不佳或中国移动飞信业务运营主体在未来的合作过程中提出解除合同或不再与该公司续签新的合作合同，或在合作过程中降低与公司的合同结算价格，都将对其盈利能力产生较大不利影响。

2009 年 1~6 月，神州泰岳利润为 1.34 亿元，综合毛利 2.37 亿元，毛利率为 72.50%，主要是由于公司技术服务类业务的毛利率大幅上升所致（见

表 9–2）。

表 9–2 神州泰岳主要财务数据

单位：元

	2009 年 1~6 月	2008 年度	2007 年度	2006 年度
资产总额	525358126.12	380122774.80	227652234.06	195935320.65
负债总额	122299753.63	146433593.45	93377956.87	118887101.55
股东权益	403058372.49	233689181.35	134274277.19	77048219.10
营业收入	326282448.94	519282880.70	442766526.59	187604290.84
营业利润	126883319.22	105044146.16	67783529.74	14063475.32
利润总额	134276076.69	124169629.45	90670697.23	22639065.79
净利润	117021191.14	120548004.16	88364420.36	21946648.26
归属于母公司净利润	117160411.28	120548004.16	88312193.49	22119224.36

2006~2008 年，公司各期经营活动产生的现金流量净额分别为 2613 万元、6368 万元和 4363 万元，均为正数，且持续大幅增长。而 2009 年上半年，公司经营活动现金流量净额为负数，与同期公司营业收入大幅增长的变动趋势不匹配，主要是由于子公司新媒传信与主要客户卓望信息之间存在大额应收账款造成了新媒传信经营活动现金流为–1.15 亿元。而公司应收账款的客户主要来自于电信类客户。一般情况下，电信行业客户的资本实力较强、信誉度高、资金回收较为可靠、发生坏账的可能性较小。

神州泰岳于 2009 年 7 月买下了北辰首作大厦的部分房产用于办公，购房总价款为人民币 4.2 亿元。根据合同约定，公司以分期付款的方式分三个阶段支付上述购房价款：除第一期已经支付的 6500 万元外，2009 年 12 月 20 日之前，支付 1.95 亿元；在 2010 年 5 月 31 日之前，支付剩余的 1.6 亿元，总计尚有 3.55 亿元房款未付。

神州泰岳公司共有 48 名股东，其中控股股东及共同实际控制人王宁、李力合计持股比例为 37%，公司股本结构较为分散（见图 9–1）。本次发行后，王宁、李力各持股比例将降低为 14%，合计持股比例为 28%，低于 30%，存在控制权变动的风险（见表 9–3）。

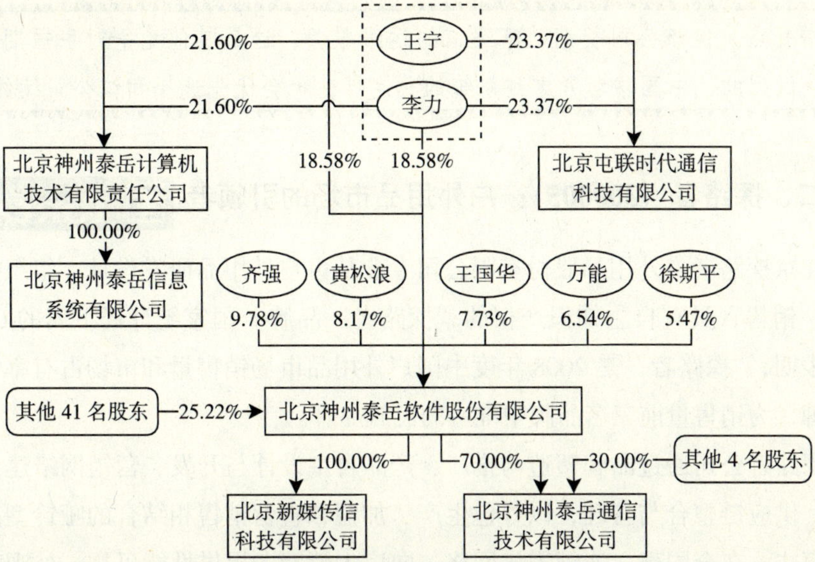

图 9–1　神州泰岳股权结构

注：图中虚线框内为公司的控股股东及实际控制人。

表 9–3　发行前后主要股东股权变化

股东名称	发行前		发行后	
	股数（股）	持股比例	股数（股）	持股比例
王宁	17609656	18.5756%	17609656	13.9317%
李力	17609656	18.5756%	17609656	13.9317%
齐强	9225130	9.7312%	9225130	7.2984%
黄松浪	7744092	8.1690%	7744092	6.1267%
王国华	7325908	7.7278%	7325908	5.7958%
万能	6195272	6.5351%	6195272	4.9013%
徐斯平	5182080	5.4663%	5182080	4.0997%
汪铖	4103144	4.3282%	4103144	3.2462%
甄岳宾	2826590	2.9816%	2826590	2.2362%
赵林	2826590	2.9816%	2826590	2.2362%
其他股东合计	14151882	14.9281%	14151882	11.1961%
本次发行社会公众股份	–	–	31600000	25.0000%
合计	94800000	100.00%	126400000	100.00%

投资风险揭示：

神州泰岳公司过于依赖单一业务的发展模式，使公司存在一定的经营风险，如果运维合同到期后，公司不能续约，则很可能在短期内无法找到新的增长点。但该公司长期从事飞信的运维服务，这是其他竞争对手短期内无法做到的，中国移动考虑到系统的稳定性，也会优先选择和该公司续约。

二、探路者（300005）：户外用品市场的引领者

北京探路者户外用品股份有限公司专业从事户外用品研发设计、组织外包生产、销售，具有自主知识产权的"探路者"品牌。国家统计局下属的 CIIIC 调查表明，"探路者"是 2008 年度中国户外用品市场销售量和市场占有率第一的品牌，为销售量前三名品牌中唯一的民族品牌。

探路者公司通过品牌塑造与推广、产品自主设计与开发、营销网络建设与优化、供应链整合与管理，以外包生产、加盟和直营销售相结合的哑铃型品牌业务模式，在全国建立连锁零售网络，向广大消费者提供性能可靠、外观时尚的户外用品。

自成立以来，探路者始终以"打造卓越品牌，分享户外阳光生活"为使命，确立了户外用品品牌运营商的商业模式，经过多年的发展，"探路者"品牌认知度和美誉度日益提升。2007 年探路者品牌被认定为"中国驰名商标"，并成为"北京 2008 年奥运会特许生产商"，创造了中国户外用品行业的两项唯一。2008 年，探路者建成了中国户外用品业规模最大、创新能力最强的研发中心，设计的多项产品荣获国内最具权威性的工业设计大奖"红星奖"。同时，探路者以"周全的户外保护"为品牌基础，广泛采用新材料、新技术、新工艺，不断推出功能性强、款式新颖、品质可靠的户外用品。产品涵盖户外服装、户外功能鞋和户外装备三大系列，包括冲锋衣、滑雪装、速干服、登山鞋、徒步鞋、背包、帐篷、睡袋、登山杖、折叠桌椅、野炊露营用具等。公司 2008 年建成了中国户外行业最具规模的研发设计中心，引领时尚、创造经典、诠释品位，不断研发设计出能够体现"探路者"品牌价值、内涵和文化的户外用品。

探路者秉承"共同成长、共同分享"的文化内核，采取直营店和加盟店相结合的营销模式，以直营店的服务质量和管理水平为标杆，充分借助资质优秀的加盟商的力量，实现营销网络的快速扩张和对各地市场的快速渗透。目前，公司已在北京、上海、四川、广东和辽宁等重点区域占据了战略地位，营销网

络遍布全国 133 个大中城市、标准化门店达 400 余家，目标消费群体第一提及率和顶级商场入驻率均居行业第一。依托突出的营销网络优势，公司以领先的产品销量和市场占有率成功确立了中国户外用品行业的领导地位，10 年来以年均复合增长率超过 50%的速度快速成长，谱写了中国户外企业的传奇篇章，2006 年至 2009 年上半年主要财务数据如表 9-4 所示。

表 9-4　主要财务数据

单位：元

	2009 年 6 月 30 日	2008 年度	2007 年度	2006 年度
营业收入	114811214.69	212016616.88	119168546.30	72648065.14
营业利润	24099172.29	33185989.49	16792531.47	5103718.21
利润总额	25524402.70	34007625.28	16824938.57	5188717.96
净利润	18847176.95	25509813.93	10980785.86	3145091.47
归属于母公司股东的净利润	18847176.95	25465520.41	10959481.47	3147594.95

中国户外用品市场正处于高速成长期，与国外相比，市场规模尚小，未来发展潜力巨大。对于探路者而言，其竞争优势是：品牌+渠道+研发。拿渠道优势来讲，截至 2009 年上半年底，探路者在全国拥有直营店、加盟店各 48 家、382 家，共计 430 家，店铺数量远超哥伦比亚等竞争对手。探路者此次发行新股 1700 万股，拟筹资 2.20 亿元，部分用于在未来两年增加直营、加盟店铺共 79 家，其中直营 48 家，加盟 31 家，公司门店直营比率将进一步提高（如表 9-5 所示）。

表 9-5　探路者募集资金用途

序号	投资项目	预计投资额（万元）	预计募资使用量（万元）	项目备案情况
1	营销网络建设项目	20041.20	20041.20	京昌平发改（备）[2009] 6 号
2	信息系统建设项目	1949.00	1949.00	京昌平发改（备）[2009] 7 号
合　计		21990.20	21990.20	

上述优势铸就了探路者公司的高成长性。假定后续两年行业保持 40%左右的增长速度，公司募集项目发展顺利，保守估计，2010 年和 2011 年两年探路者公司的盈利增长都会保持在 60%以上。该公司的控股股东和实际控制人为盛发强、王静夫妇，两人合计持有公司 61.67%的股份。盛发强现为公司法定代表人、董事长兼总经理。图 9-2 为探路者股权结构图。

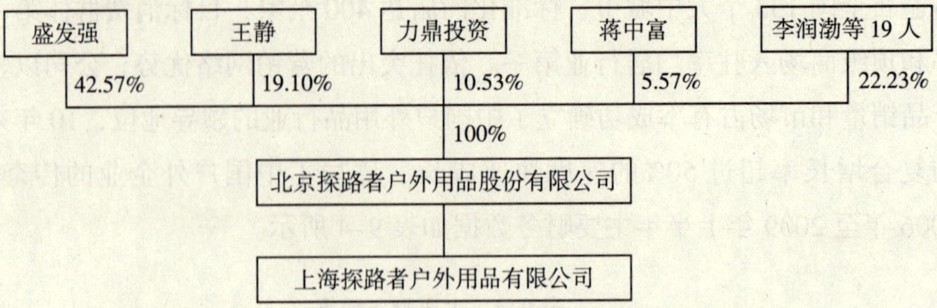

序号	股东名称	在公司任职情况
1	盛发强	董事长、总经理
2	王　静	董事、研发设计中心产品技术指导
3	蒋中富	董事、常务副总经理
4	李润渤	装备部经理
5	石　信	物流部经理
6	王冬梅	直营总监
7	李小煜	主管会计
8	李宇辉	不任职
9	肖功荣	不任职
10	廖红涛	不任职

图 9–2　公司股权结构与本次发行前公司前十名自然人股东在公司的任职情况

▶附：>>>

表 9–6　发行前后主要股东股权变化

股东名称	发行前		发行后	
	股数（股）	持股比例（%）	股数（股）	持股比例（%）
盛发强	21285097	42.5702	21285097	31.7688
王　静	9550750	19.1015	9550750	14.2548
力鼎投资	5266919	10.5338	5266919	7.8610
蒋中富	2785647	5.5713	2785647	4.1576
李润渤	1836050	3.6721	1836050	2.7403
石　信	1823415	3.6468	1823415	2.7215
王冬梅	1193833	2.3877	1193833	1.7818
李小煜	1130750	2.2615	1130750	1.6876
李宇辉	1104389	2.2088	1104389	1.6483
肖功荣	792848	1.5857	792848	1.1833

投资风险揭示：

探路者目前的资产规模较小，经营规模和资本实力与国际户外用品运营巨头相比还有较大的差距；终端店铺数量和质量尚需进一步提高；信息管理系统跟不上业务发展的需要，不利于捕捉顾客需求信息和快速补货，与国外竞争对手存在较大的差距。

三、上海佳豪（300008）：船舶和海工装备的设计师

佳豪船舶是一家具有一定规模的科技型民营股份制船舶设计科研单位，是上海市高新技术企业，更是上海市造船工程学会和中国设备监理协会会员单位。公司自设立以来一直以船舶与海洋工程装备设计为主营业务，是规模最大、实力最强的专业民用船舶与海洋工程设计企业之一。船舶工程设计为佳豪船舶主要业务，报告期内收入占比为51%~68%之间，收入规模呈增长趋势。受全球造船行业景气和造船重心向中国转移的影响，公司的收入和利润一直保持较高的增长。2008年，公司实现净利润3783.15万元，是2006年的3.06倍。

佳豪船舶公司与国内外航运界和造船界有着广泛、良好的合作关系，形成了包括产品开发、基本设计、详细设计、生产设计、工程监理和现场技术服务的完整的产业链。公司拥有多项技术专利，研发的各类运输船舶、特种船舶、海洋工程船舶等产品遍布全国各地，并出口瑞典、挪威、荷兰、加拿大、美国、新加坡和日本等国家。设计产品包括按共同规范设计的54500吨散货船、集装箱多用途船、油轮、化学品船、铺管船、液态硫黄船、液态沥青船、“三销式”大型海洋顶推船组、海洋模块、起重打桩多功能船、海洋拖船、砼搅拌船和转载平台等。除新船设计及旧船改装技术服务外，佳豪船舶亦可为航运公司或政府机构在交通运输系统可行性研究方面提供系统方案及有关报价、决策等的咨询服务。并为各类船舶、机电工程项目提供技术监理、工程监造、投资顾问、经济评估等多方位的服务。

佳豪船舶自2006年至2008年及2009年上半年各项业务综合毛利率分别为46.19%、54.63%、48.3%和49.35%。2007年综合毛利率略高，是因为当年为2002年以来船市周期顶点，各项业务毛利率均达到历史最高水平。佳豪船舶2006年至2008年分别实现净利润930.39万元、2845.51万元、3783.15万

元，2009 年上半年为 2145.83 万元。截至 2009 年 6 月 30 日，佳豪船舶每股净资产为 2.72 元。2009 年上半年，佳豪船舶实现营业收入 6659 万元，净利润 2145.83 万元；2008 全年的营业收入为 1.15 亿元，净利润为 3783 万元（见表 9–7）。

表 9–7　上海佳豪主要财务数据

单位：元

	2009 年 1~6 月	2008 年度	2007 年度	2006 年度
资产总额	148703626.94	136078586.29	74003718.95	28752785.94
负债总额	45938815.33	54772101.02	30528749.40	10208696.26
股东权益	102764811.61	81306485.27	43474969.55	18544089.68
营业收入	66593176.76	114819187.03	73276390.00	35804410.42
营业利润	24806634.42	41495996.19	32321918.78	10502855.37
利润总额	25365216.98	44476748.81	33354123.35	11000120.10
净利润	21458326.34	37831515.72	28455125.27	9303897.29

佳豪船舶计划发行 1260 万股，发行后总股本不超过 5040 万股，本次发行募集资金将按轻重缓急投资于两个项目。一个项目是船舶工程设计中心，预计募资使用量为 7288 万元；另一个项目是海洋工程设计中心一期工程，预计募资使用量为 4768 万元。有研究报告指出，“两个中心”达产后，佳豪船舶年均收入均将超过 8000 万元，年均净利润均将超过 2000 万元（见表 9–8）。

表 9–8　上海佳豪募集资金用途

序号	投资项目	预计投资额（万元）	预计募资使用量（万元）	第一年投资额（万元）	项目备案情况
1	船舶工程设计中心	7288	7288	7288	上海市经济和信息化委员会项目备案意见号（沪经信备［2009］160 号）
2	海洋工程设计中心一期工程	7093	4768	4768	上海市经济和信息化委员会项目备案意见号（沪经信备［2009］159 号）
	合　计	14381	12056	12056	

截至 2009 年 6 月 30 日，佳豪船舶正在履行、将要履行的船舶设计合同总金额为 2.63 亿元，为未来两年的增长提供了保障。自 2008 年以来，公司先后承接了来自振华重工、韩国三星重工和中欧船业公司的海洋工程设计订单，已经具备了一定的海工设计实力，未来前景广阔。总之，公司未来市场份额仍有继续扩大的空间。

佳豪船舶控股股东和实际控制人为刘楠，直接持股 45.9%，其控股 36.6%

的佳船投资持股佳豪船舶 27.0%（见图 9-3）。

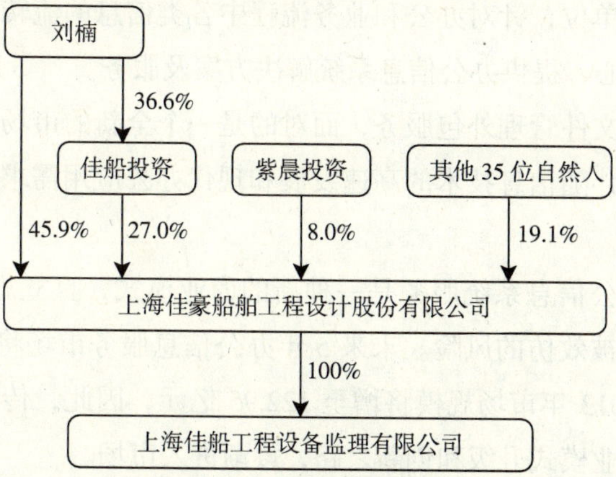

图 9-3　佳豪船舶股权结构

▶**附**：>>>

表 9-9　发行前后公司股本变化

股东名称	本次发行前股本结构		本次发行后股本结构	
	股本数量（万股）	所占比例	股本数量（万股）	所占比例
刘楠	1735.02	45.90%	1735.02	34.425%
佳船投资	1020.60	27.00%	1020.60	20.25%
紫晨投资	302.40	8.00%	302.40	6.00%
其他 35 位自然人股东	721.98	19.10%	721.98	14.325%
本次发行流通股	–	–	1260.00	25.00%
合　计	3780.00	100.00%	5040.00	100.00%

投资风险揭示：

上海佳豪面对的主要风险包括船舶行业周期性波动的风险和市场竞争风险。随着公司进入快速发展期，并且涉足开发高附加值船型和高技术海洋工程装备，公司与大型国有专业船舶设计单位、国外船舶设计单位之间的竞争将不可避免。因此，该公司日后将面临较为激烈的市场竞争。

四、立思辰（300010）：办公信息系统服务市场的领路者

北京立思辰科技股份有限公司是一家办公信息系统服务提供商，创立于 1999 年 1 月 8 日，目前注册资本 7865 万元，总部设在北京，目前在上海、广

州、成都、沈阳等十余个城市设有营销及服务团队。立思辰主要面向政府机构及大中型企事业单位，针对办公和业务流程中各类信息的流转和处理，以管理型外包服务为核心，提供办公信息系统解决方案及服务。

立思辰主营文件管理外包服务，面对的是一个全新的市场。中国办公信息系统服务市场是伴随信息技术的高速发展和现代办公应用需求的不断升级而出现的新型市场。

尽管提供办公信息系统服务是一种新的商业模式，且立思辰拓展得较早，但该公司仍存在被效仿的风险。未来5年办公信息服务市场将以平均25.8%的速度增长，到2013年市场规模将增至122.95亿元。因此，传统办公市场参与者将陆续探索商业模式升级和创新之路，逐渐进入市场。

立思辰公司的服务客户主要是政府机构和多个行业的大中型企事业单位。2009年上半年，公司前五大客户为内蒙古劳动和社会保障厅、国家统计局、民生银行、中石油西气东送管道分公司、北京汇成嘉和科技有限公司，五大客户占销售总额的29.48%。

立思辰公司被北京市科学技术委员会、北京市财政局、北京市国家税务局、北京市地方税务局共同认定为高新技术企业，已通过ISO9001、ISO14001管理认证，并获得了国家保密局颁发的“涉及国家秘密的计算机信息系统集成资质证书”。近年来公司还荣获中国电子信息产业发展研究院颁发的2008年度“中国信息产业办公系统节约环保突出贡献奖”；在《21世纪商业评论》组织的最佳商业模式评选中，获得了“2008年度中国最佳商业模式奖”；并入选“2008中国服务外包企业最佳实践TOP50”。

中国办公信息系统服务市场在未来五年市场将以年均25.80%的速度增长，至2013年市场规模将达到122.95亿元。2008年度，公司在办公信息系统服务市场的市场占有率为6.10%，位居本土企业第一位、整体市场第二位，仅次于客户以跨国公司为主的富士施乐的17.04%，其余市场竞争者的市场份额相对较少，短期内难以赶超。由此预计，公司在该业务上未来三年的收入增速将达到30%以上。而且，公司本土企业优势将逐步显现，市场份额预计进一步扩大。

立思辰公司董事长池燕明20世纪90年代初就开始从事与复印相关的服务和产品销售。根据公开资金显示，立思辰在2004年之前主要从事复印机的代理销售。但是由于行业竞争激烈、利润率降低，2004年之后公司借鉴国外文件管理外包的模式，转型为一家服务性企业。模式就是企业将打印服务业务交给专业的服务提供商，进行"按需打印、按张收费"，企业无须购买设备，而专业的服务商通过一系列技术手段，监控所有的设备，提供全面的设备运营管理，帮助企业节省费用以及提高效率。

立思辰公司近年处于快速成长阶段。2006~2008 年度营业收入分别为 11817 万元、21872 万元、26843 万元，复合增长率为 50.72%；公司 2006~2008 年度净利润分别为 1254 万元、2635 万元、3676 万元，复合增长率为 71.22%。2009 年上半年，公司营业收入和净利润分别为 15251 万元和 1886 万元（如表 9-10 所示）。

表 9-10　立思辰公司主要财务数据

单位：万元

	2009 年 1~6 月	2008 年度	2007 年度	2006 年度
资产总额	20927.81	20897.86	15529.97	11248.31
负债总额	7961.76	9638.71	7784.14	8338.19
股东权益	12966.05	11259.15	7745.83	2910.13
营业收入	15250.87	26842.83	21871.91	11817.14
营业利润	2067.84	3657.84	3438.61	1916.37
利润总额	2080.82	3735.49	3438.61	1916.84
净利润	1885.65	3675.83	2634.99	1253.90
归属于母公司净利润	1885.65	3675.83	2651.02	1257.29

立思辰公司本次拟发行 2650 万股，发行后总股本 10515 万股，占比 25.2%。本次募集的资金主要投向服务及营销网络建设项目以及研发中心项目，两个项目共需资金 27622.76 万元（如表 9-11 所示）。

表 9-11　募集资金主要用途

单位：万元

1	服务及营销网络建设项目	17729.50
2	研发中心项目	9893.26
	其中：文件生命周期协同管理系统项目	4248.99
	嵌入式文件信息安全管理系统项目	2683.01
	高效音视频会议综合控制系统项目	2961.26
合　计		27622.76

注：上述项目共需要资金 27622.76 万元，如果实际募集资金不足以完成上述投资计划，不足部分公司将通过自有资金或银行贷款补充；如果超过，剩余募集资金将用于补充公司一般性用途的流动资金。

发行前立思辰总股本为 7865 万股，共有 18 名自然人股东和 1 名法人股东，第一大股东池燕明持股比例为 40%，为控股股东和实际控制人（见图 9–4）。

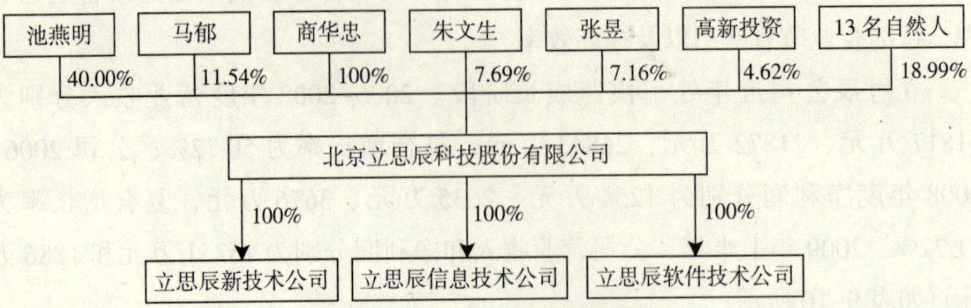

图 9–4 立思辰公司股权结构图

2008 年公司的市场占有率为 6.10%，居全国第二的位置，第一位的富士施乐市场占有率为 17.04%。

▶附：>>>

表 9–12 本次发行前后股本变动情况

股东情况	发行前		发行后	
	股数（万股）	比例	股数（万股）	比例
发起人股	7865.00	100%	7600	72.28%
全国社会保障基金理事会	–		265	2.52%
社会公众股（A 股）	–		2650.00	25.20%
总股本	7865.00	100%	10515.00	100%

投资风险揭示：

立思辰面对的主要风险包括公司新增固定资产折旧可能会给利润造成较大压力，部分的税收优惠可能取消，应收账款大幅增加等，另外投资者还应关注办公信息行业的成熟度与商业模式的认知度风险。

五、鼎汉技术（300011）：轨交信号智能电源市场的带头大哥

DINGHAN 鼎汉技术

北京鼎汉技术股份有限公司成立于 2002 年 6 月，是一家从事轨道交通电源系统的研发、生产、销售、安装和维护的高新技术企业，主要业务包括：轨道交通信号

智能电源系统、轨道交通电力操作电源系统、轨道交通屏蔽门电源系统和轨道交通通信电源系统等相关产品的研发、生产、销售与技术支持服务业务。同时，也根据客户需求提供其他配套产品及服务。公司总部设在北京市中关村丰台科技园总部基地，在大兴区金日科技园拥有5000平方米的生产基地，在北京和深圳各拥有一个实力雄厚的研究开发中心。

鼎汉公司是北京市人民政府、科学技术部以及中国科学院认定的“中关村科技园区创新型试点企业”，北京市科学技术委员会、北京市财政局、北京市国家税务局和北京市地方税务局联合认定的“高新技术企业”。另外，公司还获得了“2007年度信用良好企业”、“总部基地十大创新企业”、“担保授信信用企业”、“中关村瞪羚三星级企业”以及“北京市丰台区经济发展贡献奖”等荣誉。

鼎汉公司拥有一支长期从事轨道交通电源系统研发、生产、销售、安装和维护的核心团队，目前共有员工266人，其中本科及以上学历的员工有111余人；技术开发人员有81人，管理及销售人员71人，其中的大部分员工均拥有在国内外相关知名公司的工作经验，从而保证了公司在激烈的市场竞争中可以不断发展壮大。

自成立以来，鼎汉公司在产品研发、生产和销售方面均取得了长足的发展。鼎汉公司拥有完全自主知识产权的轨道交通电源产品，已广泛应用于国有普通铁路、客运专线、城市轨道交通和地方铁路等轨道交通领域，在铁路运输安全性和稳定性方面发挥着不可替代的重要作用。

在国家铁路信号电源市场，鼎汉公司已中标多个新建路线或电气化改造的干线项目，包括京沪线电气化改造、陇海线电气化改造、京广线电气化改造、广深线、兰武线、浙赣线、沪汉蓉通道等。在2007年开始加速建设的客运专线新建项目中，成功中标了武广客运专线、合武客运专线、郑西客运专线、石太客运专线、广珠客运专线和胶济客运专线（部分）等项目。在城市轨道交通信号电源市场，鼎汉公司也一直处于市场领先地位，在广州地铁、上海地铁、北京地铁、深圳地铁、南京地铁等城市轨道交通线路建设中均占有较大的市场份额。

另外，鼎汉公司在轨道交通通信电源市场、轨道交通电力操作电源市场和轨道交通屏蔽门电源市场已经取得了突破，市场份额正逐步扩大。

鼎汉公司始终坚持以顾客满意为中心开展质量管理活动，将“为用户提供优质的产品和服务”作为质量工作的指导思想。鼎汉公司已于2005年5月全面通过ISO9001质量管理体系认证评审，在贯彻GB/T19001：2000质量标准的同时，积极借鉴国内外先进的管理经验，建立和完善公司的质量管理体系，对产品设计、开发、生产、安装和服务的全过程进行严格的质量控制。

公司实行一切以客户为中心的服务策略并建立了配套机制，为客户提供产品咨询、硬件软件升级维护、定期巡检、培训等服务支持。发行人在总部设有用户投诉中心，提供投诉热线电话，每周7天、每天24小时受理用户对服务质量的投诉，保证用户投诉在第一时间内得到及时有效的处理。

2006~2008年，公司营业收入分别为7942.56万元、8377.44万元和1.076亿元，年均增长17.74%；净利润分别为1660.17万元、2012.61万元和2281.85万元，年均增长18.72%。

鼎汉技术的董事长、总经理顾庆伟是鼎汉技术的实际控制人。顾庆伟直接持有鼎汉技术33.02%的股权。鼎汉电气是鼎汉技术的第一大股东，持有鼎汉技术37.52%的股权，顾庆伟又持有鼎汉电气82.64%的股权。

由于市场非常细分，而且进入门槛较高，除了收入增长较快之外，鼎汉技术的毛利率也比较可观。2006年、2007年以及2008年，轨道交通信号智能电源系统的毛利率分别为49.78%、52.99%和51.69%。技术和品牌优势，以及完全自主知识产权的电源模块是鼎汉技术毛利率较高的主要原因。

投资风险揭示：

国家铁路市场的需求如果发生重大变化，将对鼎汉技术的业绩产生重大影响。2009年7月20日，中国铁道部表示：“由于技术原因，截至目前，铁道部运输局尚未对任何生产信号电源屏产品的企业颁发《铁路运输安全设备生产企业认定证书》。”这给鼎汉技术的主营业务带来了不小的风险。

虽然，鼎汉技术的业务增长速度在28家创业板首批IPO企业中是倒数第二，但其轨道交通信号智能电源系统拥有不错的竞争力，市场份额达到30%，如果通过铁道部的“铁路运输安全设备生产企业认证”，将来的业务增长存在不错的前景。

六、华测检测（300012）：独立第三方检测行业的领跑者

华测检测（CTI）技术股份有限公司是中国第三方测试、检验与验证服务的开拓者和领先者，为众多行业和产品提供一站式的全面质量解决方案，提升企业竞争优势，满足其对品质的更高要求。

CTI具有中国合格评定国家认可委员会CNAS认可及计量认证CMA资质，并获得了英国UKAS、新加坡SPRING、美国CPSC的认可，检测报告具有国际公信力，赢得了国内外众多知名企业的信赖。基于遍布全球服务网络和深厚的服务能力，CTI在工业品检测、消费品检测、贸易保障及生命科学四大领域，提供有害物质、安规、EMC、可靠性、失效分析、材料分析、环境安全、计量校准、纺织品、鞋类、皮革、玩具、汽车、验货、食品、药品、化妆品等十多项检测服务。

作为综合性、专业性、国际性的检测机构，CTI通过技术和服务的融合，以其公平、公正帮助遍布于各行各业的客户提升产品质量及管理水平，优化供应链，有效地降低风险，并积极参与国内外行业标准的起草，建立行之有效的标准体系，力图规范市场，确保交易的公平，从而创造和谐安全的品质生活。

CTI坚持贴近市场、贴近客户的原则，在全国拥有30个专业实验室，提供涵盖工业品、消费品、生命科学及贸易保障领域的综合性“一站式”技术检测服务。其中，贸易保障检测占整体收入的比重达55%，为其最核心的收入项目。

截至2009年6月底，CTI业务收入在国内整体检测市场的占有率为0.45%，在出口产品检测市场的占有率为1.07%。分地区来看，CTI业务主要集中在华南、华东地区，两地区收入占比超过90%。检测业务是基于社会对QHSE（质量、健康、安全、环境）等的相关需求与规定而产生的。随着全球化和国际贸易的迅速增长，检测行业市场不断扩大，2008年全国检测市场规模为450亿元，其中独立第三方检测市场占全部检测市场的45%左右，民营检测机构市场份额在10%左右。

预计未来，国内检测市场仍将保持15%以上的增长，全国检测市场规模2010年将超过700亿元。其中，民营检测机构增长速度最快，超过30%。随着政府在部分检测行业中的撤出，民间检测机构将更快地成长。

公信力是行业的生存之本。作为独立的第三方，信誉和技术水平决定了公司制定标准的资格与获得超额收益的能力。当前国内市场55%的检测份额由国有机构分享，其多为国家研究所，其公信力来源于政府，也具备一定的人才、技术和设备优势，而且某些领域有政策的壁垒；对民营和外资开放的领域，外资攫取了高附加值的大部分市场，外贸商品检测占70%以上的市场份额，其优势是技术水平和社会公信力，或者说是经过长期合作与外资企业建立起的信任。公信力是CTI当前的弱项，当前CTI的技术水平还在检测流程的执行程度，要依靠购买设备来提高公信力。

CTI地处深圳，业务领域待检商品量的增长主要来源于外贸的需求，每一次出口商品质量标准的进一步量化，都是公司拓展业务的契机，行业本身有较大的成长空间。虽然CTI检测的多是附加值较低的商品，但是量的增长是可观的。

CTI当前毛利率68%，其中人工占收入11%，期间费用率40%，净利率22%，国外ITS、SGS等检测的龙头企业毛利率在12%~16%，人工占收入55%，期间费用率5%，净利率10%左右。（净利率+人工）/收入，这个比率该公司为33%，国外同行大致在65%，可以近似看做公信力和技术的溢价。

CTI当前营业费用占24%，也反映了该公司核心技术与公信力的缺失，导致公司有几分像一个生产企业，赚的实际上是辛苦钱。CTI必须要不断地购置新设备，以符合贸易条款的要求，募投项目总投资2.7亿元，若全部投入运营，按照设备5年折旧，每年将增加5400万元折旧。CTI毛利率的总体趋势是向下的，设备、人工成本的增加，以及扩大市场份额采取的降价策略，会使得公司毛利下滑8~10个百分点。

当前中国政府的检测主要集中在强制性领域，但民营和外资在独立第三方优势明显，将来还会有越来越多开放的领域。CTI作为民营检测最大的参与者，必将受益这一趋势。

检测行业原本重视公信力，上市后对于提升品牌的形象和知名度大有帮助。另外资金优势使得公司可以收购其他检测资源，包括招聘人才、购买检测设备，建立实验室以及对于其他检测领域公司进行收购。

投资风险揭示：

CTI的投资风险大致有这些：所处的检测行业竞争加剧、利润率下降剧烈、公信力出现问题、经济危机导致贸易量减少、相关认证进程延后，等等。

七、新宁物流（300013）：电子元器件保税仓储的领先者

江苏新宁现代物流股份有限公司，前身是昆山新宁公共保税仓储有限公司，始建于1997年，2000年4月经海关总署批准为公共型保税仓库，专门从事进口保税货物和外商暂存货物的仓储及相关配套服务。

为提升服务品质和改善管理质量，新宁物流于2002年通过了国家质量管理中心ISO9001：2000质量管理认证并在全公司范围内进行推行。2008年初经商务部批准，公司整体改制为江苏新宁现代物流股份有限公司，主要从事电子元器件保税仓储服务，为电子信息产业供应链中的原料供应、采购与生产环节提供第三方综合物流服务。

2007年底，新宁现代物流改制前的昆山新宁公共保税仓储有限公司和苏州新宁公共保税仓储有限公司被省科技厅批准为“江苏省高新技术企业”，苏州新宁物流有限公司被批准为“苏州市高新技术企业”，此外，昆山新宁公共保税仓储有限公司还荣获2007年度中国“民营科技发展贡献奖”。

随着长三角地区，特别是苏州、昆山等区域电子行业的快速发展和对配套保税仓储物流需求的不断增强，以及新宁物流服务质量和经营理念的不断提升，该公司的业务规模和运营能力连年攀升。2003年新宁物流被评为江苏省进出口百强企业，从2004年起，该公司一直位列中国进出口200强企业，在中国保税仓储物流行业有着良好的发展态势，取得了骄人的业绩。

2000~2008年，新宁现代物流的业务实现了历史性的跨越，保税业务总量有了近10倍的增长，公司先后在苏州、上海、淮安、昆山、南京、深圳、福建等地拓展物流仓储网点10多个，实现了保税仓储服务网点的全国性布局。至2008年，全球近200家消费电子行业上游供应商及厂商与公司建立了物流业务外包关系，通过新宁现代物流的年进出口货物累计金额近15亿美元。

江苏新宁是创业板首批 IPO 企业中创投集中度最高的公司。该公司前五大股东中，创投公司便占四席，共持股 2682 万股，占该公司 IPO 后总股本的 44.7%。此次，新宁物流拟发行 1500 万股，募集资金 1.4 亿元。

这四家创投，即苏州锦融投资有限公司、昆山泰禾投资有限公司、苏州亿文创业投资有限公司和昆山宁和投资有限公司，在发行前分别持有江苏新宁 40.4%、11.7%、5%以及 2.5%的股权比例。其中，新宁物流控股股东为苏州锦融投资有限公司和新加坡籍人士杨奕明，其分别持有公司 40.4%的股权。而锦融投资股东结构单一，王雅军持有 84%的股权，其余则为伍晓慧持有，且锦融投资除持有江苏新宁股权外，无其他对外投资情况。王雅军和杨奕明为江苏新宁的实际控制人。

新宁物流自主研发了新宁物流营运信息管理系统软件 V1.00，搭建了公司外部供应商、制造商、海关以及内部信息和数据同步交换的综合管理平台。基于该系统功能的模块化和集成化，可进行供应商实时分拨、制造商零库存管理、海关 24 小时实时监管、库存数据动态更新、企业管理及财务结算等。

2008 年以来，国内物流行业各项指标增速放缓，2008 年全国社会物流总额同比增幅比上年下降 6.7%，全年物流业增加值同比增幅比上年下降 4.5%。但 2008 年新宁物流营业收入达 1.42 亿元，较 2006 年度增长 95.17%，近三年毛利率均维持在 50%以上。

投资风险揭示：

由招股书中可知，新宁物流 2008 年度合并净利润为 23326909.65 元，较 2007 年度下降 9.12%、2009 年 1~6 月净利润占 2008 年全年比例低于营业收入占比，这些都造成了该公司的营业风险，同时投资者还应该注意其业务集中风险、所处物流行业受金融危机影响的风险、公司业务快速成长引起的管理风险、房产租赁风险、营业收入季节性波动风险、实际控制人控制风险、公司仓储管理系统安全运营的风险，等等。

八、网宿科技（300017）：互联网企业后台服务的引领者

上海网宿科技股份有限公司创立于 2008 年 6 月，其前身为始创于 2000 年的上海网宿科技发展有限公司。网宿科技是

国内领先的互联网业务平台提供商，持有中华人民共和国信息产业工业和信息化部颁发的跨省市经营增值电信业务（IDC、ISP）经营许可证，在全国拥有北京、上海、广州、深圳四个营销分公司以及位于厦门的网宿科技研发中心，员工总数超过500人。网宿科技面向国内外用户提供网站内容及应用加速业务（CDN）、数据中心业务（IDC）。

依托覆盖全国的营销团队、技术运维团队以及强大的研发团队，网宿科技以专业的水准向各类门户网站、网络游戏运营商、电子商务类网站、即时通信、音乐网站、电影音视频类网站、博客/播客博客论坛类网站、社区交友类网站、行业新闻资讯类网站、在线教育类网站、软件行业、企业网站官网和信息化应用等客户提供一站式互联网业务平台整体解决方案。自公司成立以来，网宿科技为超过2000家客户提供了良好的产品和服务。

网宿科技在互联网基础资源方面，通过与国内外各大基础电信运营商合作，形成了跨运营商的全球互联网业务平台，IDC、CDN节点近百个，拥有带宽峰值可达500g。该平台可向CDN用户提供WEB加速、高级应用加速、流媒体加速和大文件下载加速等服务。同时，通过覆盖全国主要网络节点的30家a类IDC机房，运维的服务器数量近万台，可向用户提供分布式托管、全程运维管理服务、网络安全等专业服务。

网宿科技的CDN平台已经部署在两大运营商（中国移动、中国联通）及两大专有网络（中国教育和科研计算机网、中国科技网）的骨干节点上。88个CDN节点，带宽拥有量超过230g，为国内外的众多著名客户提供了高品质的网站加速服务。

网宿科技在全国设有统一的IDC网络管理中心（INOC）和一个CDN网络管理中心（CDNOC），拥有经验丰富的客户服务团队和专业的技术工程师队伍，为全国近2000家客户提供着高质量、高效率的全天24小时、全年365日的专业运维服务。

网宿科技强大的研发团队是网宿科技公司坚实的技术后盾，几年来网宿科技依托丰富的IDC资源和强大的研发力量，已建立覆盖全国的CDN网络，自建的研发中心在近几年先后成功地研发了数据中心管理平台、CDN技术2.0加速平台、MYVIEW2.0流量可视平台、WEB加速平台、流媒体分布加速平台、高速下载平台、速通VPN管理平台等，其中速通VPN管理平台被认定为“国家高新技术成果转化项目”；网宿 CDN 平台软件 V2.0 也被正式纳入了上海市重点新产品国家火炬计划项目及重点新产品计划。

网宿科技一贯以诚信作为企业经营的原则，9 年来，连续获得上海市企业合同信用等级最高级别 3a 级认证，并于 2008 年获得首届中国互联网协会主办的企业信用等级评价 3a 级认证。网宿 CDN 不仅能提高网站响应性能，提升网站服务级别，而且还能够缓解服务器和带宽压力，增强网站安全性。

自公司成立以来，网宿科技曾荣获众多资质及荣誉：2007 年 1 月，获中国 IDC 产业年度大典“最佳用户满意奖”和“CDN 技术先锋奖”；2007 年 7 月，入选清科“中国最具投资价值企业 50 强”；2007 年 12 月，获中国信息产业年会年度“创新企业”奖；2007 年 12 月，获网宿科技 CDN2.0 入选上海市科学技术委员会重点新产品计划；2007 年 12 月，连续五年获上海市企业合同信用等级认证 3a 企业；2008 年 9 月，在中国互联网协会首批企业信用等级评价中，获互联网企业信用 3a 等级认证；2008 年 11 月，“网宿 CDN 平台软件 V2.0”正式纳入中华人民共和国科学技术部 2008~2009 年国家火炬计划项目及重点新产品计划；2008 年 12 月，中国电子信息产业发展研究院授予网宿科技“2008 中国信息产业年度高成长性企业”荣誉称号。

出色的管理团队、良好的技术成果与积累，保障有力的运维队伍，专业、专心、专注的经营理念，扎实稳健、和谐融洽、志存高远、厚积薄发的企业文化，使得网宿科技不断地向着卓越的互联网业务平台提供商迈进。凭借 9 年的专业运营经验，敏锐的市场前瞻性，坚实的客户基础，强大的技术开发能力，诚信的品牌形象，网宿科技正在联合国内外合作伙伴，不断创新，共同为各类互联网业务量身打造不同类型的互联网业务平台。

投资风险揭示：

网宿科技的主要风险在于：

1. 互联网业务发展速度出现相对放缓的风险，2009 年以来国家广电总局对流媒体视频业务的版权管理明显影响了公司客户在 CDN 业务上的支出。

2. 公司核心客户（如腾讯）在 CDN 业务上的内部化，以及华为等 CDN 设备商和基础电信运营商在中国 CDN 市场规模扩大之后的潜在进入风险。

九、银江股份（300020）：多领域协同发展的智能化系统工程解决方案的提供商

浙江银江电子股份有限公司创建于 1992 年，注册资本 5200 万元，总部位于天堂硅谷——杭州高新技术开发区内，拥有 12000 多平方米的科研大楼——银江科技园和建筑面积 50000 多平方米的科研基地——银江软件园，是主要致力于交通智能化、医疗数字化、建筑智能化、教育信息化、安防自动化、金融电子化等领域的省级高新技术企业，是浙江省内一路领先的城市智能化整体解决方案提供商，是目前国内智能化领域的、系统集成资质等级较高、行业涉及面较广的现代科技型服务企业，所处行业为信息技术应用（IT 应用）服务业，属于国家大力发展的产业。

银江股份自设立以来一直专注于向交通、医疗、建筑等行业用户提供智能化技术应用服务。公司自成立以来，以“引领智能技术未来”为企业服务理念，通过对“智能识别、移动计算、数据融合”等信息技术的自主应用开发，提供城市交通智能化、医疗信息化和建筑智能化领域的行业解决方案。

银江股份目前主要智能化系统工程产品包括城市交通智能化、医疗信息化和建筑智能化三类。

在城市交通智能化领域，公司主要为客户提供城市交通智能化管控综合平台系统、城市交通智能化诱导系统、快速公交信号优先控制系统等各类城市交通管理应用系统；在医疗信息化领域，公司主要提供医院数字化医疗解决方案，包括整体信息化系统和电子病历数据交换平台系统、无线医护系统、病患管理系统等各类医疗信息化管理应用系统；在建筑智能化集成领域，公司能够提供涵盖建筑智能化规划咨询、工程设计、系统设备采购、工程施工、集成调试、项目管理以及运维增值的全过程服务。

其中，“银江视频监控存储与管理系统”获得“中国优秀软件产品”称号；“基于 UNIX 平台的视频监控与管理系统”、“BRT 嵌入式优先控制系统”获得浙江省科学技术二等奖。目前，公司正在研制开发的“面向 BRT 的嵌入式优先信号控制器”获得了“国家火炬计划”立项，“BRT 嵌入式优先信号控制系统”获得了国家“科技型中小企业技术创新基金”，公司还是国家“十一五”科技

支撑计划——“国家数字卫生关键技术和区域示范应用研究”课题的主要承担者。

与行业内其他竞争对手相比，银江股份的核心竞争优势主要表现在以下四个方面：

1. 技术领先，持续研发创新能力强

银江股份是国家火炬计划重点高新技术企业，浙江省高新技术企业，浙江省软件企业，浙江省百强高新技术企业。作为人才与技术密集型企业，该公司多年来一直非常注重行业应用技术研究与自主创新技术的发展。2003 年，该公司整合内部研发资源，成立了银江企业技术中心，负责三大服务领域智能化技术开发、科技成果转化、整体解决方案设计等。

银江企业技术中心 2005 年被杭州市科学技术局认定为杭州市市级高新技术研究开发中心；2007 年被浙江省科学技术厅认定为浙江省省级高新技术研究开发中心，其中智能交通研发中心于 2008 年被浙江省信息产业厅认定为浙江省智能交通研发发展中心；该中心承担了“十一五”国家科技支撑计划“国家数字卫生关键技术和区域示范应用研究”项目，现有研发人员 73 人，其中硕士以上学历员工占研发人员总数的 44%。银江股份已形成了良好的持续创新研发机制，保证了该公司的技术领先地位。

同时，银江股份还积极参与国家标准：《高速公路监控设施通信规程第 3 部分视频车辆检测器》GB2007-23；行业标准：《翻版式可变标志》JT2007-90、《背光照明标志》JT2007-89 的制定。

银江股份的核心技术创新情况是以集成创新为主，兼备原始创新、消化吸收再创新。该公司在提供行业整体解决方案中，涉及多学科、多技术，知识覆盖范围广，通过集成的方式方法来获取创新结果。但是，集成创新也需要靠原始创新来不断地准备素材，在原始创新方面，银江股份通过理论创新、原理创新、方法创新得到理论、方法、技术或产品，表现为公司获得专利、软件著作权、产品登记等；该公司利用移动计算、智能识别技术，国内第一次将 RFID 身份识别技术应用于国内最长的 BRT 公交优先控制系统，首次实现了公交优先与公交准点，在高效运行的基础上提供了高水平的服务。在消化吸收再创新方面，该公司通过与 MOTOROLA、INTEL 等企业的技术合作，成功研发出应用于移动终端的产品 MCA。

银江股份本次发行预计募集资金1.7亿元，分别投入以下四个项目：补充营运资金和扩大公司智能化系统工程总包业务，投资8000万元；数字化医疗关键技术开发及产业化项目，投资4000万元；城市智能交通全集成控制系统开发及产业化项目，投资3500万元；城市快速公交营运系统（BRT）优先信号控制系统项目，投资1502万元，项目全部围绕该公司核心技术展开，是该公司现有核心产品的升级和补充，将进一步巩固提高银江股份在数字化医疗及智能交通领域的领先优势，并将为该公司带来新的收入增长点。

2. 综合业务资质业内领先，业务承接能力强

经过多年的发展，银江股份已成为行业内综合业务资质等级最高、种类最全的公司之一。截至2009年6月底，该公司已取得了工信部颁发的计算机信息系统集成一级资质、国家保密局涉及国家秘密的计算机信息系统集成乙级资质，并通过了CMMI三级认证、ISO9000管理体系认证。除此之外，公司还拥有建筑智能化系统工程专业承包一级资质、建筑智能化系统集成专项工程设计甲级资质、电子工程专业承包二级资质等8项资质，并通过了ISO14001环境管理体系、OHSMS18001职业健康安全管理体系认证。这些资质及认证有力地保证了公司承接相关业务的能力，使公司在智能化系统工程招投标过程中拉开与竞争对手间的差距，为公司业务领域的拓展奠定了良好的基础。根据CCID的研究报告，2008年公司在城市智能交通系统主力提供商综合竞争力评估中位居行业第一位、无线医疗解决方案综合竞争力评估中位居行业第一位、临床移动信息系统解决方案综合竞争力评估中位居行业第一位。

3. 营销模式创新，服务领域互补，市场竞争力强

银江股份采取“三级渠道营销模式”，立体推广公司的产品及服务。第一级渠道为公司直属的分公司或办事处，实施本地化策略，完成三大主要职能，从“样板建设”、“品牌推广”，最终成为“技术服务”部门，负责该公司当地合作伙伴和加强全面应用于公司为医院提供的信息化系统。2009年，该公司成为了INTEL成员企业。

通过与上述高校、企业等的合作，再加上银江股份的二次技术开发及对本土应用市场的把握，该公司能较好地实现世界先进智能技术与国内市场需求的有机融合，有效地整合社会资源，提高该公司的综合竞争能力。根据CCID的统计，公司2008年在城市智能交通系统主力提供商综合竞争力评估中居行业

第一位，同时在智能交通市场中占据了杭州市93%、浙江省82%的市场份额。

4. 业绩成长迅速，抗风险能力较强

2008 年、2007 年、2006 年，银江股份营业收入分别为 3.49 亿元、1.88 亿元、1.11 亿元，同比分别增长 85.64%、69.37%；净利润分别为 3149.76 万元、2027.46 万元、927.17 万元，同比分别增长 55.36%、118.67%，保持了较高的增长水平，在宏观经济保持平稳发展，业务领域所处行业政策无重大变化的前提下，预计在 2009 年之后的三年内，银江股份年均复合增长率仍将不低于 30%。较强的盈利成长能力，使得该公司抵御经济波动周期风险的能力较强，能够持续为投资者创造价值。

投资风险揭示：

从财务指标上来看，银江股份资产负债率高，流动比率、速动比率不高，存在一定的偿债风险，同时，该公司为中小型企业，融资途径单一，营运资金将成为限制公司持续、快速增长的主要瓶颈。

十、宝德股份（300023）：三大石油集团背后的低调英雄

在石油行业的细分子行业里默默发财，为中石油、中石化、中海油这等石油大鳄提供配套服务的西安宝德自动化股份有限公司是躲在石油集团背后的低调英雄。

西安宝德专业从事石油钻采设备电控自动化产品的研发、设计、制造、销售、服务及系统集成，主要为石油企业提供涉及陆地、海洋以及特殊环境下石油钻机设备电控自动化系统解决方案。

由于这些大集团客户在产品精度、性能、技术参数等方面个性化要求的差异非常明显，需要与钻井设备电控自动化系统方案提供商长期合作，以保证其优质、安全的产品供应。西安宝德与这些大客户建立了长期互动合作关系，成为了中石油、中石化、中海油这三大石油集团下属油田的石油机械设备配套商。

西安宝德为石油行业提供 1500~12000m 钻机的一体化电控系统、顶驱变频控制系统、海洋钻井平台电控系统、自动送钻控制系统、钻机电视监控系统；为冶金行业提供 10 万~20 万吨镀锌生产线、10 万~20 万吨彩涂生产线、10 万~20 万吨酸洗生产线、拉矫机、飞剪、纵剪、4 辊 6 辊轧机电气控制系统；为航

空航天提供风洞控制系统；为亚洲最大的水动力试验室提供拖车控制系统；为多种实验台提供控制及检测系统。

西安宝德遵循“创新求精、厚德大成”的立业方针，坚持科技进步、自主创新，以新技术应用、新项目开发、新设备研制为目标，通过了ISO9001、ISO14001及OHSAS18001认证，产品荣获国家科技部、国家质检总局等五大部委颁发的国家重点新产品奖及2007年度西安市科技进步一等奖，并获多项国家专利，提升了宝德公司的产品技术领先优势及市场竞争实力，为全国各大油田成功配置了直流、交流电传动钻机百余套，产品远销美国、俄罗斯、埃及、利比亚、阿曼、印度尼西亚等国家和地区，多项产品荣获国家及省市级奖项。

和许多躲在大树背后的“影子”公司一样，西安宝德此前并不知名，经营模式上也是典型的民营“夫妻店”，控股股东为赵敏、邢连鲜夫妇。赵敏任公司董事长，持有公司股份3060万股，占公司总股份的68%。赵敏之妻邢连鲜为第二大股东，现任总经理，持有450万股，占公司总股份的10%。按40倍市盈率计算，公司发行后每股价格为14元，赵敏、邢连鲜夫妇两人身价将增至4.9亿元。

2006年至2009年6月，公司成长性表现很好，营业收入从2006年的8081万元增长到2008年的1.34亿元，增长率为65.8%。另外，2007年度、2008年度净利润增长率分别为904.95%和48.68%。这样的业绩也源于近三年中国石油开采的长足发展。国家统计局数据显示，2006年以来，中国石油钻采设备行业进入爆发式增长阶段，过去三年增速均达50%以上，在各机械子行业中排在首位。

西安宝德此次拟发行不超过1500万股，募集资金中的1.6亿元将投资新建石油钻采一体化电控设备生产基地，用于研发海洋深水钻机绞车智能控制系统、石油钻采钻机一体化控制系统、嵌入式一体化采油管理控制系统。

投资风险揭示：

尽管主营业务突出，但石油钻采设备的投资积极性与规模同相关区域的政府宏观政策、经济发展状况及油气消费需求密切相关，一旦石油行业景气度低迷，可能会遏制石油公司的勘探开采和生产投资，并降低对公司产品的需求，因此投资者在选择股票时应充分考虑此风险。

十一、华星创业（300025）：3G 技术服务行业的后起之秀

华星创业是一家通信技术服务领域的专业公司，主要提供移动通信技术服务及研发、生产、销售测试优化系统，提供的服务主要包括移动通信网络的普查、评估、优化等，产品主要包括华星 Fly Wireless 测试优化系统、华星 Fly Spire/Guide 测试优化系统等。

华星创业
HUAXING CHUANGYE

华星创业的前身——华星有限成立于 2003 年 6 月 5 日，注册资本 50 万元。2008 年 7 月 17 日，华星有限以截至 2008 年 5 月 31 日经审计的净资产 4431.46 万元折合成股份有限公司 3000 万股，整体变更为华星创业。

截至 2009 年 6 月底，华星创业提供的服务及产品已覆盖全国 29 个省、直辖市、自治区，是行业内服务区域最广的企业之一，其中，在第三方移动网络测评优化服务领域，位列国内前三。

华星创业的财报显示，2006 年、2007 年、2008 年、2009 年 1~6 月，该公司分别实现净利润 996.9 万元、1382.92 万元、1743.93 万元和 883.94 万元。中国移动及其下属分、子公司是该公司最主要的客户。合并计算，2009 年 1~6 月、2008 年度、2007 年度和 2006 年度，该公司来自于中国移动及其下属分、子公司的销售收入分别占当期营业收入的 74.77%、93.85%、95.59%和 93.93%。

综上可见，华星创业存在规模小、客户集中度高及对大客户依赖的风险，在移动通信行业中相对电信运营商处于较为弱势的市场地位。为降低对大客户依赖的风险，华星创业自 2008 年起在立足中国移动的同时，开始开拓其他电信运营商及通信主设备供应商等客户，目前已取得了一定的效果。

2008 年 12 月 27 日，华星创业与华为公司签订了《框架合作服务协议》。2009 年上半年，在上述框架服务协议下，华星创业陆续为华为公司提供成都 TD 二期、杭州 TD 二期和南京 TD 二期服务；2009 年 2 月 23 日，华星创业与中国电信签订《中国电信 CDMA 网络第三方测试评估服务项目》，为其提供专项技术服务；2009 年 4 月 15 日，华星创业与中兴通讯签订《国内工程无限网络优化劳务租赁合作协议》，为其提供网络勘查、网络测试和网络优化服务；2009 年 6 月 19 日，华星创业与中国联通签订《中国联通全国重点城市网络质量第三方测试项目技术服务合同（杭州华星部分）》，为其提供专项技术服务。

华星创业的股东为14位自然人，其中，程小彦持股888万股，占总股本29.60%，是控股股东、实际控制人、现任董事长、副总经理。持股最少的自然人股东为华星创业技术支持中心主管李海江，持有24万股，占比0.8%。

华星创业募集资金拟投入两个项目，包括移动通信技术服务基地及服务网络建设项目，以及新一代移动通信网络测试优化系统研发和生产项目，项目总投资额共计约1.18亿元。其中，移动通信技术服务基地及服务网络建设项目，包括杭州本部服务基地建设和服务网络建设两个方面。杭州本部服务基地建设包括了服务管理中心、技术支持中心、培训中心、3G技术服务中心四方面的建设。该项目共投资7115.24万元，其中固定资产投资4791.00万元，流动资金投入2324.24万元。固定资产计划将在三年内逐步投入，流动资金在本项目的前两年根据服务规模提升而逐步投入。

而在新一代移动通信网络测试优化系统研发和生产项目中，测试系统产品将兼容2G、3G移动通信技术，并具有多功能性、数据业务测试专用性等特点；优化系统产品则具备支持2G/3G互操作能力、数据关联分析能力、网络自动分析及监控功能、网络数据管理功能、共享功能等。该项目总投资4710.91万元，其中固定资产投资1869.00万元，研发投入2083.45万元，生产流动资金758.46万元。固定资产投资和研发投入计划在三年内投入，生产流动资金在本项目的第二年根据生产情况逐步投入。

投资风险揭示：

华星创业虽然在一些细分领域有一定的市场份额，但它仅提供辅助性的技术服务，技术门槛较低，进入难度小。同时华星创业对主要客户的依赖程度非常高，前五大客户销售占比超过90%，投资者应关注这些公司可能被隐藏的业绩剧烈波动风险。公司的客户集中度与其行业特征密不可分，从事移动网络测评优化服务的华星创业必然要依赖于中国移动等大型通信运营商，但是无论如何，一家把业绩增长命运交给个别并不出众的客户手里的公司，其竞争力是难以得到保证的。

第二节 生物医药业

一、乐普医疗（300003）：医疗器械行业的先行者

北京乐普医疗器械有限公司创立于1999年6月，是由国家级科研院所、留美归国学者和科技投资公司共同投资创立的高新技术企业（中外合资），专业从事介入医疗器械产品的研发、生产和销售，股权结构如图9–5所示。公司注册资本为15000万元，截至2009年9月17日技术开发仪器设备原值已达778万元，拥有员工270余人，拥有12000平方米的科研、生产和办公场所，3000平方米的洁净厂房和1600平方米的行政与营销中心，主要财务数据如表9–13所示。

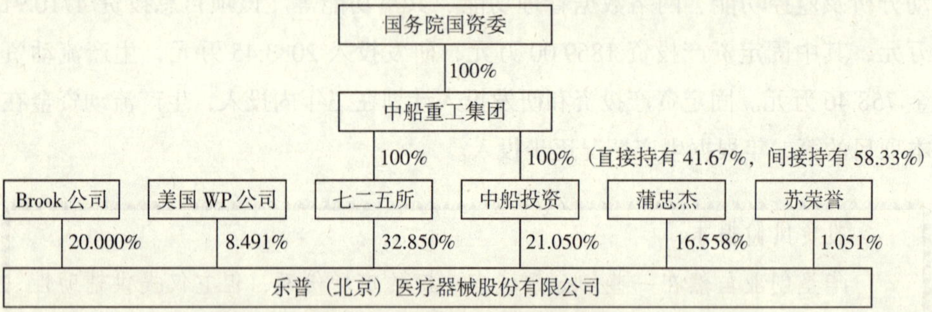

图9–5 乐普医疗股权构架图

表9–13 乐普医疗主要财务数据

单位：元

	2009年1~6月	2008年度	2007年度	2006年度
资产总额	731167219.35	609241686.05	451472679.18	177907281.50
负债总额	157358941.15	98012446.20	67591757.00	62396198.79
股东权益	573808278.20	511229239.85	383880922.18	115511082.71
营业收入	280897706.90	393879358.73	298984733.77	175338190.46
营业利润	167025943.21	200514690.14	149503640.62	79938735.88
利润总额	167400587.24	201704230.58	150314993.15	79505735.88
净利润	148284938.35	201169694.65	149725515.22	63600462.74
归属于母公司净利润	148060709.97	201368062.33	149725515.22	63600462.74

乐普公司的主营业务为血管内药物（雷帕霉素）和药物洗脱支架的生产和销售。产品在界内同行业中规格最全，产品各项性能达到或领先国际水平，其产品于2005年12月上市后，截至2009年9月17日，已经有7万多支支架植入人体，销售收入近2亿元人民币，占领了国内22%的市场份额。

乐普公司技术总监蒲忠杰，45岁，材料学博士，留美归国学者，在记忆合金、金属间化合物、高强合金领域有很深的学术造诣。1992年作为美国政府引进人才到佛罗里达国际大学工作，被聘为研究员，长期从事人体管道内支架的研究和设计，获得了十余项中国专利。先后负责公司产品的研究开发、生产以及市场营销的管理工作。主持完成了球囊扩张导管、冠脉支架及系统、血管内药物涂层支架系统、一次性使用药物中心静脉导管等介入器械的生产、型式检验、临床验证、注册和市场开拓工作，现为公司总经理。乐普医疗发行前后主要股东股权变化情况见表9-14。

表9-14　乐普医疗发行前后主要股东股权变化

序号	股东名称	发行前股份（股）	占比	发行后股份（股）	占比	股东性质
1	七二五所	119902500	32.850%	117403706	28.917%	国有股
2	中船投资	76832500	21.050%	75231294	18.530%	国有股
3	Brook公司	73000000	20.000%	73000000	17.980%	外资股
4	蒲忠杰	60436700	16.558%	60436700	14.886%	自然人股
5	美国WP公司	30992150	8.491%	30992150	7.634%	外资股
6	苏荣誉	3836150	1.051%	3836150	0.945%	自然人股
7	全国社保基金理事会	0	0	4100000	1.010%	国有股
8	社会公众股	0	0	41000000	10.098%	公众股

乐普公司作为北京市企业技术中心，聘请了一批医疗行业的知名专家作为公司常年技术顾问。通过几年的锻炼，已初步造就出了一支在产品研发、产品试制、临床验证等方面经验丰富、实力雄厚的人才队伍，与同行业相比，技术与人才优势突出。

乐普公司的主要研发内容是新一代介入医疗核心产品技术。介入医疗技术是生物医学工程的一个重要组成部分，是未来的医疗用品的重点发展领域。药物涂层支架是介入医疗的核心产品，用于治疗冠心病，已成功突破了第一代支架引起的血管再狭窄的难题，实施药物支架介入手术也成为了临床医生进行心血管疾病治疗的主要手段。

自创建以来，乐普公司先后研制了冠脉支架及支架输送系统、球囊导管、药物涂层支架等一系列介入医疗核心产品，具备从事血管内支架研发的基础设施和技术力量，支架系列产品在国内已具有了一定的市场占有率。新开发的钴基合金药物支架、无聚合物药物支架等新一代支架产品都在紧张的研究开发阶段。公司项目组确立了近 10 项技术创新内容，在支架材料、支架结构、可降解材料的设计、支架表面工艺技术、药物涂覆工艺技术、预装工艺技术、灭菌工艺的选择与确认进行了重点攻关，形成全新的药物支架产品与生产工艺。

2008 年，公司支架系统实现收入 3.4 亿元，占总收入的 87%，尤其是以冠状动脉支架系统为主，此产品的成长性基本可以代表公司未来几年的成长性。2008 年，公司在国内冠脉支架系统市场的份额为 25.8%。考虑目前支架系统供求基本平衡、该行业技术门槛高、退出成本高等因素，该产品未来新进入者不多。随着募集资金的投入以及上市带来的广告效应，未来 3~5 年公司有望保持 30%以上的复合增长率。

据有关数据预计，2012 年中国支架系统市场需求量将达 85.03 万套。考虑公司募投项目将产能由 7 万套/年扩大至 17 万套/年，以及国内品牌逐渐代替国外品牌，2012 年公司的市场占有率有望超过 30%，以此计算，公司 2012 年支架系统的收入规模约 10 亿元，是 2008 年的 3 倍。

表 9–15 乐普医疗募集资金用途

序号	项目名称	投入资金（万元）
1	心血管药物支架及输送系统生产线技术改造建设项目	19234
2	产品研发工程中心建设项目	6641
3	介入导管扩产及技术改造建设项目	18160
4	介入导丝及鞘管产业化技术改造建设项目	7638
合计		51673

乐普公司承担了以北京大学为牵头单位，由阜外医院、安贞医院、国家食品药品监督管理局中检所医疗器械质量监督检验中心共同参加的“抗体药物复合支架及新型介入导管研发”的研发课题。实现了企业与大学、科研机构、检验中心之间的联合研究和开发，创新资源共享网络。

乐普公司多年来一直跟踪研究国际医用生物材料和介入医疗器械的最新前沿动态，在借鉴国外公司先进科学技术的基础上，在介入用核心技术产品的科研经费投入上千万元，自主研发生产出了一系列介入医疗产品，已基本形成了自主知识产权的介入核心技术产品，并向系列化、配套化的方向发展，具有明显的技术优势，为产品规模化经营，参与国内国外市场竞争打下了坚实的技术基础。

乐普公司自2003年起开始进行冠心病治疗用药物支架的研发，经过3年艰苦的科研攻关和数百万元的科研投入，依靠自主创新，2005年成功突破了雷帕霉素药物支架核心技术，在支架设计及雕刻加工、药物涂覆工艺和药物缓释控制上达到了国际先进水平，研制过程中获得国家专利6项。乐普公司药物支架与国外同类先进产品——美国强生公司CYPHER支架相比，具有自己的技术优势。CYPHER支架在临床上表现为支撑力好，但是太硬，通过性不好；而乐普公司支架双螺旋结构的专利设计，使支架使用过程中尺寸和位置稳定，径向抗压能力强且具有较好的柔软性，这使支架不仅具有良好的通过性能，还保持了良好的支撑力，保证支架贴壁良好。目前，公司的药物支架在界内同行业中规格最全，产品各项性能均达到或领先国际水平，尤其是涂层技术采取多层喷涂方法，药物释放稳定性和生产工艺稳定性大大提高，具有很高的技术含量。

乐普公司在业界是公认的中国介入医疗器械技术创始者之一，是国内同行中第一个获得国家食品药品监督管理局冠状动脉支架注册批准的企业，也是国内第一个获得药物涂层支架专利权的企业，技术水平在国内同行业中处于领先优势。乐普公司是国内药物支架获得准产上市的三家企业之一，目前产品销售网络覆盖全国各地，在国内市场份额排名第二，国产供应商中排名第二。目前国内主要竞争对手是上海微创及山东吉威，微创所占市场份额约25%左右，吉威约19%左右。

北京地区目前专门从事介入用医疗器械行业研发生产的企业有5家，分别是乐普公司、安泰生物、福纪阳光、有研亿金和北京赫之源。在上述5家企业中，乐普公司的药物洗脱支架已经在2005年获得了国家药监局注册，成为了国内第二个取得药物支架注册证书的生产企业，产品自上市以来迅速得到了市场的接受和认可，已成为了北京市介入用医疗器械的领军企业。

投资风险揭示：

乐普医疗生产的医疗器械产品必须获得国家药监部门颁发的产品注册证后才能投放市场。国家医疗器械监督管理部门对产品技术的鉴定时间和审批周期可能较长，通常为 2~4 年，从而可能导致公司研发的新产品推迟上市，对股价造成不确定影响。

同时，当前中国整个医疗介入产品市场还主要被跨国公司所垄断。该行业有个不成文的潜规则，即跨国公司在卖给医院医疗器械的同时，会给医院一笔不菲的赞助费，这就等于形成了一个无形的竞争门槛，对于乐普医疗这种成立时间不长的企业来说，形成了极大的资金压力。

二、莱美药业（300006）：突破产能瓶颈重回高增长轨道

重庆莱美药业股份有限公司是一家集科研、生产、销售于一体的高新技术医药企业，公司成立于 1999 年 9 月，2007 年 9 月股改完成，现注册资金 6850 万元，总资产近 3 亿元。

公司总部位于重庆，在茶园新区和长寿化工园区拥有生产基地 85000 平方米。公司目前有员工 400 余名，其中研发及技术人员 250 余名。多次被评为“重庆市诚信纳税先进企业”，多个品种被评为“重庆市高新技术产品”、“重庆市重点新产品”、“重庆市名牌产品”、“重庆市知名产品”，2007 年被评为“重庆市高新技术企业创新十强”。

莱美药业以研发、生产和销售新药为主，产品主要涵盖抗感染类和特色专科用药两大系列。莱美公开数据显示，其高新技术药品占公司总销售收入的 60%以上。莱美药业 2009 年上半年营业收入为 1.52 亿元，净利润为 1798.72 万元，全面摊薄净资产收益率为 11.28%（如表 9-16）。

表 9-16 莱美药业主要财务数据

单位：元

	2009 年 1~6 月	2008 年度	2007 年度	2006 年度
资产总额	285700033.64	268557240.31	214686542.67	125104466.66
负债总额	132664169.94	130768592.04	106776631.92	60715277.73
股东权益	153035863.70	137788648.27	107909910.75	64389188.93
营业收入	152458852.82	265220201.05	166055339.66	96474746.84
营业利润	21426406.90	35178400.64	29562326.06	8929637.27
利润总额	22298525.16	36896782.40	30073795.78	9245414.36
净利润	17987215.43	32886668.57	24493487.45	9846267.16
归属于母公司净利润	17987215.43	32886668.57	24493487.45	8543221.77

莱美药业公司第四代药物甲磺酸帕珠沙星将不断替代市场上第三代喹诺酮药物，未来成长空间巨大，也将成为公司利润增长的主要来源之一；纳米炭混悬注射液在未来肿瘤手术中的应用将会越来越广泛，如果公司第二阶段快速推广顺利，该产品有可能成为一个重磅炸弹级别的产品。更值得一提的是，公司科研实力较强，产品储备丰富。莱美药业具有突出的创新能力、坚实的技术基础、丰富的产业化经验，以及强大的营销网络，是国内最早通过 GMP、GSP 认证的企业之一，其新药申报量名列重庆前茅（见图 9-6）。

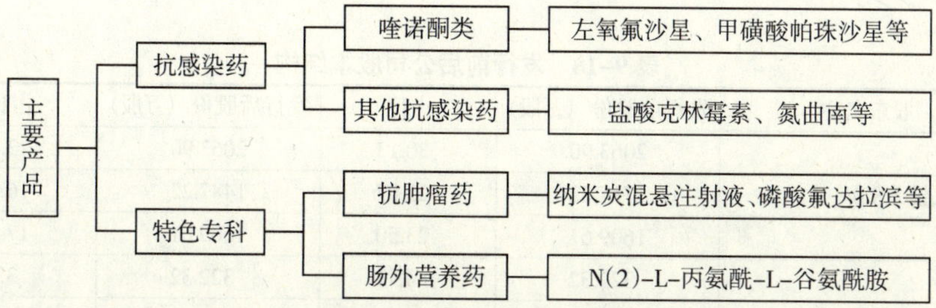

图 9-6　莱美药业主要产品

莱美药业公司的医药制造收入又主要来自于抗感染类和特色专科类产品的生产与销售，但目前产能利用率达 118.12%，产能瓶颈限制了其收入的持续高增长。为此，公司此次募资投向抗感染及特色专科用药产业化生产基地建设项目，随着项目的顺利进行，公司产能瓶颈将不复存在，公司将再次回到高速增长的轨道上（如表 9-17）。

表 9-17　募集资金用途

序号	项目名称	投入资金（万元）
1	抗感染及特色专科用药产业化生产基地建设项目	14422.30
合计		14422.30

莱美药业的实际控制人为邱宇，这位 41 岁的公司董事长，上市前持有公司 2063.90 万股，占总股本的 30.13%。

邱宇 1989 年毕业于当时的华西医科大学，1999 年至今担任莱美药业董事长。目前，邱宇持有莱美药业 30.13%的股权，此外，邱宇的兄弟邱炜也持有公司 23.50%的股份，是第三大股东。第二大股东为重庆风投，持股 25.07%（见图 9-7）。

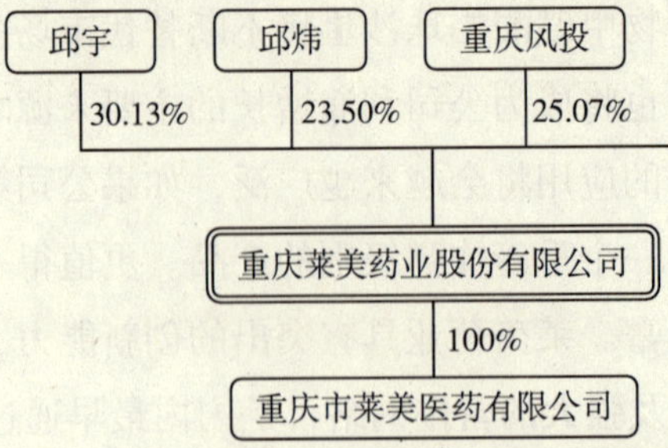

图 9-7　莱美药业股权结构图

▶附：>>>

表 9-18　发行前后公司股本结构

股东名称	发行前股份（万股）	占比	发行后股份（万股）	占比
邱宇	2063.90	30.13	2063.90	22.56
重庆风投（SS）	1717.22	25.07	1487.22	16.25
邱炜	1609.61	23.50	1609.61	17.59
李先锋	322.32	4.71	322.32	3.52
唐小海	132.96	1.94	132.96	1.45
其他股东	1003.99	14.66	1003.99	10.97
全国社会保障基金理事会	–	–	230.00	2.51
社会公众股	–	–	2300.00	25.14
合计	6850.00	100.00	9150.00	100.00

投资风险揭示：

莱美药业最主要的风险来自于药品降价，另外投资者也应当注意其主打产品纳米炭混悬注射液推广不顺利的风险和抗感染类药物市场竞争加剧的风险。

三、安科生物（300009）：生物制药业的璀璨明星

安徽安科生物工程（集团）股份有限公司是经安徽省人民政府批准成立的民营股份制企业，是国家火炬计划重点高新技术企业，国家“863”计划成果产业化基地，设有省级技术中心和博士后科研工作站。是中国规模最大、效益最好、技术储备最雄厚的生物制药高科技企业之一，2006 年至 2009 年上半年度的财务数据如表 9-19 所示。

集团公司核心企业安科生物一直专注于细胞工程产品、基因工程产品等生

表 9-19　主要财务数据

单位：元

	2009 年 1~6 月	2008 年度	2007 年度	2006 年度
资产总额	217136108.90	222961816.89	236552738.81	225721275.91
负债总额	66506531.37	74317737.77	99459912.20	103720001.05
股东权益	150629577.53	148644079.12	125878860.18	110523690.99
营业收入	94848606.10	156490022.22	125874083.26	127769584.72
营业利润	21863630.67	40459848.70	26247316.85	15591397.05
利润总额	24891053.90	42139021.22	27949743.52	17184795.27
净利润	20885498.41	36064281.25	21496402.82	14841882.11

物技术药品的研发和核心技术能力的构建。先后承担了国家“863”计划、国家科技攻关、国家重点火炬计划及省级科技攻关项目 10 余项，自主研发国家级新药近 10 个。先后荣获国家科技进步三等奖 1 次、安徽省科技进步一等奖 3 次、安徽省科技进步二等奖 1 次、省政府突出贡献奖 2 次、安徽省重大科技成就奖 1 次。

经过多年的发展，安科生物已发展成为了生物制药公司中的一颗璀璨的明星，主要产品包括重组人干扰素和重组人生长激素制剂，两者是公司收入和利润的主要来源。在国内排名前列的基因工程药物生产企业中，该公司是唯一一家同时生产干扰素、生长激素的企业，也是国内生产干扰素剂型最多的企业和国内取得生长激素烧伤适应症生产批件仅有的两家企业之一。

重组人干扰素制剂是目前国际公认的最有效的乙肝和丙肝的治疗药物。2008 年，中国重组人干扰素的实际销售规模为 22 亿元左右，重组人干扰素国内市场仍有广阔的发展空间。公司重组干扰素系列产品疗效确切、副作用小、适应症广泛、质量稳定，在同类产品中稳居前列。本次募资后，公司还将投资预充式重组人干扰素 α2b 注射液生产项目，进一步抢占重组干扰素市场（募集资金用途如表 9-20 所示）。

表 9-20　安科生物募集资金用途

序号	项目名称	投入资金（万元）
1	预充式重组人干扰素 α2b 注射液生产项目	4200
2	重组人生长激素生产线技术改造项目	3900
3	肿瘤蛋白 P185 及瘦素（LEPTIN）生物检测试剂生产项目	1900
4	新医药研发中心建设项目	3700
5	市场营销网络建设项目	2900
合计		16600

重组生长激素主要用于儿童生长激素缺乏症治疗，随着临床应用的推广，其市场规模正在不断扩大，2008 年销售额已达 5.3 亿元。因此，该产品未来仍可保持稳定增长。公司产品在生长激素方面虽然市场占有率不是很高，但是份额稳中有升。

安科生物工程（集团）股份有限公司下辖成员企业安徽安科余良卿药业有限公司是安科生物重组“百年中华老字号”中药企业“余良卿”而成立的。生产橡胶膏剂、合剂、颗粒剂、硬胶囊剂、酊剂、软膏剂、膏药剂等 7 种剂型 30 多个中药品种。

成员企业安徽安科恒益药业有限公司是专业从事药品制剂生产的企业，主要剂型有片剂、胶囊剂、颗粒、糖浆剂、膏滋剂、散剂、口服溶液剂等 7 个剂型。主要品种有：头孢克洛分散片、贝诺酯分散片、阿奇霉素散剂、阿莫西林颗粒、头孢胶囊、颗粒、头孢拉定胶囊、氨咖黄敏胶囊等 57 个品种。

安科生物正在积极筹备建设“安徽生物技术及新医药创新创业孵化中心”，这个中心从资金筹措到管理将完全采用“市场化”模式筹建和运作。建成后的孵化中心将为安徽省生物技术及新医药研究提供崭新的公共技术平台，并通过中心的孵化作用培养出一批具有较强自主创新能力的生物技术、新医药研究和产业化企业（见图 9-8）。

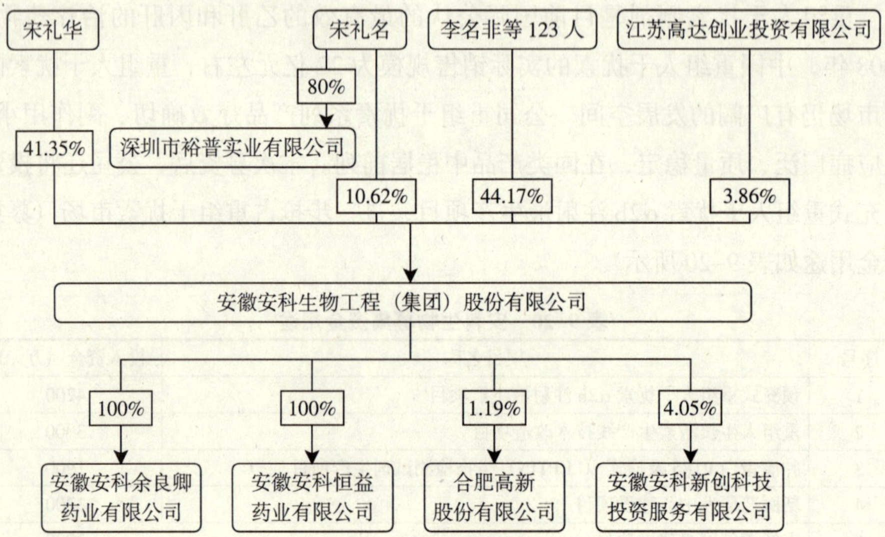

图 9-8　安科生物股权结构

安科生物的控股股东和实际控制人为宋礼华、宋礼名兄弟两人。目前，宋礼华持有公司股份 2604.90 万股，持股比例为 41.35%，宋礼名持有公司股份 669 万股，持股比例为 10.62%，两人合计持有公司 51.97%的股份。

▶附：>>>

表 9–21 发行前后主要股东股权变化

股东名称	发行前		发行后	
	股数（股）	持股比例	股数（股）	持股比例
宋礼华	26049000	41.35%	26049000	31.01%
宋礼名	6690000	10.62%	6690000	7.96%
江苏高达	2430000	3.86%	2430000	2.89%
李名非等 123 名自然人	27831000	44.17%	27831000	33.14%
社会公众股	–	–	21000000	25.00%
合 计	63000000	100.00%	84000000	100.00%

投资风险揭示：

生物医药研发具有周期长、技术难度高、资金投入大、附加值和回报高、产品市场生命周期长等特点。如果研发费用不能及时跟进、或是不能及时开发出符合市场需求的新产品，可能会给公司经营和发展带来一定风险。同时安科生物还有产品价格下降风险，行业竞争加剧导致毛利率及净资产收益率下降的风险，投资者在投资之前需要谨慎考虑。

四、爱尔眼科（300015）：快速发展的眼科连锁医院

爱尔眼科医院集团前身为长沙爱尔眼科医院有限公司，于 2007 年整体变更为股份有限公司。爱尔眼科是中国最大规模的眼科医疗机构之一，在全国 11 个省（直辖市）设立连锁眼科医院 19 家，主要向患者提供各种眼科疾病的诊断、治疗及医学验光配镜等眼科医疗服务。2008 年，公司门诊量累计达 63.11 万人次，手术量累计 6.64 万例，门诊量、手术量均为全国同行业首位。

爱尔眼科拥有近 20 家专业眼科医院、1 家眼科研究所、1 家眼库和 2 个防盲慈善救助专项基金。集团致力于引进国际一流的眼科技术与管理方法，以专

业化、规模化、科学化为发展战略，联合国内外战略合作伙伴，推动中国眼科医疗事业的发展。

爱尔眼科通过不断地实践与探索，在充分吸纳国际先进的医疗管理经验及成功运作方法的同时，成功探索出了一套适应中国医疗体制改革和市场环境的眼科医院连锁经营管理模式。集团利用其在人才、技术和管理等方面的优势，通过全国各连锁医院良好的诊疗质量、优质的医疗服务和深入的市场推广，使得爱尔眼科品牌的市场影响力和渗透力得到迅速的提升，目前，爱尔眼科已成为了具有全国影响力的眼科品牌。2006 年，爱尔眼科被评为“中国最具特色实力眼科医院”。创造性的成功模式使集团成为了国内发展速度最快的眼科医疗机构之一，被国内外同行称为中国医疗行业的“爱尔现象”。2006 年 11 月，集团顺利通过了世界银行集团国际金融公司（IFC）的综合评估，获得了其提供的长期融资，这标志着集团的综合实力和发展前景获得了国际著名金融投资机构的认可。2008 年 7 月，爱尔眼科医院集团荣登“清科——2008 年中国最具投资价值企业 50 强”榜单。

爱尔眼科在发展的过程中，凝聚和培养了一支具有先进医疗管理经验与富于开拓创新精神的管理团队和技术精良、治学严谨的技术团队。集团是目前国内医生数量最多的眼科医疗机构之一：有医生近 400 名，其中高级职称医生近百名，包括一批硕士生导师、博士生导师、博士、博士后、欧美访问学者以及临床经验丰富的核心专家。实力雄厚、梯队合理的眼科医生团队为公司做强做大提供了可靠的保障。

爱尔眼科始终追求社会责任和自身发展的和谐统一，通过全面开展防盲治盲工作、投身社会公益和帮助弱势群体参与共建和谐社会。连续数年来，爱尔眼科联合各界同仁共同为帮助中国贫困地区眼疾病患者开展了一系列公益复明活动，受到了政府及社会各界的一致好评。爱尔眼科将通过努力来实现自身的理想：“使所有的人，无论贫穷富贵，都能够享受到眼健康的权利。”

随着中国医疗体制改革的不断深化、居民收入的不断提高，眼科医疗服务的潜在需求将得到有效释放，中国未来的眼科医疗市场前景广阔。加之爱尔眼科自身的综合竞争力在持续增强，爱尔眼科未来的成长潜力巨大。

爱尔眼科在“三级连锁”商业模式的基础上，凭借企业内部的有效运营与管理，取得了快速、有效的发展，经营业绩和整体规模均保持快速增长，公司

2006年至2008年的净利润分别为1326万元、3582万元、5968万元，2007年、2008年分别较上年增长了170%、66.85%，2009年上半年实现净利润4234万元。以下三方面因素将保障爱尔眼科未来仍能获得持续快速的成长：

1. 国家新医改政策为爱尔眼科未来的发展提供了保障

对于营利性医疗机构，国家不仅以法规的形式赋予其法律地位，而且辅以相关的配套政策。新医改政策将进一步推动医疗卫生事业的发展，并加快多元办医格局的形式，民营医院在医保定点、科研立项、职称评定等方面与公立医院一视同仁，这为爱尔眼科未来的成长提供了政策保障。

2. 眼科医疗市场规模将进一步扩大

按照新医改方案，国家在未来三年内投入的人民币8500亿元将大部分用于基本医疗保障体系的建设，因此基本医保范围将迅速扩大直至全覆盖，基本医疗保障水平也将得到大幅提高。基本医疗服务的市场潜力将得到有效释放。同时，随着人们生活水平的提高，中高收入群体日益壮大，对自费医疗项目的需求将大大增加。总之，基本医疗服务与非基本医疗服务两方面需求的放量，为爱尔眼科未来的成长提供了足够的空间。

3. 爱尔眼科的竞争能力将持续增强

本次发行后，爱尔眼科将把募集资金用于迁址扩建2家现有连锁眼科医院，新建8家连锁眼科医院，以及公司信息化管理系统项目共11个项目。由于医疗服务有明显的地域性，新建和扩建连锁眼科医院将有助于公司发挥连锁优势，扩大业务规模并提升核心竞争力。

投资风险揭示：

与公立医院相比，公众对爱尔眼科这样的私立医院仍缺乏足够的信赖，同时，如果医疗改革能够有效提升公立医院的服务水平并降低收费，私立医院生存空间可能受到进一步挤压，因此，爱尔眼科未来的生产和发展具有相当大的不确定性。

五、北陆药业（300016）：生物药企新军

北京北陆药业股份有限公司于1992年创立于中关村科技园

区，是经北京市科委批准的医药高新技术企业，也是北京市新技术产业开发试验区第一批进行股份合作制试点的高新技术企业之一；1999 年，公司改制成有限责任公司；2001 年 2 月 8 日改制为股份有限公司。随着公司的整体实力的不断增强，北陆药业由一家民营高科技企业逐渐发展成为了一个产权清晰、股权结构合理、符合现代企业制度要求的股份制企业。

北陆药业已先后向市场推出国家级二类新药“磁共振造影剂——钆喷酸葡胺注射液”、国家四类新药“CT 造影剂——碘海醇”、治疗糖尿病的国家二类新药——格列美脲以及最新推出的国内第一个口服造影剂国家四类新药——枸橼酸铁铵。这几个新产品的成功研制，填补了国内空白，为国家节约了大量外汇，还获取国家级新产品证书、北京市科技进步三等奖、国家级火炬计划证书等殊荣。获得了国内广大用户的一致好评，取得了显著的经济效益和社会效益。

北陆药业在密云县工业开发区购买了 60 亩地用于生产基地建设，目前一期工程已经竣工，共有水针剂、片剂、颗粒剂、胶囊四条生产线。各车间均已通过国家药品食品监督管理局的 GMP 认证并顺利投产。

北陆药业拥有自己的药物研究所和一批高素质的研发人员。公司近期还将推出一个治疗焦虑症的三类中药，这将是中国第一个治疗焦虑症的中成药。为保持公司的持续竞争力，迎接进入 WTO 后的挑战，公司制定了以造影剂系列产品和天然药物产品并重的研发方向，并与大学、科研机构合作，重点开发治疗老年性疾病、神经精神系统疾病的天然药物，使公司有新产品不断推出。

北陆药业现有员工 123 人，其中专业技术人员近 80 人。“同心同缘”是北陆的文化理念，“以人为本”是北陆的用人之道。多年来吸引了一批优秀人才的加盟，其中既有国外留学归来的学者，也有国家级专家，公司中层以上管理人员 50%以上有硕士学历。同时公司又十分重视培养人才，近年来陆续将骨干人员送到国内、国外大学深造，带动了公司整体素质的提高。北陆深信优秀人才是企业保持持续创新能力的源泉。

北陆药业的主导产品是对比剂。该类产品目前在发达国家就医进行扫描诊断时一般会使用，而目前国内并不强制患者使用。随着新医改方案的逐渐推进，预计未来几年对比剂的使用量会大大增加。

北陆药业的主导产品主要集中在对比剂领域。2006~2008 年，全国对比剂市场表现出良好的增长势头，销售额从 20 亿元增长到 28 亿元，年复合增长率达 18.32%；销售量从 7.3 百万支上升到 10.5 百万支，年复合增长率达 19.93%。根据 SFDA 南方医药经济研究所的预测，未来五年内，该市场仍将保持强劲的增长势头，预计 2013 年全国市场的销售额将达到 68 亿元，年复合增长率达 18.92%；销售量将增加至 25.7 百万支，年复合增长率达 19.27%。

通过 10 多年的发展，北陆药业逐步形成了对比剂系列产品专业生产企业的优势。但在国内的对比剂市场地位还有待提升，SFDA 南方医药经济研究所的数据显示，在 2008 年主要对比剂生产企业市场占有率方面，先灵（广州）药业占比最高，达到 26.56%，北陆药业只占 8.04%。

针对公司主导产品市场领域相对集中这一风险，北陆药业最新推出了国内第一个也是目前唯一一个通过国家药监局批准用于治疗广泛性焦虑症的纯中药制剂——九味镇心颗粒，有望成为公司未来新的利润增长点。

投资风险揭示：

虽然对比剂市场持续增长空间较大，但创业板医药行业类股票还是要首选乐普医疗和爱尔眼科。通过比对 6 家创业板将上市医药企业业绩发现，在近三年的复合收入增长率（18.7%）、利润增长率（45.6%）和净利润率（14.4%）三方面，北陆药业都位列倒数第二，至少在财务数据方面和乐普医疗等企业差距较大。

除了主营的对比剂外，北陆药业另一项主营是药品经销，但利润微薄，过去 3 年对公司的平均毛利贡献仅为 4.44%。北陆药业药品经销主要是从上游药品生产厂家购买药品（主要为抗生素药品）并以批发形式出售给下游医药企业，利润主要来源于药品购买与出售之间的差价。在药品经销中，公司只起到中间渠道的作用，主要是根据下游医药企业的需求量向上游厂家进行采购，并不提前采购囤积药品。并且，公司经销的药品绝大部分为抗生素药品，较为单一。因此，如果下游企业的需求发生变化，则会对北陆药业药品经销收入造成影响，从而造成公司整体营业收入的波动。

六、红日药业（300026）：核心技术确保行业领先地位

天津红日药业股份有限公司坐落于天津新技术产业园区

红日药业 CHASE SUN

武清开发区，于 1996 年 9 月成立（原天津市大通红日制药有限公司），2000 年 9 月完成股份制改造，正式更名为天津红日药业股份有限公司。

红日药业整体厂区占地面积 4 万平方米，建筑面积 13000 平方米，其中一期主厂房 8600 平方米，严格按照国家对药品生产企业的 GMP 认证标准建设，拥有药用原料、注射液、口服制剂等多品种、多剂型的生产车间及生产线。公司整体环境幽雅，设备先进，于 2001 年 5 月公司一次性全面通过 GMP 认证（证书编号 C0943），医用敷料生产于 2002 年 11 月通过了 ISO9000 认证。

红日药业拥有一支专业化学术推广队伍，在公司以学术带动销售战略方针下，销售网络遍及全国各大中城市。红日药业员工约为 400 余人，其中大专以上学历人员占员工总数的 60%，营销人员占员工总数 40%。公司经营团队由拥有多年实践经验和理论基础的人员构成，无论是知识结构还是年龄结构均比较合理，团队团结协作，完成了多项产品研发、工程建设、营销团队组建、资本运作工作。工作之余，企业员工通过不断学习，提高自己的工作管理水平和专业水平。全体红日员工的共同愿望是力争在短期将红日药业建设成为国内同领域的领先企业。

十余年来，红日药业始终坚持追求卓越品质、创造健康生活的理念，逐步走入快速成长的通道，正在形成以治疗脑血管疾病和危重病为主导的产品集群。红日药业成长为了一家集科研、开发、生产、销售为一体，在市场经济体制下良好运营的制药企业。据《中国制药》杂志报道，2000 年红日药业在全国制药企业中销售额居第 98 位，而且在进步最快的 20 家企业中也榜上有名，这些都象征着红日药业的发展潜力。2007 年该公司被评为天津市百强企业。2009 年 4 月，红日药业成为了 2008 年度中国化学学会排名的百强企业之一。

经过艰苦创业，天津红日药业股份有限公司成为了国内众多药厂中依靠自主研发产品创新发展的奇迹。红日药业从中药中筛选出处方，研制出“血必净注射液”。该药物从临床研究到审批历时 11 年，经临床研究证实治疗脓毒症和多脏衰有效率超过 85%，居国际领先水平，填补了传统中药在世界急救医学领域的空白。红日药业采用最先进的技术生产“血必净注射液”，并利用指纹图谱进行控制，解决了中药成分的不稳定性，已在全国 1100 多家医院临床使用。同时，企业还建立了由全国 2000 多名专家组成的学术支撑体系，制定了中药注射剂临床用药规范，以科学地弘扬祖国医学。凭借“血必净注射液”和盐酸法舒地尔注射液两个专利药品，2008年，红日药业公司跻身全国制药百强企业之列。2009年上半年，该公司销售额比去年同期增长了30%以上。由此来看，核心技术为公司未来的持续发展提供了一定的保证。

天津红日药业股份有限公司主要从事中成药以及西药的研发、生产和销售，主导产品包括“血必净注射液”和盐酸法舒地尔注射液等。从业绩来看，红日药业表现不俗。该公司2009年预测净利润为8004.42万元，发行后每股收益为1.59元，每股净资产为4.05元。2006年、2007年、2008年和2009年上半年分别实现净利润736.2万元、3985.2万元、6438.6万元和2768.8万元，预计今年9~12月将实现净利润3587.56万元。

红日药业此次申报并未披露拟发行股份数量，只说明了募集资金拟投入的两个项目：血必净技改扩产项目和研发中心建设项目，两个项目投资金额共计2.68亿元。照此计算，此次上市红日药业拟募集资金为2.68亿元。其中血必净技改扩产项目计划募集资金2.019亿元，研发中心建设项目募集资金金额为0.66亿元。公司表示，若募集资金不足，将按上述次序安排资金，缺口部分资金将由公司自筹解决；募集资金超过上述资金需求时，超出部分资金将用于补充公司流动资金。

本次发行前，大通投资持有红日药业14005871股法人股，占本次发行前总股本的37.10%，为控股股东。公司控股股东天津大通投资集团有限公司的四名自然人股东李占通、曾国壮、刘强和伍光宁承诺：自股票上市之日起36个月内，不转让或者委托他人管理其持有的天津大通投资集团有限公司股份，也不要求天津大通投资集团有限公司回购其持有的股份。公司控股股东天津大通投资集团有限公司承诺：自公司股票上市之日起36个月内，不转让或者委托他人管理其持有的发行人股份，也不要求发行人回购其持有的股份。

投资风险揭示：

生物医药研发具有周期长、技术难度高、资金投入大、附加值和回报高、产品市场生命周期长等特点。如果研发费用不能及时跟进，或是不能及时开发出符合市场需求的新产品，可能会给公司经营和发展带来一定风险；同时红日药业还有产品价格下降风险；行业竞争加剧导致毛利及净资产收益率下降的风险，投资者在投资之前需要谨慎考虑。

第三节　制造业

一、特锐德（300001）：冉冉升起的输配电行业新星

青岛特锐德电气股份有限公司是中德合资的高新技术企业。公司注册资本金为 1 亿元人民币，总资产 2.8 亿元人民币，拥有国际先进水平的特锐德工业园和现代化的研发中心；公司占地面积 118 亩，年设计箱变产能 4000 台，年设计产值 12 亿元人民币，是中国最大的箱变研发、生产基地，是完全实现工业化、工艺化、专业化、规模化生产箱变的企业。主要财务数据如表 9–22 所示。

表 9–22　青岛特锐德电气主要财务数据

单位：元

	2009 年 1~6 月	2008 年度	2007 年度	2006 年度
资产总额	280006428.20	164735872.23	94991557.63	48629600.83
负债总额	110306330.44	60400043.82	49690031.84	20073519.35
股东权益	169700097.76	104335828.41	45301525.79	28556081.48
营业收入	178028514.85	270978388.16	123456587.64	69614491.69
营业利润	42565886.49	69922732.17	19241737.57	13684549.15
利润总额	44043367.22	70292167.89	19681342.37	13727015.28
净利润	38864269.35	61192159.62	18424444.31	13909973.93

特锐德依靠"一步领先，步步领先"的技术创新发展战略，建立起了极具特色的自主知识产权体系，拥有专利和专有技术 50 多项，2008 年成为了电力行业供用电标准技术委员会会员、全国电力系统配电技术协作网委员，承担了行业内多项技术标准的制定和修订，参与了相关技术导则的编写工作，成为了行业的技术领军者。

公司的主营业务是：220kV 及以下的变配电设备的设计、制造并提供相关的技术服务；公司拥有一大批在国内外变配电领域有着较高知名度的专业技术人才和专家学者，以箱变产品为主线，研发相关户外箱式电力设备产品，目前

已经形成了较为完整的变配电设备产品线，能为铁路、煤炭、电力、石油等行业提供配套产品，并提供变电站级的完整系统解决方案，为客户提供交钥匙工程。

特锐德的主营产品为户外箱式变电站、户外箱式开关站和户内开关柜，其中箱式变电站近三年来增长最迅速，在主营业务收入中占比近三年来一直保持在70%以上，并呈现上升趋势。公司箱式变电站产品在铁路、电力、煤炭等行业均具有较强的竞争力和较高的市场占有率，是输配电行业中一颗冉冉升起的箱变新星。

几年来公司为众多国家重点工程项目提供箱变设备：为青藏铁路工程，为北京—天津、合肥—南京、合肥—武汉、武汉—广州、石家庄—太原、济南—青岛、温州—福州、福州—厦门、郑州—西安等高速客运专线提供铁路电力远动箱变，为国家重点投资建设的千万吨级的露天煤矿——中电投白音华露天煤矿和神华宝日希勒露天煤矿提供35/10kV智能箱变和移动式智能箱变。

特锐德以为客户提供“精致产品和优质服务”的核心价值观为导向，以“创新、信任、执行、学习、负责”的企业精神为指导，遵循“积极主动、快速反应、严谨认真、精益求精”的工作作风，不断创新，不断进步，为实现“带领中国电力设备制造业步入国际梯队”的最终发展目标而奋斗，并立志为中国电力系统、铁路系统、煤炭系统、石油系统提供可靠、安全的电源系统，打造“青岛特锐德”品牌。

根据《中长期铁路网规划（2008年调整）》中对路网的规划，按照目前建设情况，客运专线电力远动箱变产品和铁路电力远动箱变产品的市场容量将分别达到32亿元和25亿元，公司有望分享铁路市场的蓬勃发展。煤矿的双电源改造需要大批的电力设备，其中包含户外箱式电力设备、户内开关柜和变压器等产品。公司生产的移动箱变与国外产品相比较，更符合国内实际需求，成本更低，具有较大竞争优势。

公司募资4亿元，募投项目主要用于对公司现有产品升级，扩大产能以及以公司核心技术为基础开发新项目（如表9-23）。据预计，上述项目达产后，公司每年将新增销售收入约13.4亿元，较2008年增加约495%；新增净利润近2.62亿元，较2008年的6992万元增加约375%，公司盈利能力将得到极大的提高。

表 9–23 募集资金用途

序号	项目名称	投入资金（万元）
1	户外箱式电力设备技改项目	22000.00
2	户内开关柜技改项目	5000.00
3	研发中心建设项目	3000.00
4	节能型变压器生产线建设项目	4000.00
5	补充流动资金	6000.00
合计		40000.00

▶附：>>>

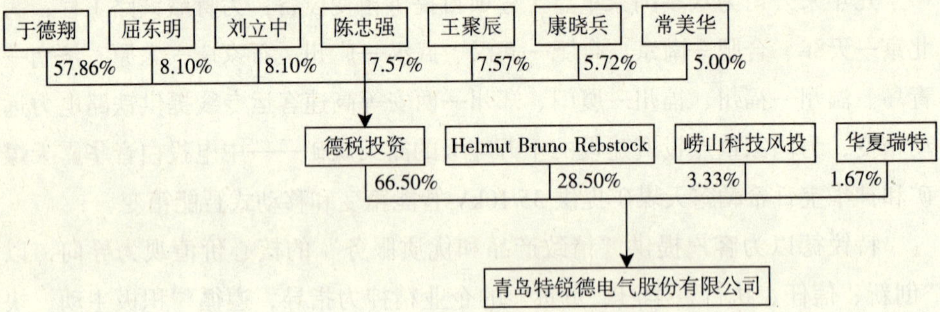

图 9–9 特锐德电气股权结构图

表 9–24 发行前后特锐德电气公司股本结构

单位：万股，%

股东名称	发行前股份	占比	发行后股份	占比
青岛德锐投资有限公司	6650.00	66.50	6650.00	49.26
Helmut Bruno Rebstock（外资股）	2850.00	28.50	2850.00	21.11
青岛市崂山区科技风险投资有限公司（SS）	333.00	3.33	–	–
全国社会保障基金理事会	–	–	333.00	2.47
天津华夏瑞特地产投资管理有限公司	167.00	1.67	167.00	1.23
本次发行流通股	–	–	3500	25.93
总股本	10000.00	100.00	13500.00	100.00

投资风险揭示：

特锐德最主要的经营风险是行业客户的依赖风险。公司客户集中分布于铁路、电力与煤炭等行业，以铁路行业为主。如果未来国家的铁路投资政策发生不利调整，或面临铁路市场的激烈竞争并不能有效开发其他行业市场，公司未来经营业绩将受到较大不利影响。

二、南风股份（300004）：小行业中的大龙头

南风股份是华南地区规模最大的专业从事通风与空气处理系统设计和产品开发、制造与销售的企业，其生产的产品均属于行业内高端产品，具有良好的发展前景。公司产品在核电、地铁、公路隧道领域均具有较强的竞争力和较高的市场占有率，是小行业中的大龙头。

南方风机发行前为7000万股，此次最多发行2400万股，发行后总股本最多9400万股。南方风机本次募集资金将用于四大项目的改造，分别是核电暖通空调（HVAC）系统核级/非核级设备国产化技术改造项目、高效节能低噪型地铁和民用通风与空气处理设备技术改造项目、大型动/静叶可调机翼型隧道风机技术改造项目、全性能检测中心和研发中心技术改造项目，预计募集资金投入后产能将扩大142.63%，公司每年将新增销售收入约50456万元，新增净利润近6183万元，如表9-25所示。

表9-25 南风股份募集资金用途

序号	项目名称	投入资金（万元）
1	核电暖通空调（HVAC）系统核级/非核级设备国产化技术改造项目	14020
2	高效节能低噪型地铁和民用通风与空气处理设备技术改造项目	8637
3	大型动/静叶可调机翼型隧道风机技术改造项目	3280
4	全性能检测中心和研发中心技术改造项目	2813
合计		28750

上述项目共需投入资金28750万元。如本次募集资金不能满足投资项目的资金需求，资金缺口将由公司自筹解决；如所募集资金超过项目资金需求，多余资金将补充公司流动资金。本次募集资金投资项目建成后，南方风机产能将从2008年的26390件扩大到64030件，增幅为142.63%。

无论营业收入还是利润指标，南方风机最近数年均加速增长。南方风机2007年、2008年、2009年1~6月的营业收入分别为1.45亿元、2.02亿元和1.03亿元，净利润分别为1873万元、3055万元、1504万元。在前3个年度中，公司主营业务收入、主营业务利润和净利润的年增长率平均为76.42%、92.15%和163.51%，体现出了良好的成长性（如表9-26）。未来5年内，中国通风与空气处理行业年平均增长率将保持在10%以上。应用于核电、风电、城

市地铁轨道交通、隧道等领域的高端产品需求将会远快于行业平均增速，预计可达30%以上。预计该公司营业收入在未来3年内仍将保持在30%以上的增长速度，利润增速也将保持在30%以上。

表 9-26 南方风机主要财务数据

单位：元

	2009年1~6月	2008年度	2007年度	2006年度
资产总额	273944804.68	233781751.85	206769050.19	150048489.07
负债总额	143338752.36	118212231.45	121238965.92	93246449.87
股东权益	130606052.32	115569520.40	85530084.27	56802039.20
营业收入	103133436.75	201894794.18	144926189.70	68037744.91
营业利润	16832621.38	35573549.74	22563965.38	6525305.89
利润总额	16811606.97	36047534.18	22563965.38	6525248.20
净利润	15036531.92	30546800.03	18728045.07	5146432.04
归属于母公司净利润	15036531.92	30546800.03	18728045.07	5146432.04

南方风机主要业务范围包括核电、地铁、隧道、风电叶片、大型工业民用建筑等五大领域。在核电通风与空气处理市场，2004年至2009年6月南方风机占据了核电HVAC系统设备的72.44%的市场；在地铁通风设备领域，南方风机以32.39%的市场占有率居全国前两位；在公路隧道领域，南方风机的产品在5公里以上长大隧道通风设备中的占有率为18.15%，处于隧道领域前三名。由于高端产品比例提高迅速，南方风机2006年至2008年毛利率逐年上升，分别为25.53%、27.78%、30.3%，2009年上半年升至30.92%。

值得一提的是，公司拥有南风股份研究所和南风股份检测实验室，具有较强的研究开发能力和试验检测能力，其中南风股份检测实验室是国内该行业仅有的三家经中国合格评定国家认可委员会认可的实验室之一，强大的研发能力也为公司在日后的市场竞争中保持常胜的地位提供了有力保障。

南方风机是一家"家族式企业"，公司控股股东及实际控制人为杨泽文、杨子善、杨子江父子三人，共持有公司本次发行前总股本的76.19%（见表9-27）。高管团队中，杨泽文任董事长，杨子善任副董事长兼总经理，杨子江任董事兼副总经理。但家族式管理架构易出现公司治理风险。南方风机还面临着较大的应收账款风险，截至2009年6月30日，南方风机的应收账款余额为9419万元，超过结算期的有24.48%，其中9.03%逾期一年以上。

表 9–27　前十名股东及其持股情况

股东名称	持股数量（股）	持股比例（%）	发行人所担任职务
杨泽文	20533333	29.33	董事长
杨子善	16748148	23.93	副董事长、总经理
杨子江	16048148	22.93	董事、副总经理；子公司执行董事、总经理
通盈创投	4148148	5.93	无
邓健伟	2800000	4.00	董事
赖兴海	2592593	3.70	无
黎建强	2592593	3.70	无
刘基照	1400000	2.00	监事、检测实验室主任；子公司监事
周燕敏	1400000	2.00	董事、内审部负责人
陈俊岭	1037037	1.48	董事
陈颖培	700000	1.00	无

▶附：>>>

表 9–28　南方风机发行前后股本变化表

项　目	股东类别	发行前		发行后	
		股数（股）	比例（%）	股数（股）	比例（%）
有限售条件的股份	自然人股东	65851852	94.07	65851852	70.06
	法人股东	4148148	5.93	4148148	4.41
社会公众股		0	0.00	24000000	25.53
合　计		70000000	100.00	94000000	100.00

投资风险揭示：

南方风机涉及的风险主要包括主要原材料价格波动风险、控股股东股权过于集中风险、补交企业所得税的风险、客户工程项目延期的风险、应收账款发生坏账的风险、资产规模迅速扩张带来的管理风险、净资产收益率下降的风险等，另外投资者还应注意该公司特有的家族企业难以摆脱的公司治理风险。

三、汉威电子（300007）：国内气体传感器行业龙头

Hanwei

河南汉威电子股份有限公司是一家民营股份制企业，位于河南省郑州市国家高新技术产业开发区。从事气体检测报警器生产已有20年的历史，是国内最早从事气体检测报警器研究、生产的厂家之一，是河南省科学技术厅认定的高新技术企业，通过了ISO9001：2000质量管理体系认证，

具有自营进出口权。

汉威电子是国内气体传感行业的龙头厂商，主营业务是气体传感器、气体检测仪器仪表的研发、生产、销售及自营产品出口。2008 年气体传感器市场占有率达 53%，民用类和工业类气体检测器市场占有率分别为 15%和 12%，表 9–29 是 2006 年至 2009 年上半年汉威电子的主要财务数据。

表 9–29 汉威电子主要财务数据

单位：元

	2009 年 1~6 月	2008 年度	2007 年度	2006 年度
资产总额	163870665.99	137321543.82	71769457.07	44869136.88
负债总额	66103259.16	46047869.79	29564655.88	11647774.87
股东权益	97767406.83	91273674.03	42204801.19	33221362.01
营业收入	52696663.22	97331435.59	64884715.74	29097924.23
营业利润	17679105.79	30507078.69	23317785.83	8583922.89
利润总额	19041612.90	34456992.56	23312421.41	8665428.86
净利润	16173732.80	29688631.50	19789306.72	7344952.37

通过多年来众多工程技术人员的辛苦努力和不断探索，汉威电子现已具备了较为完善的气体探测报警产品生产工艺技术，有年生产能力 100 万台的气体监测仪器生产线一条。报警器产品可以检测氢气、液化气、天然气（甲烷）、丁烷、丙烷、一氧化碳、酒精、丙酮、汽油等可燃性气体和液体蒸气，以及氨、硫化氢、氮氧化合物等毒性气体和二氧化碳、臭氧气体，广泛应用于石油、化工、冶金、采矿、制药、喷漆房等工业现场和家庭、商场、液化气站、煤气站、加油站等民用/商用需防火防爆、预防中毒、空气污染的场所进行气体安全检测报警。

汉威电子产品以优异的灵敏度、稳定性、选择性得到了用户的好评。汉威气体探测产品采用多项传感器新技术及独创性电路设计，创新性较强，技术含量高，多项技术通过省级鉴定并获奖，多个产品取得了消防产品型式认可和计量器具制造许可证，数十个产品获得了 CE、TUV 等国际认证。综合技术水平在国内同行业中处于领先地位，享有较高的声誉和广泛的知名度。目前产品已远销欧洲、中东、美洲和东南亚等地区，成功打入了国际市场。

到目前为止河南汉威电子股份有限公司在北京、广州、沈阳、济南、长春等地设有客户服务中心，并向其配备客户服务中心技术人员，而且对经销商进行专业的技术培训，形成了以汉威为中心、客户服务为网点、经销商体系为网线的覆盖全国的技术服务网络，从而使汉威可以准确、及时、有效地为客户提供售前、售中及售后技术服务。

汉威电子拥有较宽的产品线，是目前国内唯一同时生产半导体、催化燃烧、电化学和红外光学四大类气体传感器的企业。在竞争较弱的电化学与红外光学气体传感设备市场，公司拥有技术储备，产品已小规模供货。公司产业链完整，能够提供从气体传感器、气体检测仪器仪表直至气体检测控制系统的全部产品。系统和解决方案提供商将是公司未来的发展定位。产业链垂直优势使得公司在快速研发、反应速度和差异化生产方面的能力优于竞争对手。国内传感器行业同业中能够批量生产的产品仅限于半导体及催化燃烧类，生产企业也仅限于太原腾星、炜盛电子、深圳戴维莱、邯郸718所等少数企业，大部分同行业企业只能依赖国外企业提供的气体传感器生产气体检测仪器仪表。但是汉威电子目前不仅掌握了半导体及催化燃烧类气体传感器的生产技术并实现了批量化生产，而且已经成功开发出了可用于毒性气体检测的电化学类气体传感器及可用于检测二氧化碳及可燃气体的红外光学类气体传感器，是目前国内唯一能生产以上四大类气体传感器的企业。

气体传感器是气体检测仪器仪表的核心元器件，由于技术壁垒较高，国内同行短期内难以挑战公司的领先地位。随着公司产品技术水平的逐步提升，其传感器产品的市场份额由2006年的29%增至2008年的53%，公司将是国内气体传感器行业发展最大的受益者之一。气体传感器在燃气、冶金、航天等数十个行业均有广泛应用，调查报告显示，国内气体检测仪器仪表市场以每年30%的速度增长，至2012年，国内气体检测仪器仪表需求量可达1550万台以上，市场规模为30亿元以上。由于核心元器件自给，汉威电子公司的气体检测仪器仪表具有明显的成本优势和技术优势。

汉威电子产品下游应用广泛，可应用于石油、化工、冶金、采矿、电子、电力、家庭安全与健康、生物科技、航天航空、军事反恐等领域，2005~2007年需求量增速为30%左右，2008年受金融危机影响增速降为20.6%。预计2010年以后，需求量增速将恢复到30%以上。

进口替代市场广阔。目前国内企业的气体传感器技术整体研发水平大幅落后于发达国家，高端气体传感器及检测仪器仪表依赖进口。公司产品与国外厂商同类产品相比具有价格优势。

汉威电子此次募集资金将用于扩大生产规模，如果顺利实施，预计产品销售价格将在国外同类产品价格的60%以内，成本优势明显。募投项目总投资为18157万元，拟投资于年产8万支红外气体传感器及7.5万台红外气体检测仪器仪表项目、年产25万台电化学气体检测仪器仪表项目和客户营销服务网络建设项目。募投项目应用领域更为广泛，达产后公司气体检测仪器仪表产能将扩大50%，并增强红外气体传感设备的自我配套能力，综合实力将得到进一步提升。此次募投的三个项目建成后，一方面将全面提高公司产品产量及性能，拓宽公司产品的深度及广度，保持公司的产品优势；另一方面将提升公司售后服务水平，完善营销网络。业内十分看好公司募投项目的发展前景。据预计，2012年公司营业收入和净利润将分别达3亿元以上和8000万元以上，年均复合增长率均在30%以上，高于行业平均增速。

据研究表明，汉威电子2009年、2010年、2011年预期销售收入分别为125亿元、164亿元、212亿元；归属于母公司所有者的净利润分别为3994万元、5412万元、7041万元；对应EPS分别为0.68元、0.92元、1.19元。

汉威电子的实际控制人为任红军、钟超夫妇。作为公司的初创者，任红军、钟超分别持有60%股份和20%股份，经历次股权变动后，发行前任红军持有公司36.032%股份，为第一大股东，发行前钟超持有公司16.565%股份，为第二大股东，发行前两人合计持有52.597%股份。另外，任红军的妹妹任红霞持有36.408万股，占发行前总股本的0.827%；钟超的弟弟钟克创持有152.438万股，占发行前总股本的3.465%。任红军、钟超、任红霞、钟克创四人合计持有公司股份2503.132万股，占发行前总股本的56.889%（如图9-10所示）。

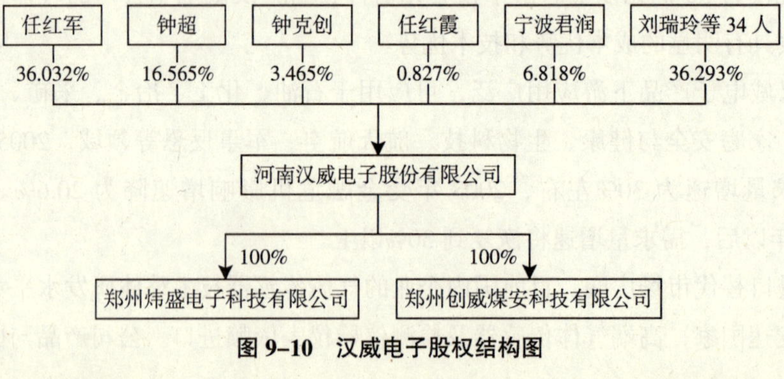

图9-10　汉威电子股权结构图

▶附：>>>

表 9-30　汉威电子前十名自然人股东

股东名称	持股数（股）	持股比例	在本公司及其子公司担任职务
任红军	15854290	36.032%	汉威电子董事长
钟　超	7288570	16.565%	汉威电子董事
钟克创	1524380	3.465%	炜盛电子总经理
韩　琼	1457550	3.313%	无
刘瑞玲	1382520	3.142%	汉威电子董事、董事会秘书财务负责人
肖延岭	1363250	3.098%	汉威电子职员
张广超	1362020	3.096%	无
陈仲青	1291500	2.935%	无
方智勇	1120120	2.546%	其他核心人员
赵金领	1104950	2.511%	创威煤安法定代表人
合　计	33749150	76.70%	

投资风险揭示：

汉威电子通过贴牌生产的方式实现的出口销售收入占公司出口收入的平均比例超过50%。虽然2006年、2007年、2008年、2009年上半年，公司贴牌销售收入占营业收入的比重分别为29.57%、17.23%、14.50%和13.38%，呈现逐年下降的趋势，但公司目前仍对贴牌生产销售方式存在一定程度的依赖。显然，如果公司未来以自有品牌在国外销售气体检测仪器仪表，现有国外客户可能会委托其他厂家设计、生产、加工类似产品，从而与公司构成潜在的竞争关系，影响其在国外市场的业务。

同时，由于公司核心技术包括气体传感器的气敏材料及配方、制造工艺等，一旦核心员工流失，有可能导致相关核心技术流失。目前气体探测仪器仪表毛利率较高，如果未来国外同类产品价格大幅下降，将影响公司的盈利能力。

四、亿纬锂能（300014）：高能锂一次电池核心技术企业

惠州亿纬锂能股份有限公司是中国最大、世界第五的锂亚电池供应商。公司产品主要包括一次电池（锂亚电池、锂锰电池）和二次电池（锂离子及锂聚合物组合电池、镍氢组合电池）。

公司主要服务于智能电网、射频识别（RFID）、汽车电子（轮胎压力监测系统和安全防盗系统）和安防产业（电子烟雾报警器）等领域，为上述领域提供高能量、长寿命、适用温度范围广的新型环保锂电池解决方案和产品。智能电表、智能识别卡、轮胎压力监测系统、安全防盗系统和电子烟雾报警器等均是近年来快速成长的产业，这为公司的持续成长提供了广阔的空间。尤其是国家电网公司加快了电网投资的力度，计划在未来三年内投资 800 亿元用于下属 27 个省网公司用电信息采集系统的建设，智能电网领域的高能锂一次电池的需求将持续、快速增长。

亿纬锂能的锂亚电池业务盈利能力较强。2009 年上半年，锂亚电池业务占据公司主营业务收入的 62%和主营毛利的 89%，是公司主要利润来源；公司锂亚电池具有自主知识产权，产品性能指标均达到了国际一流产品水平，毛利率保持在 40%以上。

锂亚电池是亿纬锂能的核心产品。2009 年上半年，锂亚电池的收入已占公司总收入的 61.94%，占公司毛利的比重高达 89%，公司盈利的九成来自该产品，2009 年之后亿纬锂能的市场扩大和净利增长还得主要看这一块市场。亿纬锂能董事长刘金成是锂亚电池方面的专家，获得过华南理工大学的“材料物理与化学”博士学位。

由于锂亚电池具有较高的技术要求，国内只有亿纬锂能能够规模生产，其他国家也只有法国、以色列、日本、韩国能进行规模化生产，公司产品主要用于新兴的高科技领域，如智能表计、汽车电子、胎压监测系统等市场。在 2004 年以前，国内的表计市场全部采用的是进口锂亚电池进口产品，2004 年之后亿纬锂能改变了这一状态，目前亿纬锂能生产的高性能锂/亚硫酰氯电池在国内市场的份额达到 70%左右，国际市场占有率也达 5%~8%，产量处于世界第三。

亿纬锂能的另一产品——方形高容量锂/亚硫酰氯电池，也具有很好的市场前景。这款产品原来只有美国 Eagle Picher 公司能够生产，处于垄断地位。但亿纬锂能成为了第二家生产厂家之后，国际市场价格至少下降了 50%。目前亿纬锂能生产的该产品约占国际市场销售额的 40%~50%，其份额已与美国 Eagle Picher 持平。

2006~2008 年，亿纬锂能营收年均复合增长率达 20.24%，其中，锂亚电池产品——高能锂一次电池营收年复合增长率达 25.48%。

亿纬锂能的优势突出表现在技术优势和客户优势两方面。公司具有较强的自主创新能力，是广东省第一批29家“创新型企业”之一，并被科技部认定为国家火炬计划重点高新技术企业。目前公司是江苏林洋、湖南威胜、华立仪表等国内主要智能表计生产厂商认定的锂亚电池供应商，在海外市场，也获得了较好的品牌信誉和客户资源，全球前十位智能表计厂商中已有五家采购该公司的锂电池产品，这为公司未来加大新产品研发和市场推广打下了良好基础。公司产品得到了世界知名表计厂商ITRON、ACTARIS、LANDIS+GYR、SEVERNTRENT、AMPY、DATAMATIC等的认可。

亿纬锂能此次募集资金约2.06亿元，用于扩展产能和技术研究，拟使锂亚电池产能、锂锰电池产能翻倍，公司的业绩增长可期。募投项目达产后将进一步提高公司在高能锂一次电池市场的地位。此次公司募投项目包括锂亚电池生产线扩建（新增产能1800万支）、锂锰电池生产线扩建（新增产能2200万支）和锂电池工程技术研发中心项目，募投项目预计将在2011年达产。

投资风险揭示：

亿纬锂能所处的元器件行业对技术要求高，一旦企业丧失技术优势，将面临市场份额丢失或盈利能力下降的冲击。技术不能保持持续进步风险、应收账款增长过快风险、存货增加风险、市场开拓风险等是投资者必须考虑的风险。

五、中元华电（300018）：电力自动化专业设备优秀制造商

武汉中元华电科技股份有限公司是由2001年11月16日成立的武汉中元华电科技有限公司整体变更设立的，位于华中科技大学科技园，占地19000平方米，是专门从事电力系统智能化记录分析和时间同步相关产品的研发、制造、销售和服务的高新技术企业。

中元华电坚持“以人为根、科技为本、质量第一、信誉至上、共同发展”的经营理念，按现代企业模式进行管理。公司于2002年通过ISO9001：2000质量管理体系认证。

经过数年的发展，公司已聚集了一批有志于从事电力系统自动化事业、经验丰富的中高级人才，拥有一支以博士为核心的产品开发队伍和一支始终为用

户着想的销售队伍，同时按 ISO9001：2000 质量管理标准建立了完善的生产和服务体系。

公司已拥有发明专利 1 项、软件著作权 3 项，已受理的专利申请 10 项。公司还参与了国家标准《电力系统同步连续记录装置》和电力行业标准《电力系统的时间同步系统 第 1 部分：技术规范》、《电力系统的时间同步系统 第 2 部分：检测规范》的起草报批工作。

在全体员工的共同努力下，公司发展势头良好，技术和实力已位居全国同行业前列，公司主导产品电力故障录波装置的产销量 2008 年位于行业首位。

公司专门从事电力系统智能化记录分析和时间同步相关产品的研发、制造、销售和服务。主营产品有电力故障录波装置、时间同步系统等，主要应用于电力系统及石化、冶金行业，在通信、轨道交通和工业控制等行业也有广泛应用前景。

ZH 系列电力故障录波分析装置是中元华电具有全部自主知识产权的产品，覆盖线路录波、发变组录波、变压器录波和便携式录波，为电力系统的故障分析提供完整解决方案。该公司早期产品 ZH-2 电力故障录波分析装置获 2003 年湖北省科技进步二等奖。而最新的 ZH-5 嵌入式电力故障录波分析装置则是新一代全嵌入式录波器的杰出代表。

正是由于中元华电有着良好的信誉、先进的技术、优良的质量、周到的服务，所以它在为中国电力事业贡献一份力量的同时，自身也得到了迅速发展：截至 2009 年 6 月，ZH 系列电力故障录波分析装置已销售 6000 多台套，并在多项国家重点工程中中标。2005 年 3 月成功中标三峡至上海±500kV 直流输电工程故障录波装置；2005 年 5 月成功中标长江三峡右岸机组故障录波装置及 500kV 直流输电工程故障录波装置；2005 年 6 月成功中标国家电网公司三峡输变电华中四站故障录波装置；2005 年 9 月中标 2008 年奥运工程——北京城北 500kV 变电所故障录波装置；2007 年 8 月成功中标国家电网公司 1000kV 晋东南—南阳—荆门特高压交流试验示范工程全部故障录波项目，该工程是中国第一个 1000kV 特高压工程；2007 年 12 月中标云南—广东±800kV 直流输电工程全部录波项目，该工程是世界上第一个特高压直流输电工程；2008 年 9 月成功中标兰溪 500KV 变电站数字录波项目，该录波器全面满足 IEC61850 标准；2008 年 10 月在三峡左岸电站的改造工程中中标，开始全面替代原左岸电站中运行的国外同类设备。这标志着中元华电电力故障录波分析装置已在技术水平、稳定性、适用性上全面赶超了国外进口设备。

中元华电主要从事电力系统智能化记录分析和时间同步相关产品的研发、制造、销售和服务，该行业是国家鼓励发展的产业。公司产品是典型的硬件和软件相结合的高科技产品，其价值主要体现在公司自主设计的专用系统以及具有专家支持系统的智能化专用软件。公司一贯坚持科技创新、自主研发，所有产品均拥有完全自主知识产权，主营产品有电力故障录波装置、时间同步系统等，其中电力故障录波装置技术居于国际领先水平，时间同步系统居于国内领先水平。2008年电力故障录波装置市场占有率为22.5%，位居全国同行之首；时间同步系统产品自2006年正式推向市场以来市场份额不断上升，至2008年已达13.3%，位居全国同行第三。最近3年国家主要特大重点电力工程，如长江三峡、2008年奥运会、上海世博会、国家电网公司1000kV特高压交流试验示范工程等都采用公司电力故障录波装置产品。

中元华电募投项目包括：智能化电力动态数据记录装置项目、基于北斗/GPS的时间同步系统及时间同步检测设备项目以及企业技术中心项目。每个项目的投放资金如下：智能化电力动态数据记录装置项目6875万元，基于北斗/GPS的时间同步系统及时间同步检测设备项目6060万元，企业技术中心项目5565万元。本次募集资金投资项目实施完成后，公司的创新能力将大大提高，生产布局将进一步优化，市场供应能力将获得较大增强，可有效地提升公司的竞争力，扩大市场占有率，为公司未来的发展奠定良好的基础。

中元华电公司所处细分行业的发展与电力行业及国民经济的发展息息相关。随着中国国民经济的增长和工业化进程的深入，行业保持较快的增长速度。电力故障录波装置和时间同步系统是电力系统二次设备的重要组成部分，广泛应用于电源建设、电网建设及其技术改造，这给公司所处细分行业带来了广阔的市场空间。随着中国电源建设和电网投资的持续增长，电力故障录波装置、时间同步系统作为电力系统的必配设备，发电企业和电网企业对该类产品的需求日趋旺盛。另外，随着电力故障录波装置、时间同步系统技术的不断进步，将创造新的潜在需求。因此，该行业在相当长的时期内会维持较高的景气度。

中元华电下游产业电力行业的发展也很迅速。与该公司产品应用紧密相关的电网投资持续增长，2007 年、2008 年电网建设投资增长率分别达 16.41%和 17.69%，2008 年电网投资占电力行业总投资的比重首次超过了 50%。

中元华电 2009 年预计销售收入以截至 2009 年 6 月 30 日所签订的销售合同所规定的交货日期以及 2009 年下半年的生产计划安排为计算依据，预计所签销售合同未实现销售在 2009 年度能够实现 80%。公司营业收入 2009 年度预计为 15581.72 万元，比上年 11823.48 万元增加 3758.24 万元，增长 31.79%。

进入创业板的高科技企业一般都有独家的技术，中元华电也不例外。技术领先地位是公司获得持续竞争优势的关键。目前该公司已成为制定行业标准的参与者和行业发展趋势的引领者，在产品研发上紧跟国内外电力技术的发展趋势，在原有的 ZH-3 嵌入式电力故障录波装置和 ZH-501 GPS 时间同步系统基础上，成功研制出了 ZH-5 全嵌入式电力故障录波装置、ZH-3D 数字化故障录波装置和基于北斗/GPS 的 ZH-502 时间同步系统，该公司还将密切关注行业的技术发展动态，持续研发适用产品，保持领先优势。

> **投资风险揭示：**
>
> 公司实际控制人为 8 位自然人股东，股权过于分散可能会使得中元华电面临决策效率低下的风险。而如果拥有核心技术的自然人股东或者核心技术人员流失，中元华电还将面临持续发展风险，投资者在选择该股时应当慎重考虑。

六、硅宝科技（300019）：主营产品填补国内空白

成都硅宝科技股份有限公司是目前国内唯一一家集有机硅室温胶生产、研发和制胶专用生产设备制造于一身的企业。近三年公司主营业务收入及净利润复合增长率分别超过行业平均水平，产品毛利率水平远高于同行业平均水平。

历经 10 余年发展，硅宝科技形成了以有机硅室温胶为主，制胶专用生产设备为辅的业务结构。产品广泛应用于建筑门窗幕墙、节能环保、电子电力、汽车制造、公路道桥与机场跑道、地铁工程、太阳能等领域。自主创新的技术、完整的销售网络、独一无二的制胶工艺等形成了公司的核心竞争优势。由于公司拥有多项自主知识产权、较高的品牌知名度、独特的配方设计能力和雄

厚的技术储备，成都硅宝已成为能够根据客户多样化需求研发出不同性能产品的国内同行业领先企业。

硅宝科技设立技术中心负责公司主导产品的研制开发、试用与鉴定，研究开发具有自主知识产权、对公司产品发展具有重要作用的共性、关键性、前瞻性技术。本公司总经理兼任公司技术中心主任。现有研究人员43人，其中博士2人、硕士8人、本科19人，教授级高级工程师及高级工程师14人，其中外聘专家8人。研发团队人员稳定，研发团队将进一步扩充。

硅宝科技多项有机硅室温胶产品填补了国内空白，达到了国际同类产品先进水平。在制胶专用设备制造领域，硅宝科技的设备在国内外已为多家知名密封胶生产企业所采用。硅宝科技具有自主创新的核心技术，凝聚了一大批国内顶尖的有机硅新材料行业人才，同时独一无二的制胶工艺与设备自主设计的相互促进，造就了公司强大的竞争优势，是极具成长性的创新型企业。硅宝科技的研发能力在行业内享有盛誉。公司已获授权发明专利7项，已获授权实用新型专利3项，另有5项发明专利已向国家知识产权局申报并被受理。公司作为负责起草单位或主要起草单位参与了11项国家和行业标准的制订与修订，其中已发布实施的有8项。成都硅宝总经理王有治称，该公司有机硅室温胶方面的发明专利共7项，设备设计制造方面的实用新型专利共3项。

硅宝科技一直以来将“技术不断创新”视为发展的原动力，聚集了有机硅行业内的大批专家，以专家学者型企业著称。多年以来公司已经形成了一套行之有效的创新机制，在竞争中扩大技术优势，缩小与国际同行的技术差距，在一些应用领域已形成了与国际同行竞争的品牌形象。具体措施包括：

①引导需求的技术开发系统。

②产品工艺与设备设计相互促进。

③有效的利益驱动与激励机制。

④自主创新与高校合作相结合。

硅宝科技2006年度、2007年度、2008年度及2009年1~6月，公司营业收入中有机硅室温胶的销售收入占比分别为69.15%、84.55%、91.03%和91.48%，所占收入比例呈现逐步增长的趋势。未来增加盈利的主要技术方向是新产品的开发和新技术的应用，以及有机硅室温胶产品在新领域中的推广应用。

硅宝科技本次募集资金主要用于建筑节能用中空玻璃有机硅密封胶技术改

造、耐久型建筑门窗用有机硅密封胶技术改造、汽车用有机硅密封胶技术改造、技术中心技术改造四个项目。

对于本次募集资金投向项目预期利润情况，预计 2009 年年底可以产生利润约 118 万元；预计三个募投项目 2010 年可以产生利润 594 万元；2011 年可以产生利润 2098 万元；2012~2019 年每年可以产生利润 3883 万元。

随着募投项目的达产，硅宝科技的产品品种将进一步丰富，原有品种的生产规模将得到扩大，产品结构将得到优化，工艺技术将加快升级换代，生产过程将更加节能降耗，生产能力将得到极大增强。项目实施后将大幅提升公司有机硅室温胶的生产能力，同时通过加强企业技术中心的建设，通过中试、小试、预研等多层次的项目储备的长效机制，为公司近期、中期和长期发展提供有梯度的人才、技术和产品支持，将极大地提高公司产能，增强企业的竞争能力，强化公司的战略布局，扩张企业的市场版图，也将有效提升公司的业绩与利润。

硅宝科技以海外市场业务部为主导，引进在此方面有丰富经验的专业人才，充分利用广交会等国内外展会和电子商务平台、海外华侨华人商会等渠道，积极拓展国外市场，力争于 2011 年实现 15%左右的有机硅室温胶出口。同时要抓住产业转移和世界设备制造行业向中国集聚的发展趋势，利用网络资源和已有的渠道与影响力，进一步扩大在国外同行业公司的影响力，争取更多的设备出口订单并积极争取工程总承包等大型项目，扩大公司的密封胶专用生产设备出口量。

硅宝科技 2006~2007 年度享受国家西部大开发企业 15%的所得税优惠税率，2008~2010 年享受高新技术企业 15%的所得税优惠税率。

投资风险揭示：

与同行业其他公司相比，成都硅宝主要有以下几个劣势：

①硅宝科技位于西南地区，与目前行业应用重点市场华东、华南、华北地区相距较远，导致运输成本相对较高，周期较长，公司为稳定和开拓客户也需要做出更大的努力。但随着国家西部大开发战略和灾后重建的推进，西部地区的市场正在快速扩大，这种局面正在改变。

②硅宝科技现有的资本规模、人员规模在国内同行业中并不占领先地

位，与跨国公司相比更是存在着较大差距。

③在全球经济一体化的趋势下，走出国门了解和开拓全球市场是必要和迫切的，公司在开拓国外市场方面的力度和手段尚有待加强。公司目前已经取得了自营进出口经营权，但尚未自行办理产品的进出口业务。有机硅室温胶产品自2008年开始有少量经由外贸企业出口，对国外市场的销售尚在探索阶段。

七、大禹节水（300021）：节水产业的后起之秀

甘肃大禹节水股份有限公司是立足高起点、高技术、高速度建设的以农业节水灌溉产品为主，集生产与科研开发为一体的综合性民营企业，被国家经贸委列为国家重点高技术创新项目企业。

以王栋为首的大禹节水董事会以超前的发展意识和务实的工作作风，团结和带领全体员工发扬“立足节水、奉献社会”的企业精神，坚持“诚信、准确、高效、优质”的质量方针，坚持以人为本，以项目促发展，以研发创市场，注重争取项目资金并积极进行招商引资工作，为企业的高速发展奠定了良好的基础。截至2008年底，公司总资产3.28亿元，其中非流动资产8236万元。酒泉总部占地面积133200平方米（合200亩），其中建筑面积27000平方米，绿化面积13000平方米。分别在定西、武威、新疆设立了3个节水子公司、5个销售（工程安装）分公司以及1个新产品研究开发中心。公司现有员工600人，其中高级职称5人，中级职称25人，初级职称85人。

公司以中国水利水电科学研究院、国家节水灌溉北京工程技术研究中心为技术依托单位，2003年通过了ISO9001：2000标准质量管理体系认证。产品从设计到生产、销售、安装、服务全过程，严格按照质量管理标准要求运行。2003年被市科技局认定为民营科技企业，被省经贸委认定为省级企业技术中心。2004年被省科技厅认定为国家高新技术企业，被省工商行政管理局评为

“守合同、重信用”企业。同时，被确定为“甘肃省首批星火产业带示范企业”。2005年分别被国家科技促进会、甘肃省经委评为“中国民营企业创新奖”。2006年公司内镶式滴灌管等主要产品荣获甘肃名牌产品称号，2007年被科技部认定为国家级高新技术企业。公司董事长王栋同志先后被授予酒泉市十佳青年企业家、甘肃省人民政府发展研究中心特约研究员、甘肃省555创新人才工程学术带头人、甘肃省劳动模范称号，2009年1月获得了享受国务院颁发的政府特殊津贴的专家殊荣。

公司现引进国外先进滴灌生产线7条，U-PVC、PE管材生产线10条，设计年生产能力为滴灌管3.3亿米，各类管材5000吨，管件500吨，施肥过滤器及自控系统3万台（套），年产值近3亿元。公司自主研发的“内镶扁平紊流压力补偿式滴灌管滴头”和“内镶贴片地下灌水器”技术，居国内领先，获得了国家专利，被评为甘肃省十大优秀专利，被科技部批准列为国家重点新产品和国家重大成果推广计划项目。公司申报的西部高技术产业化专项项目，被国家发改委列为国家西部高技术产业化专项项目，总投资8968万元。

公司坚持“东进西出、南联北协”的市场战略，分别在甘肃、内蒙古、河北、新疆、宁夏设立了分公司，建立了完善的市场营销体系和售后服务网络。近年来先后在甘肃、新疆、内蒙古、宁夏等省区通过招投标，承揽实施了日协节水灌溉工程、人饮解困工程、防风治沙工程、安全饮水等国家重点节水增效示范工程项目，实现工程中标金额1.7亿元。特别是棉花、啤酒花等经济作物滴灌技术的大面积推广，降低了生产成本，节约了水资源，增加了农民收入，创造出了明显的经济和社会效益。

为了不断把企业做大做强，公司顺应改革发展的形势，坚持以节水产业为主，逐步发展为水利水电工程、水资源开发、矿产品加工销售，以及具有销售和科研开发多元化结构的跨地区、跨行业的企业集团。公司将通过优良资产重组，加快企业改革，积极融资参股，推进上市步伐，按照“一年一大步，三年大发展”的目标，使企业主要经济指标在2005年的基础上，实现翻三番。公司认真贯彻“三个代表”重要思想和“三个有利于”的标准，坚持“物质文明、政治文明、精神文明”一起抓，使企业在激烈的市场竞争中崛起。

投资风险揭示：

大禹节水自有的房屋建筑物、机器设备和土地使用权中的绝大部分，都已经抵押给贷款银行。截至2009年6月30日，大禹节水拥有的账面值为1876.62万元的房屋建筑物被抵押，占房屋建筑物净值总额的99.17%；账面值为3330.09万元的机器设备被抵押，占机器设备净值总额的77.96%；账面价值为1691.91万元的土地使用权被抵押，占土地使用权账面值的99.05%。如果大禹节水不能及时清偿到期债务，则抵押资产可能被银行变卖，导致公司生产经营无法正常进行。

此外，大禹节水投资、经营的现金流都为负；且债务融资以银行短期借款为主，流动负债较高，长期借款较少；同时其业务模式需要先垫付工程款，但应收账款余额长期保持较高水平，公司偿债能力不强。尽管公司应收账款单位主要为各级政府的水务主管部门，有财政资金做保障，坏账风险相对较小，但若应收账款不能如期收回，将对公司的正常生产经营造成不利影响。

除了资金链脆弱，大禹节水原材料单一，受国际原油价格波动程度的影响也较大。大禹节水生产的节水灌溉设备、器材及节水材料所需的主要原材料为聚氯乙烯和聚乙烯，均采购自国内大型石化生产厂家。在经济回暖的过程中，国际油价的回升将带动石油化工产品价格上涨，这将使大禹节水原材料采购价格上升。而其产品销售价格弹性较小，未来的生产经营将面临不小的成本压力。

八、吉峰农机（300022）：农机商业流通中的新商业模式

吉峰农机始创于1994年，1998年正式开始运营，2008年完成股份制改造。公司主要从事国内外名优农机产品的引进推广、品牌代理、特许经营、农村机电专业市场开发，已形成传统农业装备、载货汽车、农用中小型工程机械、通用机电产品等四大骨干业务体系，同时开展泵站及节水灌溉工程勘测设计、设备供应、安装施工等业务。

吉峰农机现为中国农机流通协会副会长单位、中国连锁经营协会理事单

位、国家一级农机营销企业、2008年中国特许经营连锁百强企业、全国农机流通杰出贡献单位、全国“促创业带就业、特许加盟50家示范单位”、四川省成长型中小企业、四川省消费维权定点联系企业、四川省企业诚信示范单位、四川省农机系统抗震救灾先进集体、四川农业大学毕业生就业基地、四川职业技术学院联合人才培训基地、《四川农村日报》协办单位、《四川农机》杂志协办单位、《四川农业科技》杂志副理事长单位、成都市农业产业化经营重点龙头企业、成都市诚信100品牌单位、成都现代工业港构建和谐园区先进企业，董事长王新明被评为全国农机流通行业“百强企业家”和“农机工作杰出贡献者”。

吉峰农机是服务于农机流通行业的一家农机连锁经营企业，目前是中国最大的农机连锁企业，现有直营店近100家、加盟店600余家，网络覆盖川渝地区及云南、贵州、陕西、江苏、广东、广西等省市区，在全国农机流通连锁类企业综合实力排名中位居第一。

20世纪90年代，中国传统农机销售体系逐步崩溃、解体，出现了“小、散、乱、弱、缺”、“大生产、小流通”的行业状况。吉峰农机遵循“服务创造新价值”的核心经营理念，坚持务实创新，率先在行业内实践以连锁经营形式销售农机并提供服务的商业模式。

把新商业模式引入农机商业流通，主要体现为以下三个方面：

①由以批发为主体模式转变为直接面向终端零售的直营连锁模式。

②由以单品类或少品类、单品牌或少品牌为主线的小店经营模式转变为多品类、多品牌大卖场经营模式。

③由重销售轻服务的单一功能农机商业流通转变为以提升农机购买者总体价值为核心的融专业化咨询、售前培训、体验式营销、便捷式售后服务为一体的多功能现代服务模式，引导行业从单纯的价格竞争向价值竞争转型。

经过10余年的经营发展，吉峰农机连锁网点已覆盖四川、重庆、贵州、云南、广西、陕西、广东等7个省市地区，形成拥有直营连锁门店70家、代理经销网点550家、年销售农机46万台套、服务农业对象稳定在41万户的全国最大的农机连锁销售企业。“吉峰”已成为了中国农机流通行业最知名的专业化农机销售品牌。近三年来经营规模保持高速增长，销售收入复合增长率达93.74%，总资产复合增长率达38.57%，净利润复合增长率达429.96%，综合绩效体现了连锁经营模式良好的成长性和强大的生命力。

吉峰农机通过本次在创业板上市，公开发行2240万股募集资本金，借力资本市场平台，加速实现公司制订的“三步走”战略发展目标，计划在2009年之后的三年内，以川、渝、黔、云、桂、陕等大西南地区为中心，逐步辐射华中、华南及华东长江以南地区，并在2013年以前完成全国性战略布局。同时，以现有业务规模为基础着力打造以传统农机、载货汽车、农用工程机械、通用机电产品为主体的综合类农村机电产品的销售与服务体系。

吉峰农机募集资金投资于“信息化系统建设项目”和“直营连锁店建设项目”。公司将扩建直营连锁店21个，新建直营连锁店18个，并且在信息化系统建成后实现公司范围内的全面商务智能。假设项目计算期为10年，预计营业收入每年增加7.5亿元，税后利润每年增加2.6亿元。公司主要竞争优势：公司在全国同行业中具有较高的品牌知名度，是在农机流通连锁经营领域销售区域最广、销售规模最大的农机销售服务商。具有发达的零售网络体系、先进的商业连锁经营模式、专业化的技术服务水平。

投资风险揭示：

吉峰农机面临的主要风险是农机购置补贴政策变化的风险、市场开拓风险。尽管在四川省内的农机连锁零售终端有一定的网点布局优势，但吉峰农机的商业模式可复制性强，在激烈的市场竞争中，公司利润率较低，市场份额也较低，具有一定的成长风险。

九、新松机器人（300024）：中国机器人的“摇篮”

新松机器人自动化股份有限公司（以下简称新松公司）是以先进制造技术为核心，拥有自主知识产权和核心技术的高科技企业，公司成立于2000年。历经8年多的艰苦奋斗，现已发展形成了先进制造装备产业、新能源装备产业、石油石化装备产业、特种装备产业四大主导产业，在北京、上海、深圳设有三家控股子公司，在广州设有机器人研究中心、在山东济南设有机器人工程中心，新松是目前国内规模最大、品牌产品线齐全、最具影响力的先进制造装备产业集团。

新松公司已有员工近600人，70%以上是中高级技术、管理人才，其中院士1人，博士及博士生导师8人，硕士以上学历120余人，其中有14位科技骨干入选辽宁省百千万人才工程，7 人入选辽宁省百人层次，拥有“沈阳市博士后流动站”、“辽宁省博士后科研基地”和“国家级企业技术中心”。被国家发改委和科技部分别认定为“机器人国家工程研究中心”、“国家‘863’计划机器人产业化基地”、“国家高技术研究发展计划成果产业化基地”。2006 年被认定为“国家 103 家创新试点单位”，2008 年被国家五部委正式认定为“全国首批 91 家创新型企业”。

公司的客户遍及通用、一汽、东风等知名公司，其拥有的工业机器人控制技术、点焊机器人系统技术和弧焊机器人系统技术填补了国内多项空白，在国内工业机器人市场占有率达一半以上，且其自动化物流仓储系统在国内汽车整车领域处于垄断地位。

这家打破 ABB 等国外工业机器人制造领域垄断局面的国内机器人制造企业是以中国“机器人之父”，中国工程院院士蒋新松之名创立的，由研究所实体和多位技术型个人联合参股。其中，沈阳自动化所持股 74.77%，公司三位高管持股比例分别为 5.63%。

新松机器人拟发行 1350 万股 A 股，占总股本的 25.23%，上市计划筹集 1.65 亿元。今年新松机器人中期实现营收 8100.94 万元，净利润 507.55 万元。预计今年全年营收为 26559.65 万元，净利润 2710.02 万元，同比上升 30%。

工业机器人生产企业中，中国年产销量在 100 台以上、产值过 5000 万元的规模企业非常少，国外大型公司年产量都达 5000~10000 台，销售额为数十亿美元。新松机器人主要对手是外企，尤其是世界最大机器人制造商 ABB 集团，其次是 KUKA 和日本安川电机等。ABB 2002 年工业机器人总产量就超过 10 万台，KUKA 则是工业机器人“鼻祖”，年产量近 10000 台。与国外企业相比，新松机器人的优势在于，可提供本地研发、生产控制及售后服务，成本也相对较低。通过资金募集，公司将建立新的生产制造中心。

工业机器人应用前景极为广阔。据国家发改委预计，如按年产 10 万辆汽车需要 200 台机器人的指标计算，“十一五”期间仅车企就需要 20000 台机器人，2010 年中国的工业机器人年拥有量为 17300 台，销售额为 93.1 亿元。

2008 年，新松公司实现销售收入 8 亿多元人民币，出口创汇 1000 多万美元，专利拥有近百项，各项指标均居全国同行业领先地位。沈阳新松的新兴产业——新能源风力发电装备也将在 2008 年下线，将陆续进入批量生产。计划在2009年以后三年内，新松的新能源装备进入东北的龙头行列。

投资风险揭示：

尽管财务数据看上去很好，甚至还有着高科技的耀眼光环，但机器人却不具备核心部件的生产能力，更多的是集成能力，其主要产品工业机器人的关键部件均来自外购，这样便难免受上游相关产业的控制，竞争力难以持久。

十、金亚科技（300028）：创新盈利模式的实践者

成都金亚科技股份有限公司，成立于2000年，现注册资金1.1亿元，占地50余亩。拥有研发大楼、行政大楼、生产基地等20000余平方米的金亚科技本部坐落于成都市蜀汉西路50号，是中国最具影响力创新成果100强、广电行业十大创新品牌、中国数字电视产业十大自主品牌、国家高新技术企业、四川省质量AA级认证企业。

作为国内数字电视设备的专业制造商和提供商，金亚科技历经十年磨砺，通过引进吸收和自主创新并举，已完成了数字电视前端到终端全系列产品的研制，并批量生产投放市场。公司产品包括：数字电视前端系列设备、CAS和SMS等数字电视系统软件、品种门类齐全的数字电视机顶盒产品。金亚科技具备数字电视系统端到端的系统设计、集成、工程施工的能力和实际经验，可为客户量身定制、提供数字电视整体解决方案及相关产品。

秉承“激情、创新、敬业、高效”的企业文化理念，金亚科技全心致力于广播电视行业。迄今为止，已与全国上百家广电客户建立了良好的合作关系，市场延伸到全国20多个省、市、区。凭借良好的技术实力、产品质量和服务品质，金亚科技在中国数字电视行业中已具备了较强的竞争力和影响力。

金亚科技现拥有4条进口雅马哈高速贴片机（SMT）生产线。2008年初，机壳分厂正式成立，首批引进10余台伺服节能型注塑机及配套生产设备，大大提高了公司数字电视产品的效率，标志着金亚产品的自我配套生产能力得到极大的提高。

金亚科技通过ISO9001管理体系认证，并严格按照体系要求，全面质量管理贯穿从研发、生产、销售到售后服务的全过程。产品的各项性能指标达到或

超过相关产品标准。公司同时拥有4项软件著作权、2项外观设计专利及多项非专利技术，软件产品均为自主知识产权。按国家相关要求认证的产品，都通过了广电产品入网认证和3C认证。

金亚科技主要为中小数字电视运营商提供端到端的整体解决方案，其主营业务是负责整体解决方案前后端软硬件的研发、生产与销售。中国的传统的电视网络为模拟信号，而近年来，模拟电视数字化是整个广电部门的大举动，有着巨大的商机。金亚正是从最初的销售软硬件开始，走上自主研发，并提供整体解决方案的一家企业。

最初金亚科技是由现董事长周旭辉的兄弟周旭忠创立，而在2004年周旭忠决定回原籍发展，向自己的兄弟转让了全部75%的股份，不过周旭辉从最初开始就帮助公司解决技术问题，并担任顾问。

在广电总局的一张数据表中，金亚科技与10家类似的企业相比，是唯一一家拥有包括CAS、SMS、复用器、编码器、QAM调制器以及机顶盒六项核心技术的解决方案提供商。数字电视系统所需要的核心软硬件产品均由自己提供，这也大大节省了成本。该公司除了技术上的专利外，采用较长的时间参与运营商基本收视费分成，也是经营上的创新。这给金亚带来了更多的客户。不过这种方式也造成了金亚科技在一些情况下出现资金紧张的问题。成都金亚曾因资金紧张而延期纳税，这也可以从金亚科技的实际控制人周旭辉的持股比例看出来。周旭辉的持股比例从最初的75%降至36.36%，也正是因为资金困难引入4次财务投资者所致。

除周旭辉外，其他股东持股都不到10%。在全部的22家股东中，持股超过5%的有周旭辉30%~36%、李宏伟9.09%、王仕荣7.45%、郑林强7.09%和两个机构持股人长沙鑫奥创投6.36%、深圳杭元福创投5%。该公司的预警也指出，由于实际控制人周旭辉的持股比例降低较快，可能会导致公司出现控制权稳定性风险。

金亚科技的营业收入在过去的4年内逐步增加，不过从时间上看，金亚科技的业绩在金融危机期间有所下降。2006年金亚的收入只有1.01亿元，净利润1080万元，而在2009年上半年就实现了9461万元的收入，如果下半年可以保持，则在三年间增长近100%。利润的增长更为明显，金亚科技去年的总净利润就达到了4010万元，不过今年上半年只有1874万元，不到2008年的一半。

与行业内传统盈利模式不同，金亚科技凭借完整的软硬件产品线、较强的技术创新和应用能力、丰富的项目实践经验，形成了创新的盈利模式——为中小有线电视运营商提供端到端整体解决方案。所谓端到端整体解决方案，就是指不仅提供完备的软硬件产品，而且根据运营商的需求，在前期方案设计、系统搭建、功能性配置等方面为其量身定做，并提供高效的售后服务。这种模式具有数字电视整体转换实施周期短、系统稳定性强，快速高效的售后支持与服务，低成本及未来收入分成模式实现发行人与中小运营商的共赢等优势。目前，金亚科技已完成的整体解决方案项目达到9个，正在实施1个项目，整体解决方案的模式得到业内广泛认可。

事实上，由于各地区的用户数量、节目数量、功能需求、资金实力各不相同，所以各地运营商需要设计适合当地的数字电视系统方案。为了快速满足不同区域运营商的需求，在行业内获得发展先机，金亚科技要在最短时间内完成整个数字电视系统的方案设计、软硬件产品研发生产以及系统搭建，并且提供系统搭建所需的软硬件产品，有效地降低了有线数字电视系统搭建成本。

金亚科技本次计划发行3700万流通股，而在发行后总股本为14700万股，而募集到的资金主要用于主营业务数字电视研发，南充、资阳和辽宁朝阳市数字电视整体项目以及补充公司营运的资金方面。

金亚科技成立至今，在国内数字电视行业已经具有相当声誉，作为国内数字电视设备的专业制造商和数字电视运营商的整体解决方案综合服务商，公司先后获得“中国最具影响力创新成果百强”、“广电行业十大创新品牌”、“中国数字电视产业十大自主品牌”、“全国售后服务行业十佳单位”等荣誉称号。2008年12月，公司还获得了国家高新技术企业的称号，展现了强大的实力和行业地位。

金亚科技在人才技术方面，董事长周旭辉原本就是技术出身，更是看重企业人才的培养和引进。现在，金亚科技已经拥有超过40人的研发队伍，强大的人才力量是该公司技术创新贴近市场需求的源泉，也是该公司深度服务于中小运营商、满足客户多样化运营需求的有力保障。

投资风险揭示：

2009年8月，国家广电总局发布了《关于加快广播电视有线网络发展的若干意见》，要求省级广播电视部门要加快各省有线电视网络的整体整合，并在2010年完成。这将直接改变金亚的交易对象，即从先前的中小运营商转变为省级有线网络公司，这将是对金亚开拓新客户能力的一大考验。

另外，金亚在规模上仍相对较小，其总资产只有3.6亿元，要参与到省级有线网络公司的数字电视转换需要更多的资金，这也是金亚科技寻求上市的重要原因。

第四节 影视传媒业

一、华谊兄弟（300027）：影视文化第一股

华谊兄弟传媒股份有限公司是由华谊兄弟传媒有限公司（原名浙江华谊兄弟影视文化有限公司）依法整体变更、发起设立的股份有限公司。

HY.BROTHERS 华谊兄弟传媒

2004年11月19日，浙江华谊兄弟影视文化有限公司成立，2006年8月14日，公司名称由“浙江华谊兄弟影视文化有限公司”变更为“华谊兄弟传媒有限公司”。2008年1月21日，华谊有限依法整体变更为华谊传媒。

华谊兄弟主要从事电影的制作、发行及衍生业务；电视剧的制作、发行及衍生业务；艺人经纪服务及相关服务业务。主要产品包括电影、电视剧，主要服务包括艺人经纪服务及相关服务。主要业务收入来自电影票房收入，音像、电视播映版权收入，衍生产品（贴片广告等）收入，电视剧播放权收入，音像版权收入，衍生产品（公关活动等）收入，艺人经纪佣金收入，企业客户艺人服务收入等。

华谊兄弟成立后，先从联合投资电影、电视剧、从事电影衍生业务（贴片广告等）、电视剧发行业务等入手进入了广播电影电视行业。2004年，公司成

立伊始即与影业投资联合投资电影《天下无贼》，年末公映后，实现了1.2亿元的票房，位列年度票房三甲。之后，公司相继出品了《宝贝计划》、《心中有鬼》、《天堂口》、《集结号》、《功夫之王》、《非诚勿扰》等影片，均取得了不错的票房业绩，继《集结号》取得2.5亿元的票房佳绩后，《非诚勿扰》再创逾3亿元的票房辉煌。

艺人经纪服务方面，华谊兄弟旗下目前签约艺人76人，李冰冰、周迅、黄晓明、张涵予、陆毅、邓超、任泉、王宝强等一大批国内市场当红的艺人均与公司签订了独家演艺经纪合约。

表9–31 华谊兄弟名人持股概况

序号	投资者名称	期初数	本期增加	本期减少	期末数	持股比例（%）
1	王中军	38408000	5500000	–	43908000	34.8476
2	王中磊	13896000	–	–	13896000	11.0286
3	马云	13824000	–	–	13824000	10.9714
4	江南春	5904000	–	–	5904000	4.6857
5	鲁伟鼎	5904000	–	–	5904000	4.6857
6	赵静	5000000	–	–	5000000	3.9683
7	张毅	5000000	–	–	5000000	3.9683
8	虞锋	4954000	–	–	4954000	3.9317
9	王育莲	4550000	–	–	4550000	3.6111
10	高民	3680000	–	–	3680000	2.9206

华谊兄弟目前的主营为电影、电视以及经纪业务，其中电影为公司收入的核心支柱。自2004年成立以来，公司相继出品了《天下无贼》、《宝贝计划》、《天堂口》、《集结号》、《功夫之王》、《非诚勿扰》等获得高票房及市场好评的电影。根据2006年至2008年国产电影票房排名前十名的票房收入来看，公司以及原关联方影业投资所获得的票房收入达9.26亿元，占同期国产电影票房收入的15.57%，排名第二。

华谊兄弟的核心竞争优势是对影视、文化资源强大的整合能力，是国内实现电影、电视剧和艺人经纪三大业务板块有效整合的典范。从人才优势上看，公司建立了包括王中军、王中磊、冯小刚、张纪中等一批优秀的影视娱乐业经营管理和创作人才在内的人才队伍，同时拥有包括黄晓明、李冰冰、周迅、邓超等在内的著名艺人队伍。

表 9-32 电影投资计划

电影名称（暂定）	影片类型
《狄仁杰》	大制作
《唐山大地震》	大制作
《非诚勿扰 2》	大制作
《魔术之王》	大制作
《追影》	中小制作
《热辣辣》	中小制作
电影小计	6 部电影，预计需投资 3.75 亿元

华谊兄弟本次计划发行 4200 万股，占发行后总股本的 25%，预计本次募集资金数额为 6.20 亿元，将用于补充影视剧业务营运资金。本次发行实际募集资金量超出预计募集资金数额，公司将运用超额资金投资于影院投资项目，该部分投资金额约为 1.30 亿元。

表 9-33 电视剧投资计划

电视剧名称（暂定）	投资集数（暂定）
《课变 1939》	36
《南下南下》	40
《光荣梦想》	30
《爱人同志》	30
《从一到无穷大》	30
《天下姐妹》、《新太极宗师》、《快枪》等其他多部电视剧	N/A
电视剧小计	642 集电视剧，2009~2010 年需要投资约 3.85 亿元

投资风险揭示：

2006 年到 2008 年 6 月，给华谊兄弟盈利最多的是冯小刚的两部大片《集结号》和《非诚勿扰》，票房分账及版权销售唯一突破亿元大关的则只有《非诚勿扰》。很容易看出，华谊兄弟对于冯小刚电影创作团队有较大依赖性，因此一旦冯导身体健康出现异常，或者作品质量下降，则会直接影响华谊兄弟的盈利能力。

此外，相比较创业板首批 IPO 的其他企业的高增长性，华谊兄弟的业绩只是一般。华谊兄弟 2007 年的营业收入 2.34 亿元，净利润 5284 万元；2008 年营业收入 4.09 亿元，同比增长了 74%，但净利润 6806 万元，同比增长仅为

16%。这表明，该公司的经营成本在大幅增加。更值得注意的是，2009 年上半年华谊兄弟的净利润仅为 3163 万元，还不及 2008 年的一半。可以这样说，华谊兄弟近年来业绩徘徊不前，伴随着公司股本的无限扩张引进了不少投资，但不代表其盈利能力的提高。

第十章 创业板投资的风险规避技巧

第一节 创业板风险来自何方

创业板市场是一个全新的市场，是为新兴中小企业募集资金，促进其发展壮大，并实现高新技术与金融资本融合的市场。目前，全球 30 多个国家和地区约有近 50 个创业板市场，其中包括成功培育出微软、英特尔等科技巨人的美国纳斯达克（NASDAQ）市场。但由于创业企业往往具有规模小、业绩不确定性大等特点，因此，创业板市场整体的投资风险远远高于主板市场，投资者在备战创业板和“创投概念”之前，首先要熟知其基本的风险因素。

创业板投资者所面临的风险主要有两大类，一类是外在因素所致的风险，一类是投资者自身造成的风险。外在风险主要是由投资者之外的因素造成的，在这一类风险面前，投资者往往是被动的。内在风险则与其他市场主体无关，主要是受投资者自身操作的影响。

1. 投资创业板的外在风险

外在因素所引致的风险主要包括宏观因素、行业因素和公司因素等外在因素的不确定给投资者带来的风险。

(1) 宏观因素引致的风险。给投资者带来风险的宏观因素主要有经济增长及经济周期、法律法规、财政税收政策、货币政策等。

从法律法规角度看，法律法规的变化和出台会对创业板市场和上市公司造成影响，从而给投资者带来风险，特别是如果上市公司的专利技术等知识产权得不到有效的保护，就会给投资者带来很大的投资风险。

从财政和货币政策角度看，税收政策和货币政策的调整也会给投资者带来一定的投资风险。

(2) 行业因素所引致的风险。行业的发展往往会受法律法规、财政货币政策等宏观因素的影响，从而对投资者产生间接的影响。

新兴行业的出现会对现有行业的发展产生很大的冲击，从而给投资者带来投资风险。

(3) 公司因素所引致的风险。申请上市企业和上市公司的经营情况、管理层素质、技术水平、研究开发能力、供应商和销售商的情况、产品和服务市场等的变化等都会给投资者的投资带来风险。从上市公司的管理层情况看，公司的创业者不一定就是一个好的管理者。

从研究开发情况看，创业板市场上市公司一般对新产品研究开发的投入是很大的，但失败的可能性也是相当大的，一旦失败，就会给投资者带来损失。

从供应商和销售商的情况看，如果集中度过高，就意味着上市公司对主要供应商和销售商的依赖性比较大，一旦出现主要供应商停止向上市公司供货或者主要销售商停止销售上市公司生产的产品的情况，则上市公司的经营就会发生困难，从而加大投资者的投资风险。另外，如果集中度过低，则上市公司的采购和销售成本就会偏高，这也会给投资者带来风险。

从产品和服务市场的情况看，消费者偏好的改变，市场定位的偏差，对市场判断的失误等，都会给上市公司的发展带来不利影响，从而给投资者带来投资风险，美国铱星公司的破产就充分说明了这一点。

(4) 市场因素所引致的风险。由于创业板市场上市公司的规模普遍较小，因此可能会出现两方面的风险：

一方面，公司股票在创业板市场容易被操纵，市场的投机性会很大；另一方面，公司股票在创业板市场的流动性不足，投资者的投资风险会比较高，创业板市场的发展也会出现失败的风险。如英国在成立另类投资市场（AIM）之前，曾经三度尝试为高风险的新兴公司设立另类市场，而这三个市场均由于上市企业规模过小导致流动性不足而最终关闭。

发生在主板市场的内幕交易问题同样会出现在创业板市场，同时由于创业板市场上市公司的发展变化比较快，不确定性比较高，因此其发生内幕交易的可能性会大大提高，这也是创业板市场风险的一个方面。

创业板市场与主板市场之间存在着一定的竞争，两个市场会在吸引优秀企业上市和更多的投资者来投资等方面展开一系列的竞争，证券市场监管机构也会对两个市场进行平衡。如果创业板市场上市公司的整体状况远不如主板市场，主板市场上实力强大的上市公司通过涉足新经济，或者监管机构把创业板市场视为一个次等市场而使创业板市场得不到公平的对待，都会给创业板市场的发展带来不利的影响，从而使创业板市场上市公司和投资者的风险有所提高。

2. 投资创业板的自身风险

（1）缺乏专业知识的风险。创业板市场上市公司有着专业性强、技术含量高、不确定性强等特点，要在创业板市场进行投资，投资者就必须具备一定的专业知识和分析能力，否则很难把握企业真实的投资价值和未来发展的前景，从而面临很大的投资风险。

（2）思维定式风险。中国内地开设的创业板市场不同于现有的主板市场，两者的交易规则也会有一些差异，同时市场的波动性也会有所加大，因此对于已经习惯于主板市场投资的投资者来说，将原先的投资策略和投资分析方法照搬到创业板市场，投资风险就会有所上升。

（3）风险承受能力的不足。对于投资者来说，从投资的风险角度看，证券投资的风险要高于银行储蓄和购买债券，创业板市场的投资风险又要高于主板市场，因此创业板市场投资者应该充分考虑自身的实际情况，如收入水平、资金来源、专业知识，特别是风险承受能力等因素。如果创业板市场已经超出自身的风险承受能力，则投资者最好还是暂时回避这一市场，通过系统地学习有效提高投资水平后或者通过专业机构投资者间接投资创业板市场。

（4）分析方法的不适用。创业板市场的投资分析方法有别于主板市场，因此投资者需要对原先的投资分析方法，包括基本分析方法和技术分析方法作出适当的调整，以更好地符合创业板市场的特点和实际情况。

创业板课堂：

针对以上的风险因素，投资者应注意以下几点事项：一是入市前必须认真阅读并签署《创业板市场股票投资风险揭示书》，此举的目的是提请投资者从风险承受能力等自身实际情况出发，审慎参与创业板市场股票投资；二是投资者应积极配合券商的管理，同时要求证券公司详细讲解创业板的知识、交易规则和特殊风险等；三是监管部门正积极构建层次丰富、形式多样、覆盖面广的投资者教育体系，力争做到“把风险讲够，把规则讲透”，投资者可从多种渠道去认识、了解、熟悉创业板的各种相关规则和知识。

第二节　创业板风险防范技巧

上节提到，创业板市场的风险是由外在因素和内在因素两方面造成的，因此，投资者要想通过创业板赚取财富，同时有效规避创业板风险，便需要同时考虑到这两方面的因素。具体做法有以下几个方面：

1. 防范上市公司退市风险

在创业板市场上市的公司基本都属于新兴公司，具有高成长、高科技与新经济、新服务、新农村、新能源、新材料、新商业模式的“二高六新”特点，这一特点便决定了上市公司业绩参差不齐，有的可能像微软、思科、英特尔公司一样具有持续盈利的能力，有的可能业绩一路下滑，被逐步淘汰。由于创业板市场的退出机制相当严格，不符合上市标准则要退出市场，这无疑使市场风险进一步加大，这就是创业板市场中影响最大的退市风险。由于退市风险是创业板市场中的重要风险，我们将在下一节中详细阐述，这里就不费过多笔墨。

2. 防范创业板的联动风险

由于创业板市场与主板市场具有高度的联动性，投资者必须随时关注两个市场资金流动的趋势，以选择投资对象，中国香港创业板市场 GEM 就常常受国外成熟市场的影响，与美国纳斯达克市场保持高度的联动性。而中国创业板市场之门也刚刚开启，必然会受到主板市场的较大影响，因此投资创业板必须规避两市联动性所造成的风险，这就要求投资者对两个市场都加强了解，而且还应随时关注国外创业板市场的动态和市场热点。

3. 技术分析要长短结合

不同的市场应选择不同的投资分析方式，创业板市场相对风险更大，在技术分析参数选择上要比主板市场更加敏感。如果观察K线图，不仅要观测日常周期的K线，还要注意观察15分钟、30分钟、60分钟等短时间周期的K线图，这样能够较敏锐地感知股价的短期波动。

对于一些主要的分析指标，如相对强弱指标、随机指标和乖离率指标等，投资者也应适当观察。对于当天走势的判断，成交量和买卖力量对比分析是关键。成交量比较大的价位往往会形成短期的支撑或阻力位，投资者可以结合买卖盘来确定盘中买卖的时机。

4. 随时准备应对风险侵袭

投资者在进入创业板市场之前，必须具备一定的专业知识和高度的风险承受能力。创业板市场的高风险主要体现在股价剧烈而频繁的波动，以及上市公司有破产的可能性，同时对于一个新设立的市场还存在流动性较差的风险。对于个人投资者而言，前两种风险尤其需要重视。

创业板课堂：

投资者必须对创业板市场的风险有充分的认识，必须要有良好的思想准备和心理承受能力。同时对于投资的个股要有充分的了解，这样才能有效规避风险。

第三节　创业板炒股，投资者须谨防退市风险

质量不合格的商品应当撤柜，同样，不符合标准的上市公司也应当退市，这种强制退市制度有助于维护证券市场优胜劣汰的竞争秩序，充分保护投资者的合法权益。在《深圳证券交易所创业板股票上市规则》中对创业板上市公司的强制退市制度做出了有别于主板的规定。投资者应全面认识这些规定，牢固树立审慎投资的理念，警惕创业板的退市风险。其规定概括起来主要有三个特点："多元标准，直接退市，快速程序。"

1. 多元标准

《深圳证券交易所创业板股票上市规则》制定了多元化的退市标准。除了

主板规定的退市标准外，创业板将新增若干退市标准，包括：

（1）上市公司财务报告被会计师事务所出具否定或无法表示意见的审计报告而在规定时间内未能消除的。

（2）上市公司净资产为负而未在规定时间内消除的。

（3）上市公司股票连续 120 个交易日累计成交量低于 100 万股，限期内不能改善的。

一旦触发以上任何一项退市标准，上市公司都将面临退出创业板的命运。

2. 直接退市

《深圳证券交易所创业板股票上市规则》规定，创业板上市公司财报被出具否定或者无法表示意见的报告而在规定时间内不能消除的，将启动退市程序；净资产为负而未能在规定时间内消除的，将启动退市程序；上市公司股票连续 120 个交易日累计成交量低于 100 万股、限期内不能改善的，也将启动退市程序。换句话说，创业板上市公司一旦出现较为严重的违规情况，将直接摘牌退市，并不会有 ST、*ST 等警示过渡阶段，因此，创业板将杜绝买壳、借壳等现象。

3. 快速程序

为提高市场运作效率，避免上市公司该退不退、无意义的长时间停牌，创业板将针对三种退市情形启动快速退市程序，缩短退市时间。这些退市情形包括：未在法定期限内披露年报和中期报告，净资产为负，财务会计报告被出具否定或拒绝表示意见。

和主板上市公司不同，创业板上市公司平均规模较小，经营也不稳定，在具有较大成长潜力的同时也蕴含着较高的风险。因此，适用严格的退市标准是保证创业板上市公司质量、发挥资源优化配置作用的必要“过滤阀”。这点既是对海外创业板市场成熟做法的借鉴，也是对中国证券市场以往经验的总结。

在海外创业板市场中，公司退市是一种十分普遍和正常的市场行为，其退市率（退市公司数/当年年末上市公司总数）明显高于主板市场。例如，美国纳斯达克每年大约有 8%的公司退市，而美国纽约证券交易所的退市率为 6%；英国 AIM 的退市率更高，大约 12%，每年超过 200 家公司由该市场退市。

通过较高的退市率，海外创业板市场形成了良好的信号传递效应，逐步建立起了对上市公司严格的约束机制，保证了市场形象和整体质量。统计显示，

2003~2007 年，纳斯达克退市公司数为 1284 家，超过了同期该市场新上市公司 1238 家的数量，以至于纳斯达克在 2007 年末的公司总数仅为 3069 家，低于 2003 年末 3294 家的水平；日本佳斯达克、加拿大多伦多创业板和英国 AIM 的退市公司数量尽管不及新上市公司数量，但退市与新上市数量之比均超过了 50%；而韩国科斯达克退市公司数超过 100 家，为该市场新上市公司数量的 1/3。源源不断的公司流出和流入是创业板市场得以保持活力的根本保证。

当然，严格的退市制度对于投资者的影响将会是巨大的。从有利的方面来看，优胜劣汰的充分竞争将有助于保证创业板上市公司的质量，为投资者提供更多优质的上市资源；而从不利的方面来看，投资者也将会面临更多的公司退市风险。上市公司如果被强制退市，其股票的流动性和价值都将急剧降低甚至归零，这就意味着投资者手中的股票有可能变为一堆废纸，这一风险应当引起投资者的高度重视。

严格的退市制度也有助于防止过去主板市场上对“壳资源”的炒作和对“垃圾股”的吹捧。由此可见，实行严格的退市制度是切实保护投资者合法权益的基础性制度安排，也是创业板的特殊需要。

防范创业板公司的退市风险，投资者应重点从以下几方面入手：

（1）合理配置自己的资产，千万不要孤注一掷地去“押宝”，把自己的大部分资产投在被实施退市风险警示的公司上，期望获得超值收益。

（2）树立审慎投资的理念，对于被实施退市风险警示的公司股票，不要轻信各种市场传闻盲目参与炒作。

（3）对于那些因上市公司大股东或管理层违法违规造成的公司退市，投资者还可以积极行使股东的权利，利用法律赋予的手段，对责任方提出索赔，最大限度地弥补损失。

（4）关注上市公司可能存在的技术风险、经营风险，多了解，多分析。

（5）认真分析公司股票被实施退市风险警示的原因，与上市规则中关于退市的有关条款进行比较，对可能存在的风险做到心中有数。

创业板课堂：

严格的退市标准是保证创业板上市公司质量、发挥资源优化配置的必要“过滤阀”。这点既是对海外创业板市场成熟做法的借鉴，也是对中国证券市场以往经验的总结。当然，严格的退市制度对于投资者的影响将会是巨大的。从有利的方面来看，优胜劣汰的充分竞争将有助于保证创业板上市公司的质量，为投资者提供更多优质的上市资源；而从不利的方面来看，投资者也将会面临更多的公司退市风险。上市公司如果被强制退市，其股票的流动性和价值都将急剧降低甚至归零，这就意味着投资者手中的股票有可能变为一堆废纸，这一风险应当引起投资者的高度重视，并且严加防范。

第四节　创业板止损技巧

对于投资者来说，投资的选择可以有很多，从投资的风险角度看，证券投资风险要高于银行储蓄和购买国库券，创业板市场的投资风险又要高于主板市场，因此创业板市场对投资者提出了更高的要求。投资者应该充分考虑自身的实际情况，如年龄、收入水平、投资资金的来源、用于投资的时间、专业知识，特别是风险承受能力等等。如果创业板市场已经超过自身的风险承受能力，则投资者最好的选择还是暂时回避，或者通过专业机构投资者间接投资于创业板市场。

在创业板市场的投资中，投资者可以采取一定的措施有效地防范创业板市场的风险，但是却不可能完全避免这些风险。一旦风险无法避免，如何将风险带来的损失控制在最低限度内，是十分重要的。在一般情况下，投资者可以通过止损的方式来控制风险带来的损失。通俗地说，止损就是我们所讲的“割肉”，也就是当损失发生时，及时采取措施，将损失限制在一定的范围之内，但止损又不完全等同于“割肉”。投资损失应有一个合理的限度。投资损失的合理限度应该视不同的情况确定，如果损失达到一定程度，就证明投资者的投资决策错误，此时，无论损失多大，都应果断离场；如果投资者的投资决策是正确的，因为不可避免的风险而造成损失，损失的限度就应放宽，当损失直接威胁本金的收回时，应该果断止损。当然，这两方面只是理论上规定的一个合理损失限度标准，在实际操作中很难把握其中的量，这就需要投资者利用理性思维，具体问题具体分析了。

割肉止损的目的是为了减少风险带来的损失，但如果操作不当，有可能在投资者割肉平仓后，股票止跌反弹，或者大幅度上涨，反而会给投资者带来更大的损失。因此，在止损时一定要准确、及时。要求投资者对止损点时间以及止损点价位的把握必须精确。

1. 适时止损

一般来说，应在交易之前确定止损点的时间，这主要是由两个因素决定的。首先在交易之前，投资者比较冷静，能够客观地分析市场的波动，理性地做出决策。而在交易过程中，投资者无法保持平静的心态，主观随意性增强。其次在交易过程中投资者的心理弱点表现得比较突出，会影响投资者的客观分析。尤须注意的是，交易后要严格执行止损计划，有计划不执行和没有计划并无区别。

这就要求投资者在交易前冷静地分析市场的波动情况，确定一个比较合理的止损点，一旦股价越过止损价位，就要及时果断地止损，尽可能地减少自己的损失。

2. 适价止损

确定止损点的时间后，最重要的就是对止损点价位的确定。止损点价位应视损失发生的程度确定，以下仅提供几种方法供投资者在确定止损点价位时参考。

（1）应该正确对待消息出台时的股票买卖。当利空消息出台时，市场如果没有反应，或者已经提前消化，则短线可以继续看好，持仓；若市场下跌，则应立即将手中的股票售出。当利好消息公布时，若市场没有反应，则在很大程度上说明市场已经将利好消息提前消化，这时投资者也应果断出货离场，持币观望，这可以保证投资的本金万无一失。

（2）在股价跌破某些关键的支撑位、均线位时止损离场。这些价位都是对股票下跌具有支撑作用的重要价位，如 5 日均线、10 日均线、整数位置、黄金分割位等等，如果支撑位被击穿，股价下跌的空间将进一步被打开，一般会有相当大的跌幅。

（3）如果股价大幅度下跌，而又没有主力护盘时，应果断出局；如果个股下跌的幅度大于指数下跌的幅度，应该及时止损。

当然止损不是万灵仙丹，下面几种情况下并不适用止损：

(1) 对于上升途中的个股不适宜于止损。上升过程中的股价下跌，应视为是对上升的调整，这是绝好的买进机会，如果这时止损，往往会把筹码抛在一个相对的低位上，从而减少收益。

(2) 高位下跌不放量的个股也不用急于止损。庄家出货往往是在多次反复中完成的，虽然投资者在当时被套住了，但如果是无量下跌的话，那么投资者还可以耐心等待庄家下一次拉起时解套出局或少亏一点出局。而对于创业板中的股票，由于流通盘小，庄家控盘较为容易，因此庄家在一段时间后将股价再度拉起的可能性较大。

(3) 在上市公司基本面没有发生明显恶化的情况下，历史低价区的筹码是不适宜于止损的。对这类筹码的止损，往往意味着拱手将利润送予他人。对于这种股票，一味破位下行时投资者反倒可以大胆补仓。

创业板课堂：

投资损失应该有一个合理的限度，否则投资者的本金有可能全部赔掉。投资损失的合理限度应该视不同的情况确定，如果损失达到一定程度足以证明投资者的投资决策有误时，无论损失多小，都应该果断止损，不然会造成难以挽回的损失；如果投资者的投资决策是正确的，但由于不可避免的风险造成损失，这时，损失的限度可以适当放宽，当损失直接威胁到本金的收回时，应该果断止损。

第五节　投资者对创业板市场风险的控制方法

散户投资者缺乏机构投资者及真正的风险投资家的风险承受能力，创业板自身也具备高收益、高风险的特点，加上中小散户为主的投资者投资心理较为脆弱，因此，对散户投资者来说，如何控制市场风险是关键问题。从创业板市场来看，散户投资者控制市场风险主要应从以下四点来把握。

1. 对主板市场和创业板市场加强了解

由于主板市场和创业板市场具有高度的联动性，因此，散户应当从全局进行把握，随时关注两个市场资金流动的趋势，以选择合适的投资对象。

2. 吃透所选公司潜力

由于在创业板上市的公司都属于新兴公司，业绩参差不齐，创业板的退市机制又相对比较严格，不符合上市标准的则要退出市场，因此，对散户来说，风险加大。在选择上市公司的过程中，不要沿袭主板市场的操作方式，创业板市场退出机制还不成熟，因此重组、置换非常活跃，散户进入创业板市场之前应先认真研究上市公司招股说明书和财务报告书，了解公司未来业绩增长的潜力。

3. 灵活分析，切忌盲目照搬

不同的市场应选择不同的投资分析方式，盲目地把主板市场的分析方式搬过来必然会导致投资失败。创业板市场相对主板市场来说风险性更大，在技术分析参数选择上也比主板市场敏感，所以，要更注意分析手段的加强。

4. 具备一定的专业知识和风险承受能力

创业板市场对散户来说，在进入这个市场之前，必须具备一定的专业知识和高度的风险承受能力。创业板市场的高风险性主要体现为股价波动剧烈而频繁，以及其上市公司有直接退市的可能性，同时对于一个新设立的市场来说还存在流动性较差的风险。对于散户来说，规避这些风险显得尤为重要。

创业板课堂：

投资者在创业板市场进行投资，要想获得较高的投资回报，必须对市场风险进行有效的控制。在风险损失未发生之前，做到前文所述四点可以有效地防范风险，一旦风险发生，便应该及时控制损失的程度，将损失控制在最低限度。

附　录

创业板候选企业名单

公司名	所在地	行业	创始时间	负责人	注册资本（元）	备　注
			深圳			
金科特种材料	广东深圳	特种材料	1987.2	叶恒强	1000万	PTC元器件产品市场占有率超过40%
茁壮网络	广东深圳	数字电视软件	2000	徐国胜	1075万	2007年前6月市场份额76%
芯邦	广东深圳	微电子	2003.3	张华龙	1000万	U盘控制芯片占全球约40%的市场份额
金蝶中间件	广东深圳	中间件软件	2000.7	徐少春		在Java系统核心技术领域有很强实力
和而泰电子	广东深圳	家电智能控制系统	1999	刘建伟	1000万	中国规模最大家电智能控制系统提供商
佳创视讯	广东深圳	数字电视技术	2000	陈坤江	4000万	国内首家运营级数字电视系统厂商，拥有核心技术
华仁达电子	广东深圳	公共安全系统软硬件	1996	孟凡华	1200万	国内主要公共安全系统产品提供商
海格物流	广东深圳	第三方物流	1997	梅春雷	5000万	2007全国物流百强之一
威科姆	广东深圳	网络监控	2004.1	贾小波	600万	全国最大的宽带网络多媒体设备提供商之一
步进科技	广东深圳	自动化控制系统产品	1996	唐咚		工业人机界面产品国内领先
赛克数码	广东深圳	光学影像仪器	2003.6	汤宁	1100万	数字光学仪器综合实力国内领先
美凯电子	广东深圳	电源器件	1992	郭冰		2007中国电子元件百强企业之一
创益科技	广东深圳	太阳能	1993	李毅	8000万	国内最大的太阳能制造和解决方案厂商之一

续表

公司名	所在地	行业	创始时间	负责人	注册资本（元）	备　注
艾立克	广东深圳	安防/照相器材	1997	周斌		国内最大的专业一体化、智能、球形摄像机厂商
雅图	广东深圳	数字视频	1998.5	金德新	1460 万	国产品牌行业销售量第一
高新奇科技	广东深圳	通信终端产品	1997	许瑞洪	2 亿	国内最大的通信终端产品厂商之一
永兴元	广东深圳	软件	1998.4	连樟文	2000 万	国内最大的保险、电子政务软件开发商之一
赛格导航	广东深圳	GPS 导航	1994	张家同	6000 万	GPS 产品全国销量第一
华旭科技	广东深圳	智能仪表	1997	董有议		智能水表市场占有率第一
晴尔太阳能	广东深圳	太阳能	1998	苏庆生	650 万	建造了世界面积最大的太阳能集热器组
丰盈科技	广东深圳	电源电池相关设备	1997	杨峰		国内最大的电源及周边产品生产商之一
巨龙科教	广东深圳	教育现代化/信息化设备产品	1995	靳奕	3000 万	国内教育信息化领先企业
大可电池	广东深圳	电池/充电器	2000	罗大可		国内规模最大的电池制造商之一
华力特电气	广东深圳	电气	1994	屠方魁	4500 万	变配电自动化及电气工程解决方案领先厂商
高卓药业	广东深圳	药物	1993	李争开		产品在华南区的市场份额为 20%
深信服	广东深圳	通信	2000	何朝曦		国内实力最强的 VPN 技术提供商之一
云海通讯设备	广东深圳	无线通信	1990	胡志强	9858 万	移动通信无线覆盖业务领先公司
一体医疗	广东深圳	医疗设备和配套产品	1999	刘丹宁	7000 万	国内领先尖端医疗设备厂商
盛凌电子	广东深圳	通信连接器	1996	蒋志坚		中国电子元件百强企业之一
金信诺	广东深圳	电缆技术	2002.4	黄昌华	1000 万	射频信号电缆领先厂商
经纬科技	广东深圳	手机设计	2002.5	李海林		中国手机设计领先厂商
金百泽	广东深圳	PCB 设计与生产	1997	武守坤	3000 万	国内最大的 PCB 厂商之一
北京						
海兰信	北京	船载航行数据记录仪	2001.2	申万秋	1000 万	船载航行数据记录仪市场占有率超过 40%
中能环科	北京	节能环保	2002	杨宇程		国内最大的高新技术环保企业之一

续表

公司名	所在地	行业	创始时间	负责人	注册资本（元）	备　注
网宿科技	北京	IDC/CDN	2000.1	刘成彦	1000 万	国内 IDC 和 CDN 服务提供商前三名
拓尔思	北京	互联网、企业服务	1993	施水才	9000 万	国内最大的内容管理技术提供商
碧水源	北京	膜生物反应器污水处理技术	2001	文剑平	1.1 亿	膜生物反应器（MBR）技术世界前三国内第一
同方威视	北京	大型集装箱/车辆检查系统	1997.7	荣泳霖	8000 万	全球最大的集装箱检查系统供应商之一
蛙视通信	北京	数字视频技术	2001.2	陈瑞军	2000 万	2006 年视频监控产品销售量全国第一
慧点科技	北京	软件	1998	姜晓丹	4000 万	国内最大的企业信息化解决方案厂商之一
光桥时代	北京	网络视音频数据产品	1995	张乃宪		国内音视频光传输技术领先厂商
佳讯飞鸿	北京	通信产业	1995	林菁	1000 万	在铁路、军队等领域的市场份额超过60%
振戎融通	北京	通信	2003.1	李大江	3572 万	国内电信增值领域软件领先企业
绿伞化学	北京	日化	1993	魏建华	1775 万	专业家庭及酒店用清洁用品生产厂商
维深科技	北京	条码/射频技术产品	1996	李长军	1500 万	中国十大自动设备厂商之一
超毅世纪	北京	服务器技术	2002.3	徐庶桓	3000 万	国内最大的专业服务器技术提供商之一
鼎普科技	北京	信息安全软硬件技术	2003		2000 万	军队、政府、金融等市场的领先公司
新雷能	北京	模块式高频开关电源	1995	王彬	400 万	民用及军用模块式高频开关电源市场领先者
北京科大赛能杰	北京	能源技术		刘洪		国内工业炉窑节能工程技术领先公司
清华阳光	北京	太阳能		吴振一	1.535 亿	国内最大最早的太阳能企业
科锐	北京	配电自动化	1993	张新育	8000 万	中国最大的配电系统技术厂商之一
人众人	北京	体验式培训	1995	杜葵	717 万	国内最大的拓展服务公司
小红马快递	北京	物流	1999.9	曹杰		北京最大的城市速递公司
世纪元亨	北京	动物防疫技术	2001	陈西钊	120 万	诊断试剂第一品牌，部分产品占有率达70%以上
万网	北京	互联网	1996	张向东		国内最大的域名和网站托管服务提供商
九强生物技术	北京	临床诊断试剂	1988	邹左军		国内临床体外诊断试剂产品和技术领先企业
新网互联	北京	域名/主机托管	2003	蒋群	1000 万	国内最大的域名和主机托管服务提供商之一
派得伟业	北京	农村信息化	2001.6	杨宝祝	2000 万	国内最大的农业和农村信息化服务厂商
绿色金可	北京	生物医药		李春华		国内生物医药领域领先企业
天元网络	北京	互联网	1998	孟洛明	2000 万	网络管理、IT 管理及 OSS 领域领先厂商
英惠尔生物	北京	饲料技术	2000	任泽林		饲料添加剂、饲料预混料技术领先厂商
中农大康	北京	玉米技术	2003	戴景瑞	3000 万	拥有国家玉米改良中心育种成果的独占开发权

续表

公司名	所在地	行业	创始时间	负责人	注册资本（元）	备注
天元伟业模板	北京	桥梁、房建模板技术	2001	王志昌	2000万	桥梁、房建模板产品技术北京前三名
华北地区						
凯发电气	天津	电气化铁路牵引	2000.1		2048万	轨道交通及电力系统自动化产品领先厂商
三泰晟驰	天津	特种电视系统		李月国		工业电视系统领先厂商
生机生物	天津	动物医药保健	1998	王连民	5000万	动物、水产保健药品领先企业
成科传动机电	天津	传动机电	2000.7		1350万	火力发电传动系统工程领先企业
华龙制药	山东淄博	医疗及制药	1994	冯衍明		全国化工百强企业
山东天禧牧业	山东滨州	饲料、养鸡	1996	胡振新	500万	国内最大的饲料、养鸡及鸡肉加工企业之一
明月集团	山东青岛	海藻加工	1968	张国防	1.02亿	中国最大最早的海藻加工企业
海利尔药业	山东青岛	农药	2000	张爱英	1166万	国内最大、发展最快的农药企业之一
美高集团	山东青岛	硅胶	1995	李永兆		亚洲最大的硅胶企业
海信信芯科技	山东青岛	数字电视芯片	2005.8	于淑珉	2000万	海信子公司，拥有国产数字电视芯片技术
南昊	河北衡水	光标阅读机/网上阅卷系统	1995	王志明	1000万	全国最大的光标阅卷机企业
华东地区						
海四达	江苏启东	镉镍/氢镍/液态锂离子电池		沈涛		全国最大的烧结式镉镍、氢镍电池生产厂
蜗牛电子	江苏苏州	网络游戏	2000	石海		国内领先的网络游戏开发公司
无锡和晶	江苏无锡	家电微电脑控制器	1998	陈柏林		中国最大的家电智能控制器厂商之一
远东化工集团	浙江宁波	化肥	1994.5	项裕乔		中国最大的尿素生产企业之一
能之光新材料	浙江宁波	高分子材料	2001	张发饶		中国成长最快的高分子材料企业之一
日利达	江苏扬州	太阳能	1997	王惠余		江苏三大太阳能热水器企业之一
辉煌太阳能	江苏淮阴	太阳能		朱延文	2018万	国内太阳能行业领先企业
兴达泡塑新材料	江苏无锡	泡沫材料		华若中		国内最大的泡塑新材料公司之一
聚隆化学	江苏南京	工程塑料	1999	吴汾		国内汽车用工程塑料原料最大厂商

续表

公司名	所在地	行业	创始时间	负责人	注册资本（元）	备　注
惠源高级润滑油	江苏无锡	润滑油	1975	缪冬琴		润滑油技术领先企业
创生医疗	江苏武进	医疗器械	1986	钱福卿		国内骨科医疗器械高成长企业
汉德森	江苏南京	LED显示/半导体照明	1999.3	周鸣	2000万	国内最大LED/半导体照明技术公司之一
星宇车灯	江苏常州	汽车车灯	1993	周晓萍		国内最大的专业车灯生产企业之一
超阳集团	浙江瑞安	仪表/摩配	1987	韩永良	1.06亿	国内最大汽车减振器仪表配件厂商之一，出口为主
亿利达风机	浙江台州	空调风机、工程风机	1994	章启忠		中国科技500强之一
晶元太阳能	浙江宁波	太阳能	1999.11	干新德	2000万	国内首家具有兆瓦级太阳能电池用晶硅片生产线的企业
中环铜业	浙江绍兴	铜合金带材	1984	徐锦钩		国内先进的有色金属生产厂商
新中大	浙江杭州	管理软件	1993	石钟韶		国内领先的管理软件技术提供商
上海海鼎	上海	电子商务/物流解决方案	1992	丁玉章	3000万	国内一流的物流/电子商务软件提供商
万得资讯	上海	金融信息数据服务	1994	陆风		中国领先的金融信息数据服务企业
荣盛生物技术	上海	体外诊断试剂	1988	朱绍荣		体外诊断试剂行业前二位
华拓医药	上海	医药	1998	谢毓元	3150万	在新药研发和中药现代化领域拥有较强的技术实力
日之升	上海	改性工程塑料/高分子新材料	1996	陈晓东		上海民营科技企业百强之一
宝霖	上海	国际危险品物流	1994	廖解宝		危险品物流领域最大的企业
普利特复合材料	上海	塑料复合材料	1993	周文		国内最大的车用塑料复合材料供应商之一
派瑞特塑业	上海	物流器具	1999	张纪明	800万	国内最大的物流塑料托盘设备制造厂商之一
百润香精	上海	食品香精	1999	刘晓东		国内一流的专业香精香料企业
赣州远驰新材料	江西赣州	钨钼产品	2004	钟晓云	5500万	专业钨钼产品生产商，80%产品销往海外
华南地区						
天涯在线	海南海口	互联网社区	1999.4	邢明	2000万	国内人气最高的人文社区网站
联创微电子	福建厦门	IC设计	1999.12	徐中佑	1800万	大规模集成电路设计及其应用产品开发领先企业
沃特	福建莆田	体育用品	1993	蔡金辉		国内最具发展潜力的运动品牌之一

续表

公司名	所在地	行业	创始时间	负责人	注册资本（元）	备注
华工百川	广东广州	高分子材料	2000.12	张海/马铁军		以橡胶产品为主的高分子特种材料企业
省广广告	广东广州	广告	1979	戴书华		中国规模最大的本土广告公司
德生科技	广东广州	智能卡技术和产品	1997	朱伟	2678万	中国智能卡十强企业之一
绿茵阁	广东广州	西餐连锁	1989	林欣		广州市民营百强企业之一
粤科京华	广东珠海	电子陶瓷	1999.4	何国杰	7200万	国内技术实力最强的电子陶瓷企业之一
天普生化	广东广州	生物医药	1993	姚方	5320万	全球主要的人尿蛋白质生物制药企业之一
多玩游戏网	广东广州	游戏垂直门户	2005	李学凌		国内专业网络游戏垂直门户前三名
亿纬	广东惠州	锂电池	2001	刘金成		全球一次锂电池产品最齐全的厂家
华中地区						
光迅科技	湖北武汉	光器件产品	2000	童国华	1.2亿	中国最大的光通信器件供货商
华中数控	湖北武汉	数控设备	1994	陈吉红	6506万	国内技术实力最强的数控系统厂商之一
力兴电源	湖北武汉	锂电池	1993	许斌	3678.675万	锂锰扣式电池产量居世界第三位
国创高新材料	湖北武汉	新材料		高庆寿		沥青加工设备领先企业
江通动画	湖北武汉	动漫	2000	朱佑兰	8360万	国内最大的动画产品制作生产实体之一
鼎龙化工	湖北武汉	电荷调节剂/着色剂	1998	朱双全		全球领先电荷调节剂和专用着色剂的供应商
武大有机硅	湖北武汉	有机硅新材料	2000.1	廖俊建		国内技术实力最强的有机硅生产公司之一
都市环保	湖北武汉	环保	2000	项明武	4400万	环保与环保热电工程领先企业
武大绿洲	湖北武汉	农药	1998.9		3000万	国内最大的昆虫病毒农药企业
神丹健康食品	湖北武汉	蛋制品		刘华桥	200万	全国蛋品业最大的企业之一
天喻信息	湖北武汉	智能卡/软件	1999.8	陈立平	5973万	国内三大智能卡操作系统开发商之一
新华扬	湖北武汉	饲料	1996	詹志春		中国实力最强的饲料添加剂和动物保健品企业之一
东风电动车	湖北十堰	电动车	2001.9	黄佳腾	2470万	中国电动汽车领域的领军企业

续表

公司名	所在地	行业	创始时间	负责人	注册资本（元）	备 注
湖北神地	湖北荆州	蛋制品		杨砚	1160万	湖北农业产业龙头企业
德炎水产食品	湖北洪湖	水产品	1994	卢德炎		湖北最大的淡水水产品加工和出口企业
科力电机	湖南永州	家用电器配套微电机	1992	聂葆生	1200万	中国最大的微特电机制造和出口企业之一
爱尔眼科医院	湖南长沙	眼科医院连锁	1997	陈邦		中国最具竞争力的连锁眼科医疗机构
昊晟玻璃	重庆	玻璃酒瓶	2001.6	王旭光		专业生产高档玻璃酒瓶，是国内通过美国FDA认证的唯一企业
亚德科技	重庆	软件	1999		2031万	中国教育业最成功的系统集成商之一
家富富侨	重庆	保健服务	1998	郭家富		在全国有近三百家连锁店的领先保健服务商
迈克科技	四川成都	临床体外诊断试剂	1994.11	王登明	1000万	中国最具规模的临床体外诊断试剂的研发及生产企业之一
桑莱特	四川成都	防雷接地产品		余旭东	1080万	中国防雷领域产品技术最先进，综合实力最强的企业之一
吉锐触摸技术	四川成都	触摸屏技术	2000.9	李海涛/钟德超	5400万	技术革新速度、性能价格比等均处于全球触摸行业的领先地位
明天精化	四川成都	精细化工	1996.8		945万	专业从事精细化工产品研制、开发、生产、销售
惊雷科技	四川宜宾	金属材料	1988	王典灿	3006万	以金属复合板为主导产业，具有较长产品链
四川光友	四川绵阳	薯类深加工、食品	1992	邹光友	1871.18万	国家级农业产业化重点龙头企业
绿A生物工程	云南昆明	医疗及制药	1997	胡志祥		世界上最大的螺旋藻生产商和供应商
西北地区						
文华信通	陕西西安	网络通信设备	2001	李译	6050万	西部优秀的以网络通信建设、服务与运营为主体的产业集团
皓天生物工程	陕西西安	生物技术	2003	张成文	2650万	中国提取及分离纯化领域规模最大的企业
银博科技	陕西西安	企业网络服务	1992	薛平	150万	在行业软件开发、综合系统集成领域实力较强
通视数据	陕西西安	数字视频技术	1997.3	曹俊	5000万	国内最大的数字音频广播产品厂商之一
立明电子	陕西西安	LED照明设备		党省利	800万	国内最大的LED照明设备厂商之一
西安青松	陕西西安	LED显示设备	1992.7	赵富荣	5000万	中国最大的LED电子显示屏生产厂家之一
中扬电气	陕西西安	电气设备	1989	舒良		国内规模最大的干式电抗器设备厂商

续表

公司名	所在地	行业	创始时间	负责人	注册资本（元）	备　注
西部超导材料	陕西西安	超导技术产品	2003	周廉	1.22 亿	国内最先进最完善的稀有金属锭、棒、丝和型材生产商
甘肃腾胜	甘肃临洮	马铃薯深加工	1998	康克归	3070 万	国内规模最大的马铃薯加工基地之一
兰州庄园乳业	甘肃兰州	乳业	2000.4	马红富	5000 万	甘肃投资最大的乳品生产企业

注：以上企业名单系新浪财经据东方早报、第一财经日报、经济观察网、人民网、中国新闻网、深圳商报、经济视点报、齐鲁晚报、潇湘晨报、楚天都市报、北京商报等媒体的报道整理得到的，其余信息系新浪财经据企业官方网站披露整理得到的。

《创业板市场投资风险揭示书》

尊敬的投资者：

与主板市场相比，创业板市场有其特有的风险。为了使您更好地了解创业板市场投资的基本知识和相关风险，根据有关法律、法规、规章和规则的规定，本公司特为您提供此份材料，请认真阅读并签署。

一、重要提示

（一）创业板市场发行、上市等业务规则与现有的主板、中小企业板市场的相关业务规则存在一定差别。在参与创业板市场投资之前，请您务必认真阅读《首次公开发行股票并在创业板上市管理暂行办法》、《深圳证券交易所创业板股票上市规则》等有关规章、业务规则和指引。

（二）创业板市场上市公司与现有的主板市场上市公司相比较，一般具有成长性强、业务模式新，但规模较小、经营业绩不够稳定等特点。在参与创业板市场投资之前，请您务必仔细研读相关公司的《招股说明书》、《上市公告书》、定期报告及其他各种公告，了解公司基本情况，做到理性投资，切忌盲目跟风。

（三）为确保市场的“公开、公平、公正”和稳定健康发展，创业板市场将采取更加严格的措施，强化市场监管。请您务必密切关注有关创业板市场上市公司的公告、风险提示等信息，及时了解市场风险状况，依法合规从事创业板市场投资。

（四）您在申请开通创业板市场交易时，请配合本公司开展的投资者适当性管理工作，完整、如实提供所需信息。如不能做到这一点，本公司可以拒绝为您提供开通创业板市场交易服务。

（五）本风险揭示书无法详尽列示创业板市场的全部投资风险。您在参与此项业务前，请务必对此有清醒认识。

二、创业板市场投资特别风险揭示

参与创业板市场投资，除具有与主板市场投资同样的风险外（详见《证券交易委托代理协议指引》之风险提示书），还请您了解以下内容并特别关注五大类风险（请认真阅读并逐项确认）。

确认请打√	风险类型	风险描述
□	规则差异可能带来的风险	中国创业板市场与现有主板市场在制度和规则等方面有一定的差异，如认知不到位，可能给投资者造成投资风险。包括但不限于： 一、创业板市场股票首次公开发行并上市的条件与主板市场存在较大差异。创业板市场股票发行人的基本条件是： （一）依法设立且持续经营三年以上的股份有限公司； （二）最近两年连续盈利，最近两年净利润累计不少于一千万元，且持续增长；或者最近一年盈利，且净利润不少于五百万元，最近一年营业收入不少于五千万元，最近两年营业收入增长率均不低于百分之三十； （三）最近一期末净资产不少于两千万元，且不存在未弥补亏损； （四）发行后股本总额不少于三千万元。 二、创业板市场信息披露规则与主板市场存在较大差异。例如，临时报告仅要求在证监会指定网站和公司网站上披露。如果投资者继续沿用主板市场信息查询渠道的做法，可能无法及时了解到公司所披露信息的内容，进而无法知悉公司正在发生或可能发生的变动。 三、创业板市场上市公司退市制度较主板市场更为严格。 四、其他发行、上市、交易、信息披露等方面的规则差异。
□	退市风险	创业板市场上市公司退市制度设计较主板市场更为严格，主要区别有： 一、创业板市场上市公司终止上市后可直接退市，不再像主板市场上市公司一样，要求必须进入代办股份转让系统。 二、针对创业板市场上市公司的风险特征，构建了多元化的退市标准体系，增加了三种退市情形。 三、为提高市场运作效率，避免无意义的长时间停牌，创业板市场将对三种退市情形启动快速退市程序，缩短退市时间。 因此，与主板市场相比，可能导致创业板市场上市公司退市的情形更多，退市速度可能更快，退市以后可能面临股票无法交易的情况，购买该公司股票的投资者将可能面临本金全部损失的风险。

续表

确认请打√	风险类型	风险描述
□	公司经营风险	与主板市场上市公司相比，创业板市场上市公司一般处于发展初期，经营历史较短，规模较小，经营稳定性相对较低，抵抗市场风险和行业风险的能力相对较弱。此外，创业板市场上市公司发展潜力虽然可能巨大，但新技术的先进性与可靠性、新模式的适用面与成熟度、新行业的市场容量与成长空间等都具有较大不确定性，投资者对创业板市场上市公司高成长的预期并不一定会实现，风险较主板大。
□	股价大幅波动风险	以下原因可能导致创业板市场上市公司股价发生大幅波动： 一、公司经营历史较短，规模较小，抵抗市场风险和行业风险的能力相对较弱，股价可能会由于公司业绩的变动而大幅波动。 二、公司流通股本较少，盲目炒作会加大股价波动，也相对容易被操纵。 三、公司业绩可能不稳定，传统的估值判断方法可能不尽适用，与投资前的价值判断可能存在较大差异。
□	技术失败风险	创业板市场上市公司高科技转化为现实的产品或劳务具有不确定性，相关产品和技术更新换代较快，存在出现技术失败而造成损失的风险。

上述风险揭示事项仅为列举性质，未能详尽列明创业板市场的所有风险因素，您在参与创业板市场投资前，还应认真阅读相关公司的招股说明书和上市公告书等，对其他可能存在的风险因素也应有所了解和掌握。我们诚挚地希望和建议您，从风险承担能力等自身实际情况出发，审慎参与创业板市场投资，合理配置金融资产。

__________证券有限责任公司__________营业部（盖章）

日期：____年____月____日

声明：

以下内容由具备两年（含两年）以上股票交易经验的投资者本人抄写：

（本人确认已阅读并理解创业板市场相关规则和上述风险揭示书的内容，具有相应的风险承受能力，自愿承担参与创业板市场投资的风险和损失。）

交易经验确定结果：□具备两年（含两年）以上股票交易经验

□尚未具备两年以上股票交易经验的投资者

__________证券有限责任公司

__________营业部经办人（签字）： 客户签章：

身份证号：

签署场所：

日期：

特别提示：

投资者在本风险揭示书上签字，即表明投资者已经理解并愿意自行承担参与创业板投资的风险和损失。

特别声明：

以下内容由尚未具备两年以上股票交易经验的投资者本人抄写：

（本人尚未具备两年以上股票交易经验，确认已阅读并理解创业板市场相关规则及上述风险揭示书的内容，具有相应的风险承受能力，自愿参与创业板投资，并愿意承担相关的各种风险和损失。）

交易经验确定结果：□具备两年（含两年）以上股票交易经验

□尚未具备两年以上股票交易经验的投资者

________证券有限责任公司

________营业部经办人（签字）： 客户签章：

身份证号：

________证券有限责任公司

________营业部经办人（签字）：

签署场所：

日期：____年____月____日

特别提示：

投资者在本风险揭示书上签字，即表明投资者已经理解并愿意自行承担参与创业板投资的风险和损失。

说明：

1. 本风险揭示书内容的字号应当不小于小三号。

2. 本风险揭示书列示的条款为必备条款，各证券公司会员在其制定的《创业板市场投资风险揭示书》标准文本中必须包括本风险揭示书列示的条款，证券公司可以根据实际需要在公司制定的风险揭示书中增加有关内容。

3. 各证券公司应与投资者在营业场所现场书面签署《创业板市场投资风险揭示书》。《创业板市场投资风险揭示书》一式两份，双方各执一份。

《创业板市场投资者适当性管理暂行规定》

第一条 为保护投资者合法权益，提示创业板市场风险，引导投资者理性参与证券投资，促进创业板市场健康发展，根据《证券公司监督管理条例》、《首次公开发行股票并在创业板上市管理暂行办法》等法规和规章，制定本规定。

第二条 投资者参与创业板市场，应当熟悉创业板市场相关规定及规则，了解创业板市场风险特性，具备相应风险承受能力，并按照规定办理参与创业板市场的相关手续。

第三条 深圳证券交易所应当制订创业板市场投资者适当性管理的具体实施办法。

第四条 证券公司应当建立健全创业板市场投资者适当性管理工作机制和业务流程，了解客户的身份、财产与收入状况、证券投资经验、风险偏好及其他相关信息，充分提示投资者审慎评估其参与创业板市场的适当性。

第五条 投资者申请开通创业板市场交易时，证券公司应当区分投资者的不同情况，向投资者充分揭示市场风险，并在营业场所现场与投资者书面签订《创业板市场投资风险揭示书》。《创业板市场投资风险揭示书》必备条款由中国证券业协会另行制订。

第六条 投资者申请开通创业板市场交易，应当配合证券公司开展的投资者适当性管理工作，如实提供所需信息，不得采取弄虚作假等手段规避有关要求。投资者不配合或提供虚假信息的，证券公司可以拒绝为其提供开通创业板市场交易服务。

第七条 中国证券登记结算有限责任公司（以下简称“登记结算公司”）、深圳证券交易所应当为证券公司实施创业板市场投资者适当性管理提供必要的技术支持和查询服务。

第八条 证券公司应当按照中国证券监督管理委员会（以下简称“中国证监会”）、深圳证券交易所和中国证券业协会的有关规定和要求，结合创业板市场特点，制定有针对性的投资者教育计划、工作制度和流程，明确投资者教育的内容、形式和经费预算。

第九条 证券公司应当在业务流程中落实创业板市场投资者适当性管理的各项规定，持续做好投资者教育和风险揭示工作。

第十条 证券公司应当指定经理层高级管理人员和专门部门，组织实施创业板市场投资者适当性管理和投资者教育等方面工作，并强化内部责任追究机制。

第十一条 证券公司应当完善客户纠纷处理机制，明确承担此项职责的部门和岗位，负责处理投资者参与创业板市场所产生的投诉等事项，及时化解相关的矛盾纠纷。

第十二条 深圳证券交易所和中国证券业协会按照会员管理的要求，对证券公司实施创业板市场投资者适当性管理和投资者教育等方面情况进行自律监管，对发现的违规行为及时采取自律措施，向中国证监会报告并通报证监会相关派出机构。

第十三条 中国证监会对深圳证券交易所、登记结算公司、中国证券业协会实施创业板市场投资者适当性管理及投资者教育方面的情况进行指导、监督和检查。中国证监会及其派出机构对证券公司实施创业板市场投资者适当性管理和投资者教育等方面情况进行监督检查。对发现的违规行为，依法采取责令改正、监管谈话、出具警示函、责令处分有关人员等监管措施。

第十四条 本规定自2009年7月15日起实施。

《首次公开发行股票并在创业板上市管理暂行办法》

第一章 总 则

第一条 为了规范首次公开发行股票并在创业板上市的行为，促进自主创新企业及其他成长型创业企业的发展，保护投资者的合法权益，维护社会公共利益，根据《证券法》、《公司法》，制定本办法。

第二条 在中华人民共和国境内首次公开发行股票并在创业板上市，适用本办法。

第三条 发行人申请首次公开发行股票并在创业板上市，应当符合《证券法》、《公司法》和本办法规定的发行条件。

第四条 发行人依法披露的信息，必须真实、准确、完整，不得有虚假记载、误导性陈述或者重大遗漏。

第五条 保荐人及其保荐代表人应当勤勉尽责，诚实守信，认真履行审慎核查和辅导义务，并对其所出具文件的真实性、准确性和完整性负责。

第六条 为证券发行出具文件的证券服务机构和人员，应当按照本行业公认的业务标准和道德规范，严格履行法定职责，并对其所出具文件的真实性、准确性和完整性负责。

第七条 创业板市场应当建立与投资者风险承受能力相适应的投资者准入制度，向投资者充分提示投资风险。

第八条 中国证券监督管理委员会（以下简称“中国证监会”）依法核准发行人的首次公开发行股票申请，对发行人股票发行进行监督管理。

证券交易所依法制定业务规则，创造公开、公平、公正的市场环境，保障创业板市场的正常运行。

第九条 中国证监会依据发行人提供的申请文件对发行人首次公开发行股票的核准，不表明其对该股票的投资价值或者对投资者的收益作出实质性判断或者保证。股票依法发行后，因发行人经营与收益的变化引致的投资风险，由投资者自行负责。

第二章 发行条件

第十条 发行人申请首次公开发行股票应当符合下列条件：

（一）发行人是依法设立且持续经营三年以上的股份有限公司。

有限责任公司按原账面净资产值折股整体变更为股份有限公司的，持续经营时间可以从有限责任公司成立之日起计算。

（二）最近两年连续盈利，最近两年净利润累计不少于一千万元，且持续增长；或者最近一年盈利，且净利润不少于五百万元，最近一年营业收入不少于五千万元，最近两年营业收入增长率均不低于百分之三十。净利润以扣除非经常性损益前后孰低者为计算依据。

（三）最近一期末净资产不少于两千万元，且不存在未弥补亏损。

（四）发行后股本总额不少于三千万元。

第十一条 发行人的注册资本已足额缴纳，发起人或者股东用作出资的资产的财产权转移手续已办理完毕。发行人的主要资产不存在重大权属纠纷。

第十二条 发行人应当主要经营一种业务，其生产经营活动符合法律、行政法规和公司章程的规定，符合国家产业政策及环境保护政策。

第十三条 发行人最近两年内主营业务和董事、高级管理人员均没有发生重大变化，实际控制人没有发生变更。

第十四条 发行人应当具有持续盈利能力，不存在下列情形：

（一）发行人的经营模式、产品或服务的品种结构已经或者将发生重大变化，并对发行人的持续盈利能力构成重大不利影响；

（二）发行人的行业地位或发行人所处行业的经营环境已经或者将发生重大变化，并对发行人的持续盈利能力构成重大不利影响；

（三）发行人在用的商标、专利、专有技术、特许经营权等重要资产或者技术的取得或者使用存在重大不利变化的风险；

（四）发行人最近一年的营业收入或净利润对关联方或者有重大不确定性的客户存在重大依赖；

（五）发行人最近一年的净利润主要来自合并财务报表范围以外的投资收益；

（六）其他可能对发行人持续盈利能力构成重大不利影响的情形。

第十五条 发行人依法纳税，享受的各项税收优惠符合相关法律法规的规定。发行人的经营成果对税收优惠不存在严重依赖。

第十六条 发行人不存在重大偿债风险，不存在影响持续经营的担保、诉讼以及仲裁等重大或有事项。

第十七条 发行人的股权清晰，控股股东和受控股股东、实际控制人支配的股东所持发行人的股份不存在重大权属纠纷。

第十八条 发行人资产完整，业务及人员、财务、机构独立，具有完整的业务体系和直接面向市场独立经营的能力。与控股股东、实际控制人及其控制的其他企业间不存在同业竞争，以及严重影响公司独立性或者显失公允的关联交易。

第十九条 发行人具有完善的公司治理结构，依法建立健全股东大会、董事会、监事会以及独立董事、董事会秘书、审计委员会制度，相关机构和人员能够依法履行职责。

第二十条 发行人会计基础工作规范，财务报表的编制符合企业会计准则和相关会计制度的规定，在所有重大方面公允地反映了发行人的财务状况、经营成果和现金流量，并由注册会计师出具无保留意见的审计报告。

第二十一条 发行人内部控制制度健全且被有效执行，能够合理保证公司财务报告的可靠性、生产经营的合法性、营运的效率与效果，并由注册会计师出具无保留结论的内部控制鉴证报告。

第二十二条 发行人具有严格的资金管理制度，不存在资金被控股股东、实际控制人及其控制的其他企业以借款、代偿债务、代垫款项或者其他方式占用的情形。

第二十三条 发行人的公司章程已明确对外担保的审批权限和审议程序，不存在为控股股东、实际控制人及其控制的其他企业进行违规担保的情形。

第二十四条 发行人的董事、监事和高级管理人员了解与股票发行上市相关的法律法规，知悉上市公司及其董事、监事和高级管理人员的法定义务和责任。

第二十五条 发行人的董事、监事和高级管理人员应当忠实、勤勉，具备法律、行政法规和规章规定的资格，且不存在下列情形：

（一）被中国证监会采取证券市场禁入措施尚在禁入期的；

（二）最近三年内受到中国证监会行政处罚，或者最近一年内受到证券交易所公开谴责的；

（三）因涉嫌犯罪被司法机关立案侦查或者涉嫌违法违规被中国证监会立案调查，尚未有明确结论意见的。

第二十六条 发行人及其控股股东、实际控制人最近三年内不存在损害投资者合法权益和社会公共利益的重大违法行为。

发行人及其控股股东、实际控制人最近三年内不存在未经法定机关核准，擅自公开或者变相公开发行证券，或者有关违法行为虽然发生在三年前，但目前仍处于持续状态的情形。

第二十七条 发行人募集资金应当用于主营业务，并有明确的用途。募集资金数额和投资项目应当与发行人现有生产经营规模、财务状况、技术水平和管理能力等相适应。

第二十八条　发行人应当建立募集资金专项存储制度，募集资金应当存放于董事会决定的专项账户。

第三章　发行程序

第二十九条　发行人董事会应当依法就本次股票发行的具体方案、本次募集资金使用的可行性及其他必须明确的事项作出决议，并提请股东大会批准。

第三十条　发行人股东大会应当就本次发行股票作出决议，决议至少应当包括下列事项：

（一）股票的种类和数量；

（二）发行对象；

（三）价格区间或者定价方式；

（四）募集资金用途；

（五）发行前滚存利润的分配方案；

（六）决议的有效期；

（七）对董事会办理本次发行具体事宜的授权；

（八）其他必须明确的事项。

第三十一条　发行人应当按照中国证监会有关规定制作申请文件，由保荐人保荐并向中国证监会申报。

第三十二条　保荐人保荐发行人发行股票并在创业板上市，应当对发行人的成长性进行尽职调查和审慎判断并出具专项意见。发行人为自主创新企业的，还应当在专项意见中说明发行人的自主创新能力。

第三十三条　中国证监会收到申请文件后，在五个工作日内作出是否受理的决定。

第三十四条　中国证监会受理申请文件后，由相关职能部门对发行人的申请文件进行初审，并由创业板发行审核委员会审核。

第三十五条　中国证监会依法对发行人的发行申请作出予以核准或者不予核准的决定，并出具相关文件。

发行人应当自中国证监会核准之日起六个月内发行股票；超过六个月未发行的，核准文件失效，须重新经中国证监会核准后方可发行。

第三十六条 发行申请核准后至股票发行结束前发生重大事项的，发行人应当暂缓或者暂停发行，并及时报告中国证监会，同时履行信息披露义务。出现不符合发行条件事项的，中国证监会撤回核准决定。

第三十七条 股票发行申请未获核准的，发行人可自中国证监会作出不予核准决定之日起六个月后再次提出股票发行申请。

第四章 信息披露

第三十八条 发行人应当按照中国证监会的有关规定编制和披露招股说明书。

第三十九条 中国证监会制定的创业板招股说明书内容与格式准则是信息披露的最低要求。不论准则是否有明确规定，凡是对投资者作出投资决策有重大影响的信息，均应当予以披露。

第四十条 发行人应当在招股说明书显要位置作如下提示："本次股票发行后拟在创业板市场上市，该市场具有较高的投资风险。创业板公司具有业绩不稳定、经营风险高、退市风险大等特点，投资者面临较大的市场风险。投资者应充分了解创业板市场的投资风险及本公司所披露的风险因素，审慎作出投资决定。"

第四十一条 发行人及其全体董事、监事和高级管理人员应当在招股说明书上签名、盖章，保证招股说明书内容真实、准确、完整。保荐人及其保荐代表人应当对招股说明书的真实性、准确性、完整性进行核查，并在核查意见上签名、盖章。

发行人的控股股东、实际控制人应当对招股说明书出具确认意见，并签名、盖章。

第四十二条 招股说明书引用的财务报表在其最近一期截止日后六个月内有效。特别情况下发行人可申请适当延长，但至多不超过一个月。财务报表应当以年度末、半年度末或者季度末为截止日。

第四十三条 招股说明书的有效期为六个月，自中国证监会核准前招股说明书最后一次签署之日起计算。

第四十四条 申请文件受理后、发行审核委员会审核前，发行人应当在中国证监会网站预先披露招股说明书（申报稿）。发行人可在公司网站刊登招股说明书（申报稿），所披露的内容应当一致，且不得早于中国证监会网站披露的时间。

第四十五条　预先披露的招股说明书（申报稿）不能含有股票发行价格信息。

发行人应当在预先披露的招股说明书（申报稿）的显要位置声明："本公司的发行申请尚未得到中国证监会核准。本招股说明书（申报稿）不具有据以发行股票的法律效力，仅供预先披露之用。投资者应当以正式公告的招股说明书作为投资决定的依据。"

第四十六条　发行人及其全体董事、监事和高级管理人员应当保证预先披露的招股说明书（申报稿）的内容真实、准确、完整。

第四十七条　发行人股票发行前应当在中国证监会指定网站全文刊登招股说明书，同时在中国证监会指定报刊刊登提示性公告，告知投资者网上刊登的地址及获取文件的途径。

发行人应当将招股说明书披露于公司网站，时间不得早于前款规定的刊登时间。

第四十八条　保荐人出具的发行保荐书、证券服务机构出具的文件及其他与发行有关的重要文件应当作为招股说明书备查文件，在中国证监会指定网站和公司网站披露。

第四十九条　发行人应当将招股说明书及备查文件置备于发行人、拟上市证券交易所、保荐人、主承销商和其他承销机构的住所，以备公众查阅。

第五十条　申请文件受理后至发行人发行申请经中国证监会核准、依法刊登招股说明书前，发行人及与本次发行有关的当事人不得以广告、说明会等方式为公开发行股票进行宣传。

第五章　监督管理和法律责任

第五十一条　证券交易所应当建立适合创业板特点的上市、交易、退市等制度，督促保荐人履行持续督导义务，对违反有关法律、法规以及交易所业务规则的行为，采取相应的监管措施。

第五十二条　证券交易所应当建立适合创业板特点的市场风险警示及投资者持续教育的制度，督促发行人建立健全维护投资者权益的制度以及防范和纠正违法违规行为的内部控制体系。

第五十三条 发行人向中国证监会报送的发行申请文件有虚假记载、误导性陈述或者重大遗漏的，发行人不符合发行条件以欺骗手段骗取发行核准的，发行人以不正当手段干扰中国证监会及其发行审核委员会审核工作的，发行人或其董事、监事、高级管理人员、控股股东、实际控制人的签名、盖章系伪造或者变造的，发行人及与本次发行有关的当事人违反本办法规定为公开发行股票进行宣传的，中国证监会将采取终止审核并在三十六个月内不受理发行人的股票发行申请的监管措施，并依照《证券法》的有关规定进行处罚。

第五十四条 保荐人出具有虚假记载、误导性陈述或者重大遗漏的发行保荐书的，保荐人以不正当手段干扰中国证监会及其发行审核委员会审核工作的，保荐人或其相关签名人员的签名、盖章系伪造或变造的，或者不履行其他法定职责的，依照《证券法》和保荐制度的有关规定处理。

第五十五条 证券服务机构未勤勉尽责，所制作、出具的文件有虚假记载、误导性陈述或者重大遗漏的，中国证监会将采取十二个月内不接受相关机构出具的证券发行专项文件，三十六个月内不接受相关签名人员出具的证券发行专项文件的监管措施，并依照《证券法》及其他相关法律、行政法规和规章的规定进行处罚。

第五十六条 发行人、保荐人或证券服务机构制作或者出具文件不符合要求，擅自改动已提交文件的，或者拒绝答复中国证监会审核提出的相关问题的，中国证监会将视情节轻重，对相关机构和责任人员采取监管谈话、责令改正等监管措施，记入诚信档案并公布；情节特别严重的，给予警告。

第五十七条 发行人披露盈利预测的，利润实现数如未达到盈利预测的百分之八十，除因不可抗力外，其法定代表人、盈利预测审核报告签名注册会计师应当在股东大会及中国证监会指定网站、报刊上公开作出解释并道歉；中国证监会可以对法定代表人处以警告。

利润实现数未达到盈利预测的百分之五十的，除因不可抗力外，中国证监会在三十六个月内不受理该公司的公开发行证券申请。

第六章 附 则

第五十八条 本办法自 2009 年 5 月 1 日起施行。

《证券发行上市保荐业务管理办法》

(2008年8月14日中国证券监督管理委员会第235次主席办公会议审议通过，根据2009年5月13日中国证券监督管理委员会《关于修改〈证券发行上市保荐业务管理办法〉的决定》修订)

第一章 总 则

第一条 为了规范证券发行上市保荐业务，提高上市公司质量和证券公司执业水平，保护投资者的合法权益，促进证券市场健康发展，根据《证券法》、《国务院对确需保留的行政审批项目设定行政许可的决定》(国务院令第412号)等有关法律、行政法规，制定本办法。

第二条 发行人应当就下列事项聘请具有保荐机构资格的证券公司履行保荐职责：

(一)首次公开发行股票并上市；

(二)上市公司发行新股、可转换公司债券；

(三)中国证券监督管理委员会(以下简称“中国证监会”)认定的其他情形。

第三条 证券公司从事证券发行上市保荐业务，应依照本办法规定向中国证监会申请保荐机构资格。

保荐机构履行保荐职责，应当指定依照本办法规定取得保荐代表人资格的个人具体负责保荐工作。

未经中国证监会核准，任何机构和个人不得从事保荐业务。

第四条 保荐机构及其保荐代表人应当遵守法律、行政法规和中国证监会的相关规定，恪守业务规则和行业规范，诚实守信，勤勉尽责，尽职推荐发行人证券发行上市，持续督导发行人履行规范运作、信守承诺、信息披露等义务。

保荐机构及其保荐代表人不得通过从事保荐业务谋取任何不正当利益。

第五条 保荐代表人应当遵守职业道德准则，珍视和维护保荐代表人职业声誉，保持应有的职业谨慎，保持和提高专业胜任能力。

保荐代表人应当维护发行人的合法利益，对从事保荐业务过程中获知的发行人信息保密。保荐代表人应当恪守独立履行职责的原则，不因迎合发行人或者满足发行人的不当要求而丧失客观、公正的立场，不得唆使、协助或者参与发行人及证券服务机构实施非法的或者具有欺诈性的行为。

保荐代表人及其配偶不得以任何名义或者方式持有发行人的股份。

第六条 同次发行的证券，其发行保荐和上市保荐应当由同一保荐机构承担。保荐机构依法对发行人申请文件、证券发行募集文件进行核查，向中国证监会、证券交易所出具保荐意见。保荐机构应当保证所出具的文件真实、准确、完整。

证券发行规模达到一定数量的，可以采用联合保荐，但参与联合保荐的保荐机构不得超过 2 家。

证券发行的主承销商可以由该保荐机构担任，也可以由其他具有保荐机构资格的证券公司与该保荐机构共同担任。

第七条 发行人及其董事、监事、高级管理人员，为证券发行上市制作、出具有关文件的律师事务所、会计师事务所、资产评估机构等证券服务机构及其签字人员，应当依照法律、行政法规和中国证监会的规定，配合保荐机构及其保荐代表人履行保荐职责，并承担相应的责任。

保荐机构及其保荐代表人履行保荐职责，不能减轻或者免除发行人及其董事、监事、高级管理人员、证券服务机构及其签字人员的责任。

第八条 中国证监会依法对保荐机构及其保荐代表人进行监督管理。

中国证券业协会对保荐机构及其保荐代表人进行自律管理。

第二章 保荐机构和保荐代表人的资格管理

第九条 证券公司申请保荐机构资格，应当具备下列条件：

（一）注册资本不低于人民币 1 亿元，净资本不低于人民币 5000 万元；

（二）具有完善的公司治理和内部控制制度，风险控制指标符合相关规定；

（三）保荐业务部门具有健全的业务规程、内部风险评估和控制系统，内部机构设置合理，具备相应的研究能力、销售能力等后台支持；

（四）具有良好的保荐业务团队且专业结构合理，从业人员不少于 35 人，其中最近3年从事保荐相关业务的人员不少于20人；

（五）符合保荐代表人资格条件的从业人员不少于4人；

（六）最近3年内未因重大违法违规行为受到行政处罚；

（七）中国证监会规定的其他条件。

第十条 证券公司申请保荐机构资格，应当向中国证监会提交下列材料：

（一）申请报告；

（二）股东（大）会和董事会关于申请保荐机构资格的决议；

（三）公司设立批准文件；

（四）营业执照复印件；

（五）公司治理和公司内部控制制度及执行情况的说明；

（六）董事、监事、高级管理人员和主要股东情况的说明；

（七）内部风险评估和控制系统及执行情况的说明；

（八）保荐业务尽职调查制度、辅导制度、内部核查制度、持续督导制度、持续培训制度和保荐工作底稿制度的建立情况；

（九）经具有证券期货相关业务资格的会计师事务所审计的最近1年度净资本计算表、风险资本准备计算表和风险控制指标监管报表；

（十）保荐业务部门机构设置、分工及人员配置情况的说明；

（十一）研究、销售等后台支持部门的情况说明；

（十二）保荐业务负责人、内核负责人、保荐业务部门负责人和内核小组成员名单及其简历；

（十三）证券公司指定联络人的说明；

（十四）证券公司对申请文件真实性、准确性、完整性承担责任的承诺函，并应由其全体董事签字；

（十五）中国证监会要求的其他材料。

第十一条 个人申请保荐代表人资格，应当具备下列条件：

（一）具备3年以上保荐相关业务经历；

（二）最近3年内在本办法第二条规定的境内证券发行项目中担任过项目协办人；

（三）参加中国证监会认可的保荐代表人胜任能力考试且成绩合格有效；

（四）诚实守信，品行良好，无不良诚信记录，最近3年未受到中国证监会的行政处罚；

（五）未负有数额较大到期未清偿的债务；

（六）中国证监会规定的其他条件。

第十二条 个人申请保荐代表人资格，应当通过所任职的保荐机构向中国证监会提交下列材料：

（一）申请报告；

（二）个人简历、身份证明文件和学历学位证书；

（三）证券业从业人员资格考试、保荐代表人胜任能力考试成绩合格的证明；

（四）证券业执业证书；

（五）从事保荐相关业务的详细情况说明，以及最近3年内担任本办法第二条规定的境内证券发行项目协办人的工作情况说明；

（六）保荐机构出具的推荐函，其中应当说明申请人遵纪守法、业务水平、组织能力等情况；

（七）保荐机构对申请文件真实性、准确性、完整性承担责任的承诺函，并应由其董事长或者总经理签字；

（八）中国证监会要求的其他材料。

第十三条 证券公司和个人应当保证申请文件真实、准确、完整。申请期间，申请文件内容发生重大变化的，应当自变化之日起2个工作日内向中国证监会提交更新资料。

第十四条 中国证监会依法受理、审查申请文件。对保荐机构资格的申请，自受理之日起45个工作日内做出核准或者不予核准的书面决定；对保荐代表人资格的申请，自受理之日起20个工作日内做出核准或者不予核准的书面决定。

第十五条 证券公司取得保荐机构资格后，应当持续符合本办法第九条规定的条件。保荐机构因重大违法违规行为受到行政处罚的，中国证监会撤销其保荐机构资格；不再具备第九条规定其他条件的，中国证监会可责令其限期整改，逾期仍然不符合要求的，中国证监会撤销其保荐机构资格。

第十六条 个人取得保荐代表人资格后，应当持续符合本办法第十一条第（四）项、第（五）项和第（六）项规定的条件。保荐代表人被吊销、注销证券业执业证书，或者受到中国证监会行政处罚的，中国证监会撤销其保荐代表人资格；不再符合其他条件的，中国证监会责令其限期整改，逾期仍然不符合要求的，中国证监会撤销其保荐代表人资格。

个人通过中国证监会认可的保荐代表人胜任能力考试或者取得保荐代表人资格后，应当定期参加中国证券业协会或者中国证监会认可的其他机构组织的保荐代表人年度业务培训。保荐代表人未按要求参加保荐代表人年度业务培训的，中国证监会撤销其保荐代表人资格；通过保荐代表人胜任能力考试而未取得保荐代表人资格的个人，未按要求参加保荐代表人年度业务培训的，其保荐代表人胜任能力考试成绩不再有效。

第十七条　中国证监会依法对保荐机构、保荐代表人进行注册登记管理。

第十八条　保荐机构的注册登记事项包括：

（一）保荐机构名称、成立时间、注册资本、注册地址、主要办公地址和法定代表人；

（二）保荐机构的主要股东情况；

（三）保荐机构的董事、监事和高级管理人员情况；

（四）保荐机构的保荐业务负责人、内核负责人情况；

（五）保荐机构的保荐业务部门负责人情况；

（六）保荐机构的保荐业务部门机构设置、分工及人员配置情况；

（七）保荐机构的执业情况；

（八）中国证监会要求的其他事项。

第十九条　保荐代表人的注册登记事项包括：

（一）保荐代表人的姓名、性别、出生日期、身份证号码；

（二）保荐代表人的联系电话、通信地址；

（三）保荐代表人的任职机构、职务；

（四）保荐代表人的学习和工作经历；

（五）保荐代表人的执业情况；

（六）中国证监会要求的其他事项。

第二十条　保荐机构、保荐代表人注册登记事项发生变化的，保荐机构应当自变化之日起 5 个工作日内向中国证监会书面报告，由中国证监会予以变更登记。

第二十一条　保荐代表人从原保荐机构离职，调入其他保荐机构的，应通过新任职机构向中国证监会申请变更登记，并提交下列材料：

（一）变更登记申请报告；

（二）证券业执业证书；

（三）保荐代表人出具的其在原保荐机构保荐业务交接情况的说明；

（四）新任职机构出具的接收函；

（五）新任职机构对申请文件真实性、准确性、完整性承担责任的承诺函，并应由其董事长或者总经理签字；

（六）中国证监会要求的其他材料。

第二十二条　保荐机构应当于每年4月份向中国证监会报送年度执业报告。年度执业报告应当包括以下内容：

（一）保荐机构、保荐代表人年度执业情况的说明；

（二）保荐机构对保荐代表人尽职调查工作日志检查情况的说明；

（三）保荐机构对保荐代表人的年度考核、评定情况；

（四）保荐机构、保荐代表人其他重大事项的说明；

（五）保荐机构对年度执业报告真实性、准确性、完整性承担责任的承诺函，并应由其法定代表人签字；

（六）中国证监会要求的其他事项。

第三章　保荐职责

第二十三条　保荐机构应当尽职推荐发行人证券发行上市。

发行人证券上市后，保荐机构应当持续督导发行人履行规范运作、信守承诺、信息披露等义务。

第二十四条　保荐机构推荐发行人证券发行上市，应当遵循诚实守信、勤勉尽责的原则，按照中国证监会对保荐机构尽职调查工作的要求，对发行人进行全面调查，充分了解发行人的经营状况及其面临的风险和问题。

第二十五条　保荐机构在推荐发行人首次公开发行股票并上市前，应当对发行人进行辅导，对发行人的董事、监事和高级管理人员、持有5%以上股份的股东和实际控制人（或者其法定代表人）进行系统的法规知识、证券市场知识培训，使其全面掌握发行上市、规范运作等方面的有关法律法规和规则，知悉信息披露和履行承诺等方面的责任和义务，树立进入证券市场的诚信意识、自律意识和法制意识。

第二十六条 保荐机构辅导工作完成后，应由发行人所在地的中国证监会派出机构进行辅导验收。

第二十七条 保荐机构应当与发行人签订保荐协议，明确双方的权利和义务，按照行业规范协商确定履行保荐职责的相关费用。

保荐协议签订后，保荐机构应在 5 个工作日内报发行人所在地的中国证监会派出机构备案。

第二十八条 保荐机构应当确信发行人符合法律、行政法规和中国证监会的有关规定，方可推荐其证券发行上市。

保荐机构决定推荐发行人证券发行上市的，可以根据发行人的委托，组织编制申请文件并出具推荐文件。

第二十九条 对发行人申请文件、证券发行募集文件中有证券服务机构及其签字人员出具专业意见的内容，保荐机构应当结合尽职调查过程中获得的信息对其进行审慎核查，对发行人提供的资料和披露的内容进行独立判断。

保荐机构所作的判断与证券服务机构的专业意见存在重大差异的，应当对有关事项进行调查、复核，并可聘请其他证券服务机构提供专业服务。

第三十条 对发行人申请文件、证券发行募集文件中无证券服务机构及其签字人员专业意见支持的内容，保荐机构应当获得充分的尽职调查证据，在对各种证据进行综合分析的基础上对发行人提供的资料和披露的内容进行独立判断，并有充分理由确信所作的判断与发行人申请文件、证券发行募集文件的内容不存在实质性差异。

第三十一条 保荐机构推荐发行人发行证券，应当向中国证监会提交发行保荐书、保荐代表人专项授权书以及中国证监会要求的其他与保荐业务有关的文件。发行保荐书应当包括下列内容：

（一）逐项说明本次发行是否符合《公司法》、《证券法》规定的发行条件和程序；

（二）逐项说明本次发行是否符合中国证监会的有关规定，并载明得出每项结论的查证过程及事实依据；

（三）发行人存在的主要风险；

（四）对发行人发展前景的评价；

（五）保荐机构内部审核程序简介及内核意见；

（六）保荐机构与发行人的关联关系；

（七）相关承诺事项；

（八）中国证监会要求的其他事项。

第三十二条 保荐机构推荐发行人证券上市，应当向证券交易所提交上市保荐书以及证券交易所要求的其他与保荐业务有关的文件，并报中国证监会备案。上市保荐书应当包括下列内容：

（一）逐项说明本次证券上市是否符合《公司法》、《证券法》及证券交易所规定的上市条件；

（二）对发行人证券上市后持续督导工作的具体安排；

（三）保荐机构与发行人的关联关系；

（四）相关承诺事项；

（五）中国证监会或者证券交易所要求的其他事项。

第三十三条 在发行保荐书和上市保荐书中，保荐机构应当就下列事项做出承诺：

（一）有充分理由确信发行人符合法律法规及中国证监会有关证券发行上市的相关规定；

（二）有充分理由确信发行人申请文件和信息披露资料不存在虚假记载、误导性陈述或者重大遗漏；

（三）有充分理由确信发行人及其董事在申请文件和信息披露资料中表达意见的依据充分合理；

（四）有充分理由确信申请文件和信息披露资料与证券服务机构发表的意见不存在实质性差异；

（五）保证所指定的保荐代表人及本保荐机构的相关人员已勤勉尽责，对发行人申请文件和信息披露资料进行了尽职调查、审慎核查；

（六）保证保荐书、与履行保荐职责有关的其他文件不存在虚假记载、误导性陈述或者重大遗漏；

（七）保证对发行人提供的专业服务和出具的专业意见符合法律、行政法规、中国证监会的规定和行业规范；

（八）自愿接受中国证监会依照本办法采取的监管措施；

（九）中国证监会规定的其他事项。

第三十四条 保荐机构提交发行保荐书后，应当配合中国证监会的审核，并承担下列工作：

（一）组织发行人及证券服务机构对中国证监会的意见进行答复；

（二）按照中国证监会的要求对涉及本次证券发行上市的特定事项进行尽职调查或者核查；

（三）指定保荐代表人与中国证监会职能部门进行专业沟通，保荐代表人在发行审核委员会会议上接受委员质询；

（四）中国证监会规定的其他工作。

第三十五条 保荐机构应当针对发行人的具体情况，确定证券发行上市后持续督导的内容，督导发行人履行有关上市公司规范运作、信守承诺和信息披露等义务，审阅信息披露文件及向中国证监会、证券交易所提交的其他文件，并承担下列工作：

（一）督导发行人有效执行并完善防止控股股东、实际控制人、其他关联方违规占用发行人资源的制度；

（二）督导发行人有效执行并完善防止其董事、监事、高级管理人员利用职务之便损害发行人利益的内控制度；

（三）督导发行人有效执行并完善保障关联交易公允性和合规性的制度，并对关联交易发表意见；

（四）持续关注发行人募集资金的专户存储、投资项目的实施等承诺事项；

（五）持续关注发行人为他人提供担保等事项，并发表意见；

（六）中国证监会、证券交易所规定及保荐协议约定的其他工作。

第三十六条 首次公开发行股票并在主板上市的，持续督导的期间为证券上市当年剩余时间及其后 2 个完整会计年度；主板上市公司发行新股、可转换公司债券的，持续督导的期间为证券上市当年剩余时间及其后 1 个完整会计年度。

首次公开发行股票并在创业板上市的，持续督导的期间为证券上市当年剩余时间及其后 3 个完整会计年度；创业板上市公司发行新股、可转换公司债券的，持续督导的期间为证券上市当年剩余时间及其后 2 个完整会计年度。

首次公开发行股票并在创业板上市的，持续督导期内保荐机构应当自发行人披露年度报告、中期报告之日起15个工作日内在中国证监会指定网站披露跟踪报告，对本办法第三十五条所涉及的事项，进行分析并发表独立意见。发行人临时报告披露的信息涉及募集资金、关联交易、委托理财、为他人提供担保等重大事项的，保荐机构应当自临时报告披露之日起10个工作日内进行分析并在中国证监会指定网站发表独立意见。

持续督导的期间自证券上市之日起计算。

第三十七条 持续督导期届满，如有尚未完结的保荐工作，保荐机构应当继续完成。

保荐机构在履行保荐职责期间未勤勉尽责的，其责任不因持续督导期届满而免除或者终止。

第四章 保荐业务规程

第三十八条 保荐机构应当建立健全保荐工作的内部控制体系，切实保证保荐业务负责人、内核负责人、保荐业务部门负责人、保荐代表人、项目协办人及其他保荐业务相关人员勤勉尽责，严格控制风险，提高保荐业务整体质量。

第三十九条 保荐机构应当建立健全证券发行上市的尽职调查制度、辅导制度、对发行上市申请文件的内部核查制度、对发行人证券上市后的持续督导制度。

第四十条 保荐机构应当建立健全对保荐代表人及其他保荐业务相关人员的持续培训制度。

第四十一条 保荐机构应当建立健全工作底稿制度，为每一项目建立独立的保荐工作底稿。

保荐代表人必须为其具体负责的每一项目建立尽职调查工作日志，作为保荐工作底稿的一部分存档备查；保荐机构应当定期对尽职调查工作日志进行检查。

保荐工作底稿应当真实、准确、完整地反映整个保荐工作的全过程，保存期不少于10年。

第四十二条 保荐机构的保荐业务负责人、内核负责人负责监督、执行保荐业务各项制度并承担相应的责任。

第四十三条 保荐机构及其控股股东、实际控制人、重要关联方持有发行人的股份合计超过7%，或者发行人持有、控制保荐机构的股份超过7%的，保荐机构在推荐发行人证券发行上市时，应联合1家无关联保荐机构共同履行保荐职责，且该无关联保荐机构为第一保荐机构。

第四十四条 刊登证券发行募集文件前终止保荐协议的，保荐机构和发行人应当自终止之日起5个工作日内分别向中国证监会报告，说明原因。

第四十五条 刊登证券发行募集文件以后直至持续督导工作结束，保荐机构和发行人不得终止保荐协议，但存在合理理由的情形除外。发行人因再次申请发行证券另行聘请保荐机构、保荐机构被中国证监会撤销保荐机构资格的，应当终止保荐协议。

终止保荐协议的，保荐机构和发行人应当自终止之日起5个工作日内向中国证监会、证券交易所报告，说明原因。

第四十六条 持续督导期间，保荐机构被撤销保荐机构资格的，发行人应当在1个月内另行聘请保荐机构，未在规定期限内另行聘请的，中国证监会可以为其指定保荐机构。

第四十七条 另行聘请的保荐机构应当完成原保荐机构未完成的持续督导工作。

因原保荐机构被撤销保荐机构资格而另行聘请保荐机构的，另行聘请的保荐机构持续督导的时间不得少于1个完整的会计年度。

另行聘请的保荐机构应当自保荐协议签订之日起开展保荐工作并承担相应的责任。原保荐机构在履行保荐职责期间未勤勉尽责的，其责任不因保荐机构的更换而免除或者终止。

第四十八条 保荐机构应当指定2名保荐代表人具体负责1家发行人的保荐工作，出具由法定代表人签字的专项授权书，并确保保荐机构有关部门和人员有效分工协作。保荐机构可以指定1名项目协办人。

第四十九条 证券发行后，保荐机构不得更换保荐代表人，但因保荐代表人离职或者被撤销保荐代表人资格的，应当更换保荐代表人。

保荐机构更换保荐代表人的，应当通知发行人，并在5个工作日内向中国证监会、证券交易所报告，说明原因。原保荐代表人在具体负责保荐工作期间未勤勉尽责的，其责任不因保荐代表人的更换而免除或者终止。

第五十条 保荐机构法定代表人、保荐业务负责人、内核负责人、保荐代表人和项目协办人应当在发行保荐书上签字，保荐机构法定代表人、保荐代表人应同时在证券发行募集文件上签字。

第五十一条 保荐机构应将履行保荐职责时发表的意见及时告知发行人，同时在保荐工作底稿中保存，并可依照本办法规定公开发表声明、向中国证监会或者证券交易所报告。

第五十二条 持续督导工作结束后，保荐机构应当在发行人公告年度报告之日起的10个工作日内向中国证监会、证券交易所报送保荐总结报告书。保荐机构法定代表人和保荐代表人应当在保荐总结报告书上签字。保荐总结报告书应当包括下列内容：

（一）发行人的基本情况；

（二）保荐工作概述；

（三）履行保荐职责期间发生的重大事项及处理情况；

（四）对发行人配合保荐工作情况的说明及评价；

（五）对证券服务机构参与证券发行上市相关工作情况的说明及评价；

（六）中国证监会要求的其他事项。

第五十三条 保荐代表人及其他保荐业务相关人员属于内幕信息的知情人员，应当遵守法律、行政法规和中国证监会的规定，不得利用内幕信息直接或者间接为保荐机构、本人或者他人谋取不正当利益。

第五章　保荐业务协调

第五十四条 保荐机构及其保荐代表人履行保荐职责可对发行人行使下列权利：

（一）要求发行人按照本办法规定和保荐协议约定的方式，及时通报信息；

（二）定期或者不定期对发行人进行回访，查阅保荐工作需要的发行人材料；

（三）列席发行人的股东大会、董事会和监事会；

（四）对发行人的信息披露文件及向中国证监会、证券交易所提交的其他文件进行事前审阅；

（五）对有关部门关注的发行人相关事项进行核查，必要时可聘请相关证券服务机构配合；

（六）按照中国证监会、证券交易所信息披露规定，对发行人违法违规的事项发表公开声明；

（七）中国证监会规定或者保荐协议约定的其他权利。

第五十五条 发行人有下列情形之一的，应当及时通知或者咨询保荐机构，并将相关文件送交保荐机构：

（一）变更募集资金及投资项目等承诺事项；

（二）发生关联交易、为他人提供担保等事项；

（三）履行信息披露义务或者向中国证监会、证券交易所报告有关事项；

（四）发生违法违规行为或者其他重大事项；

（五）中国证监会规定或者保荐协议约定的其他事项。

第五十六条 证券发行前，发行人不配合保荐机构履行保荐职责的，保荐机构应当发表保留意见，并在发行保荐书中予以说明；情节严重的，应当不予保荐，已保荐的应当撤销保荐。

第五十七条 证券发行后，保荐机构有充分理由确信发行人可能存在违法违规行为以及其他不当行为的，应当督促发行人做出说明并限期纠正；情节严重的，应当向中国证监会、证券交易所报告。

第五十八条 保荐机构应当组织协调证券服务机构及其签字人员参与证券发行上市的相关工作。

发行人为证券发行上市聘用的会计师事务所、律师事务所、资产评估机构以及其他证券服务机构，保荐机构有充分理由认为其专业能力存在明显缺陷的，可以向发行人建议更换。

第五十九条 保荐机构对证券服务机构及其签字人员出具的专业意见存有疑义的，应当主动与证券服务机构进行协商，并可要求其做出解释或者出具依据。

第六十条 保荐机构有充分理由确信证券服务机构及其签字人员出具的专业意见可能存在虚假记载、误导性陈述或重大遗漏等违法违规情形或者其他不当情形的，应当及时发表意见；情节严重的，应当向中国证监会、证券交易所报告。

第六十一条 证券服务机构及其签字人员应当保持专业独立性，对保荐机构提出的疑义或者意见进行审慎的复核判断，并向保荐机构、发行人及时发表意见。

第六章　监管措施和法律责任

第六十二条　中国证监会可以对保荐机构及其保荐代表人从事保荐业务的情况进行定期或者不定期现场检查，保荐机构及其保荐代表人应当积极配合检查，如实提供有关资料，不得拒绝、阻挠、逃避检查，不得谎报、隐匿、销毁相关证据材料。

第六十三条　中国证监会建立保荐信用监管系统，对保荐机构和保荐代表人进行持续动态的注册登记管理，记录其执业情况、违法违规行为、其他不良行为以及对其采取的监管措施等，必要时可以将记录予以公布。

第六十四条　自保荐机构向中国证监会提交保荐文件之日起，保荐机构及其保荐代表人承担相应的责任。

第六十五条　保荐机构资格申请文件存在虚假记载、误导性陈述或者重大遗漏的，中国证监会不予核准；已核准的，撤销其保荐机构资格。

保荐代表人资格申请文件存在虚假记载、误导性陈述或者重大遗漏的，中国证监会不予核准；已核准的，撤销其保荐代表人资格。对提交该申请文件的保荐机构，中国证监会自撤销之日起6个月内不再受理该保荐机构推荐的保荐代表人资格申请。

第六十六条　保荐机构、保荐代表人、保荐业务负责人和内核负责人违反本办法，未诚实守信、勤勉尽责地履行相关义务的，中国证监会责令改正，并对其采取监管谈话、重点关注、责令进行业务学习、出具警示函、责令公开说明、认定为不适当人选等监管措施；依法应给予行政处罚的，依照有关规定进行处罚；情节严重涉嫌犯罪的，依法移送司法机关，追究其刑事责任。

第六十七条　保荐机构出现下列情形之一的，中国证监会自确认之日起暂停其保荐机构资格3个月；情节严重的，暂停其保荐机构资格6个月，并可以责令保荐机构更换保荐业务负责人、内核负责人；情节特别严重的，撤销其保荐机构资格：

（一）向中国证监会、证券交易所提交的与保荐工作相关的文件存在虚假记载、误导性陈述或者重大遗漏；

（二）内部控制制度未有效执行；

（三）尽职调查制度、内部核查制度、持续督导制度、保荐工作底稿制度未有效执行；

（四）保荐工作底稿存在虚假记载、误导性陈述或者重大遗漏；

（五）唆使、协助或者参与发行人及证券服务机构提供存在虚假记载、误导性陈述或者重大遗漏的文件；

（六）唆使、协助或者参与发行人干扰中国证监会及其发行审核委员会的审核工作；

（七）通过从事保荐业务谋取不正当利益；

（八）严重违反诚实守信、勤勉尽责义务的其他情形。

第六十八条 保荐代表人出现下列情形之一的，中国证监会可根据情节轻重，自确认之日起3个月到12个月内不受理相关保荐代表人具体负责的推荐；情节特别严重的，撤销其保荐代表人资格：

（一）尽职调查工作日志缺失或者遗漏、隐瞒重要问题；

（二）未完成或者未参加辅导工作；

（三）未参加持续督导工作，或者持续督导工作未勤勉尽责；

（四）因保荐业务或其具体负责保荐工作的发行人在保荐期间内受到证券交易所、中国证券业协会公开谴责；

（五）唆使、协助或者参与发行人干扰中国证监会及其发行审核委员会的审核工作；

（六）严重违反诚实守信、勤勉尽责义务的其他情形。

第六十九条 保荐代表人出现下列情形之一的，中国证监会撤销其保荐代表人资格；情节严重的，对其采取证券市场禁入的措施：

（一）在与保荐工作相关文件上签字推荐发行人证券发行上市，但未参加尽职调查工作，或者尽职调查工作不彻底、不充分，明显不符合业务规则和行业规范；

（二）通过从事保荐业务谋取不正当利益；

（三）本人及其配偶持有发行人的股份；

（四）唆使、协助或者参与发行人及证券服务机构提供存在虚假记载、误导性陈述或者重大遗漏的文件；

（五）参与组织编制的与保荐工作相关文件存在虚假记载、误导性陈述或者重大遗漏。

第七十条 保荐机构、保荐代表人因保荐业务涉嫌违法违规处于立案调查期间的，中国证监会暂不受理该保荐机构的推荐；暂不受理相关保荐代表人具体负责的推荐。

第七十一条 发行人出现下列情形之一的，中国证监会自确认之日起暂停保荐机构的保荐机构资格3个月，撤销相关人员的保荐代表人资格：

（一）证券发行募集文件等申请文件存在虚假记载、误导性陈述或者重大遗漏；

（二）公开发行证券上市当年即亏损；

（三）持续督导期间信息披露文件存在虚假记载、误导性陈述或者重大遗漏。

第七十二条 发行人在持续督导期间出现下列情形之一的，中国证监会可根据情节轻重，自确认之日起3个月到12个月内不受理相关保荐代表人具体负责的推荐；情节特别严重的，撤销相关人员的保荐代表人资格：

（一）证券上市当年累计50%以上募集资金的用途与承诺不符；

（二）公开发行证券并在主板上市当年营业利润比上年下滑50%以上；

（三）首次公开发行股票并自上市之日起12个月内控股股东或者实际控制人发生变更；

（四）首次公开发行股票并自上市之日起12个月内累计50%以上资产或者主营业务发生重组；

（五）上市公司公开发行新股、自可转换公司债券之日起12个月内累计50%以上资产或者主营业务发生重组，且未在证券发行募集文件中披露；

（六）实际盈利低于盈利预测达20%以上；

（七）关联交易显失公允或者程序违规，涉及金额较大；

（八）控股股东、实际控制人或其他关联方违规占用发行人资源，涉及金额较大；

（九）违规为他人提供担保，涉及金额较大；

（十）违规购买或出售资产、借款、委托资产管理等，涉及金额较大；

（十一）董事、监事、高级管理人员侵占发行人利益受到行政处罚或者被追究刑事责任；

（十二）违反上市公司运作规范和信息披露等有关法律法规，情节严重的；

（十三）中国证监会规定的其他情形。

第七十三条 保荐代表人被暂不受理具体负责的推荐或者被撤销保荐代表人资格的，保荐业务负责人、内核负责人应承担相应的责任，对已受理的该保荐代表人具体负责推荐的项目，保荐机构应当撤回推荐；情节严重的，责令保荐机构就各项保荐业务制度限期整改，责令保荐机构更换保荐业务负责人、内核负责人，逾期仍然不符合要求的，撤销其保荐机构资格。

第七十四条 保荐机构、保荐业务负责人或者内核负责人在1个自然年度内被采取本办法第六十六条规定监管措施累计5次以上，中国证监会可暂停保荐机构的保荐机构资格3个月，责令保荐机构更换保荐业务负责人、内核负责人。

保荐代表人在2个自然年度内被采取本办法第六十六条规定监管措施累计2次以上，中国证监会可6个月内不受理相关保荐代表人具体负责的推荐。

第七十五条 对中国证监会采取的监管措施，保荐机构及其保荐代表人提出申辩的，如有充分证据证明下列事实且理由成立，中国证监会予以采纳：

（一）发行人或其董事、监事、高级管理人员故意隐瞒重大事实，保荐机构和保荐代表人已履行勤勉尽责义务；

（二）发行人已在证券发行募集文件中做出特别提示，保荐机构和保荐代表人已履行勤勉尽责义务；

（三）发行人因不可抗力致使业绩、募集资金运用等出现异常或者未能履行承诺；

（四）发行人及其董事、监事、高级管理人员在持续督导期间故意违法违规，保荐机构和保荐代表人主动予以揭示，已履行勤勉尽责义务；

（五）保荐机构、保荐代表人已履行勤勉尽责义务的其他情形。

第七十六条 发行人及其董事、监事、高级管理人员违反本办法规定，变更保荐机构后未另行聘请保荐机构，持续督导期间违法违规且拒不纠正，发生重大事项未及时通知保荐机构，或者发生其他严重不配合保荐工作情形的，中国证监会可以责令改正，予以公布并可根据情节轻重采取下列监管措施：

（一）要求发行人每月向中国证监会报告接受保荐机构督导的情况；

（二）要求发行人披露月度财务报告、相关资料；

（三）指定证券服务机构进行核查；

（四）要求证券交易所对发行人证券的交易实行特别提示；

（五）36 个月内不受理其发行证券申请；

（六）将直接负责的主管人员和其他责任人员认定为不适当人选。

第七十七条　证券服务机构及其签字人员违反本办法规定的，中国证监会责令改正，并对相关机构和责任人员采取监管谈话、重点关注、出具警示函、责令公开说明、认定为不适当人选等监管措施。

第七十八条　证券服务机构及其签字人员出具的专业意见存在虚假记载、误导性陈述或重大遗漏，或者因不配合保荐工作而导致严重后果的，中国证监会自确认之日起 6 个月到 36 个月内不受理其文件，并将处理结果予以公布。

第七十九条　发行人及其董事、监事、高级管理人员、证券服务机构及其签字人员违反法律、行政法规，依法应予行政处罚的，依照有关规定进行处罚；涉嫌犯罪的，依法移送司法机关，追究其刑事责任。

第七章　附　则

第八十条　本办法所称“保荐机构”，是指《证券法》第十一条所指“保荐人”。

第八十一条　中国证券业协会或者经中国证监会认可的其他机构，可以组织保荐代表人胜任能力考试。

第八十二条　本办法实施前从事证券发行上市保荐业务的保荐机构，不完全符合本办法规定的，应当在本办法实施之日起 3 个月内达到本办法规定的要求，并由中国证监会组织验收。逾期仍然不符合要求的，中国证监会撤销其保荐机构资格。

第八十三条　本办法自 2008 年 12 月 1 日起施行，《证券发行上市保荐制度暂行办法》（证监会令第 18 号）、《首次公开发行股票辅导工作办法》（证监发［2001］125 号）同时废止。

《创业板市场投资者适当性管理业务操作指南》

为全面做好创业板市场投资者适当性管理工作，指导证券公司办理相关业务，根据《创业板市场投资者适当性管理暂行规定》、《深圳证券交易所创业板市场投资者适当性管理实施办法》（以下简称“《实施办法》”）等有关文件的规定，制定本指南。

一、客户开通申请处理

（1）证券公司可以通过营业场所现场或网上接受客户开通创业板市场交易的申请。

（2）证券公司在接受客户申请的同时，可以通过现场询问、问卷调查等方式，收集客户信息，包括客户身份、财产与收入状况、证券投资经验、风险偏好、投资目标等。收集信息表格及具体内容由证券公司根据自身客户管理工作需要制订。

（3）证券公司可以根据所收集的客户信息，结合自身条件及设定标准，对客户风险认知与承受能力进行测评，并将测评结果告知客户，作为客户判断自身是否适合参与创业板市场交易的参考。

（4）证券公司在对客户进行风险测评后，认为其不适合参与创业板市场交易的，应当加强市场风险提示，劝导其审慎考虑是否申请开通创业板市场交易。

（5）证券公司应当要求客户真实、完整地填写个人信息，对明显提供虚假信息或提供信息不完整的客户，应当提醒其予以纠正。对不配合适当性管理的客户，经劝导无效后，证券公司可以拒绝为其开通创业板市场交易。

（6）证券公司可以直接为机构客户开通创业板市场交易。

（7）证券公司所属营业部可以受理在本公司异地营业部开户的客户的开通申请和进行风险揭示书的签署。

二、交易经验的具体标准与查询数据服务

《实施办法》第五条有关交易经验的具体标准以及中国结算提供的数据服务具体如下：

1. 交易经验的具体标准

(1)《实施办法》第五条所称“股票”是指：

①包括所有A股和B股，但不包括基金、债券、权证等交易品种；

②包括主板、中小企业板上市公司股票，但不包括代办股份转让系统挂牌的非上市公司股票。

(2)《实施办法》第五条所称“交易”是指：

①股票的买入或卖出；

②不包括可转债转股、权证行权、ETF申赎，但包括其转换后所得股票卖出；

③IPO与增发中的新股认购，但不包括新股申购；

④不包括非交易过户，但包括其所得股票卖出。

2. 中国结算向证券公司提供的数据范围及统计口径

存量客户数据范围为客户本人名下沪、深市场A股证券账户从1991年7月8日、B股证券账户从1992年2月21日至2009年6月30日发生的首笔股票交易的日期。

新增客户数据范围为客户本人名下沪、深市场A股证券账户从1991年7月8日、B股证券账户从1992年2月21日至查询日前一交易日发生的首笔股票交易的日期。

数据统计口径以证券账户为单位进行统计，即一个证券账户对应一个首次股票交易日期。中国结算对存量客户数据进行一次性集中批量发送时，证券账户无首次股票交易日期的，不发送相关信息。同一客户的不同证券账户的交易信息不做合并统计处理。

3. 数据发送

中国结算对存量客户数据进行一次性集中批量发送：

(1) 中国结算深圳分公司通过D-COM系统向各证券公司法人集中批量发送深圳市场存量客户A股、B股证券账户首次股票交易日期数据，本次发送数

据的账户范围包括证券公司已经申报了账户使用信息的 A 股账户及有托管余额的 B 股账户，各证券公司自行加载后使用。

(2) 中国结算上海分公司把上海市场存量客户 A 股、B 股证券账户的首次交易日期数据放至 A 股 PROP 公告板→工具箱栏目中，各证券公司自行下载后使用。

4. 数据查询与交易经验认定

对存量客户数据的查询，各证券公司加载或下载中国结算发送的存量客户数据后，可自行对存量客户的首次交易日期数据进行查询，并可根据查询结果对客户的交易经验进行认定。

新增客户数据的查询，证券公司可通过中国结算深圳分公司实时开户系统查询新增客户账户在深圳市场的首次股票交易日期，实时开户系统以电子数据形式实时反馈查询结果。服务时间段为工作日的 8：30~17：00。

证券公司可通过中国结算上海分公司 PROP 综合业务终端——账户资料管理系统查询新增客户账户在上海市场的首次股票交易日期，系统将以电子数据形式实时反馈查询结果。服务时间段为 8：30~17：00。

5. 客户查询

证券公司的客户也可以通过中国结算的网站对本人证券账户的首次股票交易日期进行参考性查询，查询方式见中国结算网站的查询指南，中国结算的网址为 www.chinaclear.cn/。

6. 数据接口

数据接口见附件。

三、风险揭示书签署与交易开通

(1) 证券公司应当要求所有申请开通创业板交易的自然人客户本人或持公证委托书的代理人到营业部现场签署风险揭示书及特别申明。营业部应当安排工作人员、客户经理等作为经办人，见证客户签署过程，并对客户抄录申明内容进行必要的核对。

(2) 对于交易经验不足两年的客户，营业部应当安排专门人员讲解风险揭示书内容，提醒客户审慎考虑是否申请开通创业板交易。客户仍坚持直接参与创业板交易的，营业部应严格要求其在营业部现场签署风险揭示书和特别声明，同时营业部负责人应当对相关工作进行确认并在风险揭示书上签字或签章。

(3) 对年龄超过 70 周岁、身体残疾等特殊情况的客户，证券公司可视需要安排工作人员上门与其签署风险揭示书，但应当在风险揭示书上载明原因及具体签署地点。

(4) 对于跨证券公司转托管，在甲公司提出申请但未开通交易期间发生的转托管，投资者到乙公司需要重新提出申请办理开通。已经开通创业板交易的转托管，投资者可向乙公司出具在甲公司签署的风险揭示书复本，乙公司在复核签署时间等内容后，可以为其开通创业板交易。

(5) 因继承、离婚分割等情形被动成为创业板市场的投资者，在发生涉及权益处理，包括配股，增发、可转债、公司债优先配售、股东大会提案、表决、收购预受要约、现金选择权等事项时，证券公司在审核投资者所提交的申请及必备材料后，可在上述事项的截止日当天，提前为该申请人开通创业板市场交易。

(6) 证券公司应以电子或书面的方式，妥善保存客户信息及评测结果、交易经验核查结果及已签署的风险揭示书等资料，保存期限不少于两年。

四、投资者教育与风险提示

(1) 证券公司应当拟定创业板投资者教育工作方案，就投资者教育工作的形式、时间和内容做出安排，并根据客户的不同需求和特点，有针对性地对客户举办投资者教育讲座及培训，通过多种方式加强对投资者特别是非现场交易投资者、新入市中小投资者的创业板风险教育和提示工作。可以通过交易系统、电话、传真、电子邮件、信函等方式为投资者提供创业板知识服务，设立咨询电话及时答复客户有关创业板业务的咨询。

(2) 证券公司应在公司网站或营业场所投资者园地等处增设创业板专栏，并及时更新专栏内容。对本所发布的创业板规则及其相关材料，及时张贴在专栏内。

(3) 证券公司应当按照本所要求积极参加本所组织的各项创业板培训，并对公司创业板相关营销、管理、业务及技术人员进行培训，特别是对营业部证券从业人员的培训，确保相关员工及时、充分了解创业板相关知识、规则和制度。

（4）证券公司应当指定一名会员业务联络人负责与本所就创业板投资者教育工作进行联系，并负责将证券公司创业板投资者教育工作方案于 2009 年 8 月 1 日前报送深交所备案。上述报送内容应包括会员业务联络人的姓名及联系方式。

（5）证券公司自 2009 年 8 月 1 日起一年内每季度首月的 15 个工作日内，将上季度创业板投资者教育工作总结报深交所，工作总结包括开展创业板投资者教育工作情况、成果及经验、遇到的新情况及新问题等。其中，首次总结报告报送时间为 2009 年 10 月 15 日前。

（6）前述报送材料请通过深交所会员业务专区“公文上传”通道上报。